D0888451

DOMAINE ÉTRANGER

# EN MARGE DE CASANOVA

MIKLÓS SZENTKUTHY

# EN MARGE
# DE
# CASANOVA

texte français par
Georges Kassaï et Zéno Bianu

Préface de Zéno Bianu

PHÉBUS

Titre de l'édition originale :
*Széljegyzetek Casanovához*
© Mmes Mariella Legnani et Maria Tompa
première édition : Budapest, 1939
© Éditions Phébus (pour la traduction française), Paris, 1991

# BOUDOIR ET THÉOLOGIE

*Vaste autoportrait lyrique, album historique colossal, odys-
sée des travestissements, inventaire des sentiments humains,
entropie polyglotte... l'hyperbole surgit naturellement à l'esprit
dès que l'on se risque à définir l'œuvre parfaitement inclassable
de Miklós Szentkuthy (1908-1988). Saisie d'une fascination
perplexe, la critique ne semble pouvoir dépasser le stade de
la stupeur enchantée – et d'évoquer pêle-mêle, à titre de pru-
dent balisage, les noms de Rabelais, de Proust, de Joyce, de
Borges, voire ceux de Gadda ou de Lezama Lima. Szentkuthy,
du reste, n'a pas peu contribué à imposer cette image de
démiurge, qui entendait le plus sereinement du monde « vouloir
fondre tout en un seul temps universel ». Solitaire, splendidement isolé, longtemps réduit au silence, il n'a cessé de
construire depuis l'irruption de son premier roman,* Prae, *une
constellation emblématique sans exemple dans la littérature
européenne.*

Prae, *ou pré-figuration générale, ou encore précipité alchi-
mique. Publié en 1934, ce livre inaugural portait déjà en germe
les éléments fondateurs de ce qu'il faut bien appeler une* rhétorique illuminée : *structure romanesque promue au rang de
personnage, mariage burlesque de toutes les antinomies, science
jubilatoire du pastiche, culture vertigineuse déployée comme
un bruissement hautain et ludique, « classicisme de la dissé-*

*mination » – bref, un éclatement en règle du récit qui ne le
cédait en rien au dynamitage préconisé quelques années plus
tôt par Joyce (dont Szentkuthy fut d'ailleurs l'introducteur en
Hongrie). Malgré le soutien lucide de quelques critiques ins-
pirés (Lázló Németh, Antal Szerb et Gábor Halász), la « chose »
– un bloc monstre de six cents pages serrées, publié naturellement à compte d'auteur – sera déclarée par les bons esprits
du temps, « illisible » et, défaut majeur, « non-magyare »,
autrement dit « cosmopolite ».*

*Mais c'est en 1939 que choit sur le sol littéraire hongrois
un aérolithe encore plus inattendu :* En marge de Casanova,
*rien de moins que le premier cahier du* Bréviaire de saint
Orphée, *auquel s'ajouteront neuf autres volumes :* Renaissance
noire *(1939),* Escurial *(1940),* Europa Minor *(1941),* Cynthia
*(1941),* Confession et Marionnettes *(1942),* la Seconde Vie de
Sylvestre II *(1972),* le Désespoir canonisé *(1974),* l'Ane sanglant *(1982) et* Sur les traces d'Eurydice *(resté inachevé).*

*Le lecteur attentif observera une interruption de trente ans
dans l'accomplissement de ce projet grandiose. Durant ces
longues années de mise entre parenthèses, et principalement
de 1942 à 1957, Szentkuthy adopte le masque du « réfugié
intérieur ». Entre la traduction d'un écrivaillon groenlandais
communiste et l'étude obligatoire de la* Grammaire de Staline
*lors de joyeux séminaires destinés à plomber les cervelles, il
écrit, selon la formule hongroise, « pour son tiroir ». Il publie
néanmoins quelques « biographies inventées » – autant d'autoportraits voilés – consacrées à Mozart, Haydn, Dürer, Haendel et Gœthe. Cette dernière, lucidement intitulée* Visage et
Masque, *lui vaut tout de même les foudres de sa maison d'édition, qui lui reproche – ô douceurs rétrospectives de l'Histoire !
– de ne pas être exactement fidèle à l'image que la République
Démocratique Allemande se faisait de Gœthe ! Pour faire bonne
mesure, ce professeur d'anglais, élu par ses pairs, refuse
péremptoirement un poste important à l'université et se permet
– la chose est assez rare pour être signalée – de ne point
rédiger une seule ligne honorant de près ou de loin le régime.*

*Voilà pour une biographie minimale de ce singulier tempéra-ment : pureté et entêtement* [1]*...*

*Mais revenons au grand œuvre :* le Bréviaire de saint Orphée. *Au fond, cette somme peut se lire comme une longue* marginale *universelle. Du haut de sa chambre-bibliothèque aux vingt-cinq mille volumes, Szentkuthy annote et revisite l'Histoire. Mêlant en toute allégresse l'hagiographie, l'étude littéraire, la fiction, le récit, le poème lyrique et l'aphorisme, ce roman-cathédrale, dont la dénomination de « bréviaire » ne doit pas abuser, avec l'humour de son antiphrase, propose une retraversée inouïe autant qu'ironique de toutes les formes littéraires et artistiques cultivées par l'Occident, depuis les époques primitives jusqu'au XXᵉ siècle, avec pour jalons majeurs, Rome, Byzance, Venise, la Renaissance italienne et le baroque espagnol. Archiviste bouffon, Szentkuthy alimente le théâtre extravagant de sa rigoureuse boulimie à mille réseaux d'histoires bourgeonnantes, palimpsestes en abymes et apocryphes chausse-trapes. S'ap-propriant d'innombrables masques, arpentant les époques, cet athlète affectif n'a d'autre visée que de faire éclater le temps jusqu'à figer le tourbillon de l'Histoire en un seul présent continu.*

*Maître des illusions ou montreur d'ombres, il y a du dévo-rateur chez cet homme-là, qui ne saurait supporter de vivre à l'étroit dans un seul corps, une seule existence, une seule langue. Il préfère cultiver doubles et sosies, investir tous les destins — saints, libertins, papes, musiciens, empereurs, écrivains, eunuques, peintres ou girls bibliques. « J'ai toujours voulu tout voir, avouait-il, tout lire, tout penser, tout rêver, tout avaler. »*

*Ou l'art et la manière de voyager à travers les langues, de jouer les argonautes de l'écriture planétaire (est-ce un hasard si Szentkuthy fut à la fois le traducteur d'Ulysse et celui de* Gulliver ?). *A dire vrai, ce survivant obstiné du siècle des*

---

1. Pour un parcours plus ample, le lecteur se reportera à la revue *Caravanes* (n° 2, 1990), qui a publié les cinq premiers chapitres de *la Confession frivole* – vaste autobiographie protéiforme en cours de traduction aux Éditions Phébus.

*Lumières semble mû tout entier par un furieux désir encyclo-pédique. Un simple coup d'œil jeté sur la Table d'orientation générale du* Bréviaire *suffit à montrer la démesure de cette odyssée intérieure, où défilent pêle-mêle quelques personnages qui ne furent jamais en quête d'auteur : Casanova, Mozart, Adonis, Toscanini, Turner, Rubens, Brunelleschi, Keats, Héro-dote, Le Greco, Pythagore, Voltaire, Puccini, l'Arioste, le Tin-toret, Shelley, Abélard, Monteverdi, Tacite, Messaline, Théo-dora, Akbar, Lao-Tseu, Palladio, Marie Tudor, Donatello, Philippe II, Bouddha, etc.*

*Autant de rôles que Szentkuthy assume à la manière d'un comédien ou d'un rêveur absolu, dressant ainsi un somptueux* catalogus amoris. *C'est bien là le chant infini d'un Orphée aux harmoniques apolliniennes, dieu de la métamorphose, « être dont l'office est de célébrer », selon la parole de Rilke.*

*En une époque où n'importe qui — fût-ce à l'enseigne des pires conformismes — se pique de marginalité, Szentkuthy apparaît, dans tous les sens, comme l'écrivain de la marge absolue. Sa vie durant, il n'a cessé d'écrire en marge de ses livres, couvrant et recouvrant — maniaquement, scrupuleuse-ment — volumes, journaux, revues et autres documents. Mosaïque infinie de notules, apostilles, mots clés et griffonnages divers, brassage continu entre lecture et écriture — inconcevables ici l'une sans l'autre —, surgissement interminable de la biblio-thèque-univers au cœur du Grand Œuvre! Mais écoutons Borges : « Une autre superstition de ces âges est arrivée jusqu'à nous : celle de l'Homme du Livre. Sur quelque étagère de quelque hexagone, raisonnait-on, il doit exister un livre qui est la clé et le résumé de* tous les autres; *il y a un bibliothécaire qui a pris connaissance de ce livre et qui est semblable à un dieu* [1]. *» S'il est un écrivain qui fut Homme du Livre selon le vœu du maître argentin, c'est bien Szentkuthy, en quête inlas-sable d'un* opus magnum *à même de contenir et de restituer toute la création.*

1. « La Bibliothèque de Babel », *Fictions*, Gallimard.

*Telle fut sa passion, et sa méthode aussi bien. Processus qui
s'inaugure à la lettre dans le premier cahier du* Bréviaire,
*précisément intitulé* En marge de Casanova. *Étrangement –
mais peut-on parler d'étrangeté à propos d'un homme qui
affirmait « travailler en coproduction avec le hasard » ? – la
structure de ce tome fondateur doit beaucoup à la théologie.
En 1938, Szentkuthy lit le* Römerbrief *du célèbre exégète pro-
testant Karl Barth, commentaire fondé sur une analyse phrase
par phrase, voire mot par mot, de l'Épître aux Romains. Lit-
téralement enchanté par l'efficacité de cette méthode – « où,
selon ses propres termes, chaque épithète met l'imagination en
branle » –, il décide de l'appliquer sur-le-champ à Casanova,
dont il venait d'annoter goulûment une édition allemande en
six forts volumes.*

*Simultanéité de toutes les époques, audace anachronique,
chaos érigé en système (« l'ordre de l'aléatoire », selon la définition même de l'auteur) – voilà ce que donnait tranquillement
à lire cet opus flamboyant. L'accueil? A vrai dire, il n'y en
eut point, puisque dès la sortie du livre – et quoique Szentkuthy
se fût dûment rendu à l'église afin de « rendre grâce à toutes
les autorités compétentes du ciel catholique » pour avoir auto-
risé cette parution iconoclaste – le Tribunal royal de Hongrie
condamnait* En marge de Casanova *pour propos blasphéma-
toires et atteinte à la pudeur. Bénéficiant de la protection d'un
procureur de la Couronne, l'inculpé échappa de peu au procès
– mais tous les exemplaires de l'œuvre furent aussitôt confisqués.
Ainsi s'inaugurait la série des « Orphées »* [1]...

*Mesurons encore une fois l'éternelle bêtise de la censure. De
quoi nous entretient au juste ce* Casanova? *De littérature, de
métaphysique et de sensualité (« la pensée est aussi sensuelle
que l'odeur d'une rose », notait déjà T.S. Eliot à propos des*

1. Il faudra attendre 1973, soit trente-quatre ans plus tard, pour
que le livre accède enfin au grand jour, à l'occasion de la réédition
des six premiers *Cahiers d'Orphée.* Occasion que saisira du reste
Szentkuthy pour recomposer et unifier encore le *Bréviaire* en ouvrant
chacun des volumes par une « vie de saint ».

*poètes baroques) – toutes choses certes scandaleuses, mais qui
ne risquaient guère de mettre à mal le bon ordre social du
pays, auquel tenaient si fort, en leur zèle borné, les censeurs
du régime* [1]. *Notre « blasphémateur », dont on sait le goût
obsessionnel pour le travestissement, emprunte le temps d'un
livre la panoplie du Vénitien, et dresse un inventaire ébouriffant des formes chères au XVIIIᵉ siècle. Par le truchement de
cent vingt-trois notes rayonnant autour de ces thèmes cycliques
(le masque, le bal, le bain, l'impossible jeunesse, Venise, les
pavillons, la nuit, l'automne, le romantisme léthal, l'ivresse,
l'ascèse propre au dandysme, les jardins, l'opéra, etc.), Szentkuthy réinvestit, avec ce ton enjoué et tragique qui n'appartient
qu'à lui, les* Mémoires de l'amant parfait. *Soucieux de décloisonner les genres (ici le traité scolastique et le magazine de
mode), associant en chaîne les blasons baroques qui s'écoulent
comme des rangs de perles sans fin, multipliant les morceaux
de bravoure (nous recommandons l'« inédit » d'Abélard, à savoir
le portrait d'Héloïse reconstitué en un latin macaronique, ainsi
qu'une ahurissante description de la* Suzanne *du Tintoret), il
repère en Casanova le métaphysicien idéal, à même de réconcilier l'élégance et la bestialité – ou, si l'on préfère, le boudoir
et la théologie. En somme, beau comme la rencontre de Leibniz
et de Gloria Swanson sur la scène de la Fenice!*

ZÉNO BIANU

---

1. A l'heure où paraît le livre, la Hongrie est soumise à la
dictature de l'amiral Horthy, grand admirateur du fascisme.

*VITA*
SAINTE BIOGRAPHIE

# Alphonse de Ligure
## (1696-1787)

Saint Alphonse mourut à l'âge de quatre-vingt-onze ans. Au cours de sa quatre-vingt-troisième année, il fut, pour quelque obscure raison de santé, interdit d'écriture – quoiqu'il eût toujours rédigé avec une extraordinaire facilité, sans jamais raturer ni même corriger ses écrits, qu'il déversait en pluie continue sous une forme tantôt simple, tantôt baroque. Cette incomparable aisance stylistique dissimulait toutefois son lot de transports et de tourments – dévorantes interrogations vouées au destin de Dieu, au cheminement de l'âme humaine, aux mystères du corps, au sens de l'histoire, voire à sa totale absurdité (encore que la chose fût bien difficile à admettre!). Semblables au sinistre rapace du Fatum occupé à ronger le foie de Prométhée, ses propres découvertes freudiennes, ses observations de type marxiste, ses désespérantes acmés existentielles – bref, la part qu'il prenait au débat scolastique – avaient éprouvé son corps et son âme au point d'en faire trembler ses jambes d'impatience et de remplir de peur son cerveau : échouerait-il, lui que le temps pressait, à clore son *Summa Summarum* restituant pêle-mêle son intime biographie, son portrait du Créateur, ses commentaires historiques ainsi que ses recherches sur la nature et l'esprit? Or, l'homme fut précisément interdit d'écriture lors même que ses thèmes favoris, dûment mûris sous forme de questions pertinentes et de réponses idoines, venaient de rencontrer une formulation définitive.

L'interdiction, tout à la fois bienveillante et hygiénique, lui fut signifiée de plusieurs façons. Un jour qu'il gavait ses pigeons à l'aide d'une boîte de conserve posée sur le rebord de sa fenêtre, l'un des volatiles, refusant obstinément de picorer, se posa sur son épaule. Dans son immodestie pécheresse, Alphonse pensa tout d'abord que le Saint-Esprit en personne venait lui apporter quelque inspiration. Pour ce qui est du Saint-Esprit, la chose ne paraissait pas impossible – mais en fait de soutien poétique, l'oiseau se contenta de saisir dans son bec la plume du Ligure pour la laisser choir aussitôt parmi les feuillages du parc, flèche d'argent vénusienne jetée comme jouet au milieu de quelques jeunes danseuses échappées d'un Parnasse catholique. Plus tard, ce fut la moitié du collège des cardinaux qui se présenta chez lui – irruption de chasubles mauves dans sa cuisine d'un gris polaire, telles des tulipes déjà fanées mais conservées avec amour au fond de la glacière – pour lui signifier la grande interdiction. Au vrai, ces Tartuffes écarlates s'intéressaient moins à la santé d'Alphonse qu'à certaines de ses thèses politiquement dangereuses. Ils avaient amené avec eux, comme il se doit, quelques médecins accoutrés selon les formes, lesquels ne manquèrent point de débiter leurs âneries accumulées depuis des siècles. Ces très excellents pères de l'Église avaient déjà proposé – et ceci sans le moindre souci thérapeutique – l'excommunication du saint, occupé à scruter les mystères les plus épais du corps et de l'âme – choses, on en conviendra, fort éloignées du domaine philosophiquement circonscrit de la médecine.

En outre, Alphonse avait noté que l'excessive tension intellectuelle provoquait au sein de son organisme de tardives tentations : les confessions de ses anciens pénitents apparaissaient dans son imagination comme autant de contes empruntés aux Mille et Une Nuits; certains souvenirs de jeunesse fleurissaient en son âme comme autant de saines éruptions dues à quelque puberté maladive – or donc, « le plus grand confesseur de tous les pénitents » (selon les termes mêmes employés par d'abominables encyclopédistes) décida d'aller à confesse. Nul prêtre toutefois n'entendant se charger de cette *sancta operatio,* il se rendit, le menton collé contre la poitrine, auprès de son plus grand ennemi (n'aurait-il pas dû y songer plus tôt?) qui, après avoir écouté attentivement le récit du pécheur – non sans une volupté luciférienne digne des pires cavernes de l'Hadès! – jugea, non sans jubilation qu'il convenait de réfréner au plus vite ses ardeurs littéraires. Par ailleurs, estimant que ce « cas spécial et atypique » ne tombait nullement sous le coup du secret de la confession, il décocha au satyre exhibitionniste quelques-unes de ces plaisanteries insipides chères à la bonne société réunie dans les palais de glace du roi de Naples.

Du temps d'avant l'interdit, Alphonse, en proie à des vertiges cycliques, souffrait d'atroces migraines (au diable cette coïncidence par trop voyante entre une brillante activité intellectuelle et toutes sortes de bobos physiologiques!). Il appliquait alors contre sa tempe gauche, à l'aide d'un engin conçu par une religieuse, une plaque de marbre refroidie dans de la glace. Rescapée d'une villa de la Rome antique pour aboutir dans la splendide collection du pape Benoît XIV, la plaque en question représentait la scène mémorable où Orphée se voit contraint d'abandonner sa femme aux enfers : l'épouse de tout penseur étant la pensée, ne se doit-il pas de la laisser au fond des flammes? Précisons en passant qu'Alphonse n'appuyait point sa tête contre le bas-relief, mais bien sur son envers. Il possédait d'ailleurs toute une série de ces marbres destinés à apaiser son crâne brûlant. Un jour – c'était après l'interdiction! – il les empila dans un coin obscur de sa cellule et se mit à méditer en philosophe comme en poète sur chacun d'eux, à l'imitation sans doute, *mutatis mutandis,* de quelque poseur de briques spécialisé dans les poêles de faïence. Et voilà que tout à coup, ignorant le pigeon chapardeur, le cirque politico-ambulant des cardinaux et jusqu'à son cynique calomniateur, il s'écrie à la

façon romaine : « Vivre n'est point nécessaire, écrire l'est! »,
avant de faire quérir aussitôt une savante moniale hors d'âge
(ce tableau vous semble-t-il si effrayant ?) mais dont le visage
distillait une beauté à la fois céleste et terrestre (très sacro-
sexy pour tout dire). Et – chut! chchchut! – soit sous le sceau
d'un absolu secret, il commence à lui dicter au fond d'une
chapelle forestière... – rassurez-vous, pas question ici d'une
quelconque nouvelle empruntée à Boccace, fût-elle fausse!
Quoique... mais non, ne pensez pas à mal (nous ne construi-
sons pas notre récit, et ne lui ménageons nulle chute, aussi
pouvons-nous abattre nos cartes d'entrée de jeu et vous dévoiler simultanément la fin de plusieurs romans), quoique,
disions-nous, la nonne en question ne fût autre que la duchesse
précisément choisie par le père d'Alphonse « un siècle plus
tôt » pour convoler avec son fiston – mais comme nous le
verrons, le mariage ne se fit point et l'ex-aristocrate devint
l'ennemie mortelle du futur saint (sans que la jalousie y fût
du reste pour rien). La voici maintenant, pseudo-nonne vêtue
d'une pseudo-robe – encore que le « temps perdu » constitue
de loin le meilleur des déguisements –, la voici donc celle à
qui Alphonse dicta ses mémoires, dont nous restituons ci-
dessous l'essentiel.

Si ma vieille caboche ne me trompe point comme à l'habitude, Alphonse et Casanova vécurent parallèlement durant
une période de soixante-deux ans. A la naissance de Casanova,
Alphonse était âgé de vingt-neuf ans – et le premier survécut
onze ans au second. Ils se rencontrèrent en Italie dans des
circonstances fort diverses – croisant à l'occasion leurs
mémoires... Quoi qu'il en soit, si la correspondance chro-
nologique de telles remémorations ne se révélait pas toujours
parfaite – ce qu'exigerait pourtant notre Bréviaire –, nous
nous risquerions à manipuler quelque peu les dates afin de
mieux faire ressortir la dimension symbolique de l'ensemble.
Chose qui ne saurait être assimilée à une simple erreur historique ou à un vulgaire anachronisme de bas étage – et
encore moins au mensonge! Les effluves du sureau ou du

jasmin qui vagabondent dans l'espace de mai seraient-ils mensongers? Constitueraient-ils un simple kaléidoscope embaumant? Nullement. Le sureau demeure à sa place, indubitablement réel (du moins pour ceux qui apprécient ce genre de « réalité ») et son parfum, si lointaines que soient ses contrées d'errance, reste son parfum.

Entre 1785 et 1798, soit durant les treize dernières années de sa vie, Casanova vécut à Dux (Bohême) dans le château du comte Waldstein, où il exerça les fonctions de « bibliothécaire de la cour ». A dire vrai, il avait bien mérité pareil poste. Comme le montre assez la *sainte lecture* qui suit, on peut affirmer – avec quelque excès tout orphique – que Casanova, loin d'être un simple aventurier caméléon orienté vers le sexe, constitue l'intellectuel type du XVIIIe siècle. Que le comte ne fût point attiré uniquement par l'historien, le philosophe et le mathématicien, on l'imagine aisément. Grand solitaire, Waldstein travaillait continûment à ses mémoires, dont plusieurs passages ne furent malheureusement jamais rédigés. (Signalons, en outre, que la moitié de ces feuillets vierges fut égarée!) Pourtant, l'historicisme académique, dont les méthodes se situent à l'antipode des nôtres, aime à s'y appuyer pour échafauder quelques thèses de grande envergure. A l'époque de notre récit, le comte allait sur ses soixante-dix ans. Sa bibliothèque? Vastes espaces empruntés à quelque église baroque, foyers et salles de danse aux balcons serpentins, portes-fenêtres s'élançant à l'assaut du ciel tout en ouvrant sur un parc, lourds rideaux de velours que déversaient de multiples cornes d'abondance, plafonds à fresques volantes déployant d'innombrables entrelacs théologiques... Pratiquement invisibles en ces lieux, les livres semblaient de minuscules orgues – flûtes de Pan dissimulées derrière des vitres-bulles de savon! Mais la bibliothèque, c'était encore une suite de salons intimes, abritant les rencontres les plus lascives de l'intellect, dont les murs succombaient à l'éclat étouffant d'opus reliés. Aux yeux de Casanova, ces boudoirs étroits évoquaient l'amour – alors que les immenses foyers lui rap-

pelaient infailliblement les hauts plafonds du Vatican, ou
encore les salles du trône chères à certaines impératrices. Le
voici torse nu à sa table, travaillant par une chaleur torride,
sa médaille – l'éperon d'or! – accrochée à son cou, maculée
de sueur (l'étiquette exigeait-elle qu'il la portât au cou? – le
vieux Casanova, blotti dans son ermitage de la salle des glaces,
ne s'occupait plus de telles contingences). Cette haute distinction lui avait été décernée par le pape – détail important
eu égard à notre présent Bréviaire, puisque ladite médaille,
composée d'une croix de Malte et d'un éperon doré, symbole
du sadisme, était encore ornée du portrait de saint Sylvestre I$^{er}$
(dont la biographie sera esquissée en tête du septième tome
de notre Livre de prières). C'est en pur voltairien que Casanova s'intéressait à saint Sylvestre. En constatant, au cours
de son long périple en Orient, que l'impératrice sainte Hélène
– celle-là même qui récupéra la sainte croix du Christ – avait
failli embrasser la foi juive (et qu'il s'en était fallu de peu
que cette religion ne devînt celle de toute l'Europe – imaginez
un peu la basilique Saint-Pierre transformée en synagogue!),
en constatant tout cela, dis-je, saint Sylvestre (IV$^e$ siècle) crut
avoir une attaque et tomba à la renverse, gifle de boue! heur-
tant le portail vert bouteille de ladite basilique. Plutôt que
de méditer par cette canicule sur les jeux du Destin et du
Non-Sens, Casanova préférait contempler l'admirable bas-
relief antique incrusté dans le mur, don du cardinal Aquariva
qui lui avait en outre procuré une charge lucrative, que
d'ailleurs il perdit dès le lendemain, en raison de l'indécence
routinière dont il fit preuve le jour même de l'inauguration
du bas-relief.

Dans le catalogue du comte Waldstein (revu et corrigé avec
le plus grand soin par Casanova), cette sculpture portait le
titre de *Musikalische Unterhaltung* (Divertissement musical).
Or, en dépit de son indéniable charme rococo-hellénistique,
l'œuvre est comme traversée par la mort et l'orgie, mythes
ancestraux à propos desquels Alphonse écrit dans sa *Theologia
moralis*, livre hautement psychanalytique destiné à tous les

confesseurs, qu'ils survivent éternellement et qu'un œil exercé repère facilement leur œuvre − car seuls les recouvrent quelques linceuls ultrafins ou de mensongers masques de fer − chez les hommes, les enfants, les animaux énigmatiques ou les fleurs mystérieuses, voire au sein des rituels catholiques et jusqu'à l'étiquette des cours royales − sans parler des prétendus névrosés!

Notre bas-relief, donc, représente une très intime bacchanale − lit défait, acte d'amour à moitié consommé, hétaïre à mandoline, dieu homosexuel jouant du luth dans la pose évidente de l'éphèbe à vendre, seins napolitains cyniques et limoniformes évoquant de splendides soutiens-gorge... En rédigeant sa note critique destinée au catalogue, Casanova riait à perdre haleine; puis il y alla de son couplet sur les survivances du monde antique à travers les grands moments de la civilisation européenne : Renaissance clownesque, romantisme maniaco-dépressif, puritanisme voué aux oripeaux de la morale et, pour couronner le tout, psychanalyse philistino-bourgeoise. De quoi s'esclaffer, non? A son humble avis, seules les œuvres issues de son propre siècle rococo-maniériste ainsi que quelques rares statues gothiques pouvaient rivaliser avec un tel bas-relief − encore que l'opposition pataude entre rationalisme et art mythico-religieux l'ennuyât profondément (n'est-elle pas effectivement des plus somnifères? A quelle époque, en quel pays, la trouve-t-on jamais digeste?)

De toute sa vie, Casanova ne rencontra qu'une seule personne qui partageât ses opinions, et les exprimât avec le même humour tonique, non seulement sur la mythologie grecque en général, de plus en plus tenace, mais tout particulièrement sur la belle Europe enlevée jadis sur le dos d'un taureau : cette personne n'était autre que le pape Benoît XIV. Si d'aventure vos yeux tombaient sur la *Table d'orientation* de ce livre avant même que vous eussiez achevé cette sainte lecture, vous y liriez entre autres ceci : « Benoît XIV, statue symbolique du XVIIIᵉ siècle ».

Avant qu'il ne vînt occuper le trône papal, les élections traînaient depuis six mois déjà (ne pouvait-on, d'un strict point de vue juridique, les retarder indéfiniment en attendant que la question protestante trouvât une solution transitoire? demanda un jour Casanova au futur Benoît XIV – dont le corps tout autant que l'esprit évoquaient irrésistiblement Falstaff). Mais le *papabile* entretenait un tout autre dessein... Au cours d'une garden-party enjouée réunissant les cardinaux-électeurs à Tivoli (les bougres frétillaient, vu qu'ils n'avaient pas la moindre chance d'être élus), Benoît, grand rieur devant l'éternel, leva son verre et dit, tout en indiquant le fond du parc :

– A quoi bon ces interminables conciliabules? Si vous voulez élire un saint, choisissez donc Alphonse de Ligure!

Ce faisant, il imitait pêle-mêle, mais avec le plus grand respect, la manducation des simples, les transes dévotes, la recherche de quelque écureuil blotti sous une aisselle sanctifiée...

– S'il vous faut un diplomate aux vues larges, bien que la myopie soit parfois préférable chez cette espèce d'animal, prenez Aldobrandini : ce n'est certes point un hasard s'il a fait construire dans son jardin le labyrinthe le plus astucieux du monde. Mais si vous êtes en quête d'un vieux sage, Démocrite souriant mâtiné de science chrétienne, alors n'hésitez plus! Que votre choix se porte sur moi!

Et il fut élu.

Benoît chérissait les classiques (Alphonse de Ligure, maître ès-âmes et hormones niché au fond de sa cellule, n'oublia jamais le pape citant Œdipe au banquet de Tivoli : « Je suis ce que je suis. Et ne puis être nul autre. Pourquoi craignez-vous de découvrir ce que je suis? ») Le soir venu, délivré des corvées routinières ayant trait aux questions politiques et religieuses, il organisait des débats monstres (renvoyant au passage à leur juste place, du bout de ses canoniques pantoufles, les crapauds fanatiques et autres singes criards). Un jour, au cours d'une longue causerie, il rapporta le récit de

ses expériences ottomanes. A cette occasion, Casanova s'éleva
contre le fatalisme des Turcs (chose qui au fond ne lui déplai-
sait guère), et Alphonse se lança dans un compte rendu dramatique consacré à la mort d'une religieuse janséniste, tout
aussi fataliste et des plus versées en théologie.

Notre *Bréviaire* pécherait sans doute par incomplétude si
nous passions sous silence les quelques biographies de saints
dues à la plume de Benoît XIV. Si Casanova lui fournissait
des piles de dossiers débordant du linge sale de la politique,
Alphonse, de son côté, aimait à lui confectionner des bouquets
de légendes florissantes. L'un comme l'autre pouvaient rencontrer le pape à leur guise. La valetaille et les moniales-
amazones n'osaient en revanche s'approcher de l'auguste
cabinet — et préféraient se tenir à une distance respectueuse
que nous estimerons à dix salles au moins (« Chut! chut! le
Saint Père travaille! »). Le divin pontife, lui, n'attendait qu'une
visite, n'importe laquelle, pour pouvoir raconter, avec ce goût
cher aux hommes vraiment spirituels, ses blagues favorites.

Les misérables disputes, dignes d'ânes galeux, qui portaient
sur les expéditions des pères missionnaires en Chine, finis-
saient, passez-moi la trivialité de l'expression, par lui taper
sur le système. Sans doute pensait-il que pareilles missions
étaient vouées à l'échec; peut-être même ne correspondaient-
elles pas à la volonté divine! Lorsque le héros des Évangiles
délivra sa célèbre parole : « Allez enseigner à toutes les
nations », il ne s'exprimait certes pas sur un plan statistique
ou même géopolitique. Non, il voulait tout bonnement dire :
« Dans la mesure du possible, diffusez donc ce message auprès
d'un large public. » Mais son agacement s'expliquait surtout
par le fait qu'ici dans cette Europe de pacotille, terre de toutes
les confusions, lesdits missionnaires étaient en butte aux
attaques les plus diverses. Ils avaient en effet permis aux
Chinois récemment convertis de conserver nombre de leurs
coutumes ancestrales où se mêlaient art brahmanique et philosophie du Bouddha. Et pourquoi pas, bon Dieu! pestait
intérieurement Benoît. Bien entendu, Casanova, en esprit

éclairé, applaudissait des deux mains. Alphonse, lui, observait un silence abyssal – la chose ne l'enchantait guère – et (nous livrons ici une donnée qui, exceptionnellement, n'est pas véri-fiée) trempant son bonnet d'évêque dans l'encrier papal, il s'asseyait dans la posture du lotus.

Mis à part les jambes croisées, Alphonse eût pu réagir de même le jour où le pape autorisa le roi d'Espagne à attribuer charges et évêchés à sa guise (moyennant un impôt énorme, en vertu du bon vieux principe politico-bigle « les bons comptes font les bons amis »).

– Recommencer une guerre d'investiture aussi stérile que sanglante, très peu pour moi! expliqua Benoît à un Alphonse vert de rage. Empereur déposant tiare sur tête papale, pape couronnant empereur, baiser de paix, guerre meurtrière, empereur fracassant tiare, pape concassant couronne et pour finir en beauté, antipapes à gogo – basta!

Et, tandis qu'Alphonse se retirait dignement dans son ermitage, notre Casanova de se réjouir (ô libéralisme des esprits légers!) avant que de jouer à son tour les anachorètes vexés quand, cinq minutes plus tard, le pape administra à sa Venise adorée une de ces gifles à faire crouler tout cet aqua-rium de brocante byzantine, avec son saint Marc, son ghetto et jusqu'à ses sénateurs-pleureuses assis sur leurs sacs bour-souflés d'écus.

Comme tant de nos ascètes, Alphonse ne se destinait pas à la sainteté : il voulait être juriste (à l'instar de Casanova...). Au cours de cette brève biographie, nous ne pouvons que mentionner de tels faits – qui pourtant nous plongent dans des abîmes de réflexion. A Dux, au fond de sa cellule baroque, Casanova survécut neuf ans à la Révolution française, tandis qu'Alphonse mourut deux ans avant que celle-ci n'éclatât. Quelles pensées hantaient donc leur esprit de juriste, de saint et d'aventurier au milieu des perruques pouilleuses et des bonnets d'évêques cramoisis comme la reliure d'une carte des vins? Bien entendu, Alphonse avait failli être renvoyé à plusieurs reprises de la faculté de droit. Dès sa première année d'études, il entendit en effet méditer sur les fondements de la justice, chose détestable pour toutes les chaires et autres curies. Quel est dans notre droit européen la part de l'Évangile et de la pensée chrétienne? Celle de l'héritage romain? Qu'y ajoutèrent plus tard Goths et Germains? Comment concilier tout cela avec la philosophie chère aux précurseurs de la Révolution? Avec les positions que défendait sa famille, composée en majorité de grands seigneurs? Avec l'ambition commune à tant d'avocats sophistes, tortueux et âpres au gain? Aux yeux d'Alphonse, il fallait examiner toutes les éthiques possibles dans le temps comme dans l'espace, avant d'apposer de guingois le sceau à l'encre hésitante sur quelque décret d'exécution du *nullus nullificatus,* sorte de formulaire couvert de lignes en pointillé. Lorsqu'il eut vent des recherches – plus répugnantes que la lèpre – menées par son fils sur les « fondements », le père d'Alphonse manqua d'occire sa progéniture d'un coup de couteau dans le ventre (et ceci en plein amphithéâtre – vaudeville réservé à la gentry!). Après quoi, Alphonse décida d'utiliser en catimini son cerveau comme ses compagnons leur sexualité. Et bien lui en prit, car il devint rapidement l'imbattable conseiller juridique que se disputaient toutes les couches sociales – des marionnettes vaticanes jusqu'aux quichottesques pantins féodaux.

Vint le grand procès qui allait déterminer un tournant décisif dans sa vie. De même que les chirurgiens appellent « opération en musique » une intervention particulièrement spectaculaire destinée au grand public, de même pourrions-nous désigner par l'expression « procès en musique » celui dont nous relaterons ici les péripéties – ne fût-ce qu'en raison de son enjeu : plusieurs millions de ducats! Qui plus est, l'affaire ne concernait pas seulement le père d'Alphonse, mais aussi (fait plus romanesque encore, notez-le bien) la propre fiancée du futur saint, fabuleuse beauté dûment choisie par la famille. Au cours du procès, Alphonse, qui défendait donc la cause de ces deux êtres chers à son cœur, improvisait avec une extrême liberté, ne pointant que rarement son index vers les factures et autres papiers dispersés sur sa table – comme toujours, il connaissait le dossier par cœur. Dans une des « loges », le paternel, mafflu comme une barrique, criait déjà victoire, cependant que sur un autre balcon, la fiancée resplendissait dans sa toilette nuptiale agrémentée de quelques coquetteries liturgiques – myrte, madone et autres ménades.

Citant de mémoire un passage extrait d'un testament de quelque six cents pages, Alphonse tomba brusquement en arrêt, pensif. Puis il expédia aux quatre points cardinaux les quatre cailloux destinés à empêcher les documents de s'enrouler. « Repartons à zéro! s'écria-t-il avec la vulgarité d'une poissarde, car... » Car? L'avocat venait enfin de comprendre qu'il représentait une cause scabreuse, ce qu'il jugeait inconciliable tant avec sa raison qu'avec sa conscience. Alors, tel un ouragan, il se précipita hors de ce décorum qui rappelait une scène tout droit sortie d'un opéra de Haendel.

Tumulte théâtral! Après que se furent un peu apaisés le chœur et le contre-chœur des avocats hurleurs, un « Rattrapons-le! » aboyé par un mercenaire en chef provoqua un indescriptible chaos satanique. La meute se lança sur les talons d'Alphonse avec la fougue de policiers aux trousses d'un régicide. Un premier groupe de poursuivants – celui-là même où chevauchait le père-barrique et la promise à moitié dénudée dans sa robe en lambeaux (« demi-nu aux confettis », titre qu'eût sans doute pu donner à son insipide plaisanterie quelque sculpteur de marché aux puces se prenant pour un ultramoderne), une avant-garde, donc, ne tarda pas à retrouver le fuyard au fond de l'église Sainte-Croix de Jérusalem, prosterné sur les marches de l'autel devant le Très Digne Saint Sacrement. Indécise quant à l'issue du procès, la troupe s'immobilisa, n'osant s'approcher du lieu sanctifié. Sur quoi le paternel, secouant furieusement le tronc d'église embroché sur la pointe de son sabre, demanda aux prêtres jaillis de leur sacristie d'éloigner au plus vite de l'autel son fils sacrilège (et pourquoi donc l'eût-il été?).

Or l'instant suivant vit se préciser le danger du prétendu

sacrilège. Arrachant la porte du tabernacle comme une affiche mal collée, le colosse, avec toute la force de ses ancêtres combattants, s'empara du Sacrement et l'éleva au-dessus de la tête du troupeau médusé, quand...

« Pas d'histoires, les gars, tous à genoux », marmotta un avocat minuscule au visage de figue séchée – et l'on ne vit plus que têtes baissées (scène que Goya n'eût point désavouée), et l'on n'entendit plus qu'ahanements asthmatiques et jurons étouffés – bref, toutes les techniques rituelles de la génuflexion. (Encore enfant et non moins profane, Casanova prononça un jour un sermon dans une église vénitienne – mais nous y reviendrons plus loin.)

Puisque la majeure partie de la peinture chrétienne du Moyen Age traite de sujets qui ne figurent point dans les Évangiles, ni même dans l'Ancien Testament, on voit mal pourquoi ce *Bréviaire* – à seule fin de satisfaire le goût de son auteur pour le romanesque et les symboles instructifs – s'interdirait le droit à la licence, et ceci jusqu'à rapporter certaines données officieuses à propos d'un tel procès.

Comme Alphonse avait vingt-neuf ans au moment de la naissance de Casanova, ce dernier ne pouvait guère paraître dans la comédie judiciaire que nous venons d'évoquer. Toutefois, un écrit apocryphe nous révèle que, durant l'audience, la fiancée ducale d'Alphonse, afin de se distraire de son émotion, jouait à la balle avec une amie au fond du parc. (Visualisez-vous bien ces deux spirituelles Astartés jaillies d'une *Primavera* botticellienne?) Lorsque tout à coup, enjambant la clôture, apparut Casanova – gloussements naturels, joie naturelle à voir tomber des cieux un compagnon de jeu aussi galant, dénouement naturel auprès de l'étang le plus vert et le plus silencieux, au fond des buissons les plus noirs, parmi les statues les plus blanches...

Après avoir jeté contre les murs ses codex falsifiés – comme Moïse les Tables de la loi – et refusé de plaider en faveur d'une cause injuste, Alphonse, selon ce même apocryphe, ne se réfugia point dans une église. Quant à son père, il se contenta de le saisir (symboliquement) par le collet et de le ramener dans son palais. Où, au vu et au su de la foule rassemblée, il fit constater par divers docteurs en théologie et en médecine que son fils était possédé du démon.

Lors même que les exorcistes palatins poursuivaient en vain leurs manœuvres autour d'Alphonse, un mini-Socrate jovial revêtu de la pourpre cardinalice conseilla au père décomposé, et ceci dans la pièce la plus reculée de la demeure, de renoncer à de telles simagrées et de réunir dans quelque lieu intime et le fils et son éblouissante fiancée : celle-ci, s'inspirant de la danse de Salomé, saurait bien convaincre Alphonse de retourner au plus vite dans la salle d'audience y poursuivre sa plaidoirie...

Resplendissante encore, presque au sens propre du terme, de la rosée amoureuse qui l'avait ointe de tous côtés, la duchesse accueillit avec la plus vive alacrité – et tout en continuant de jongler avec ses balles – la proposition du maïeute lilliputien. Une fois enfermée aux côtés d'Alphonse, elle se mit aussitôt à répéter la grande scène que Casanova venait de lui apprendre. Dieu merci, la manœuvre échoua – et la fiancée s'empressa de rejoindre prestissimo son amant vénitien au fond du parc. Quant à Alphonse, il se présenta dare-dare aux portes d'un monastère et s'inscrivit en théologie. Ne parlons pas du père – il était au bord de l'apoplexie...

Au cours de l'épisode suivant, les faits réels et les éléments imaginaires se marient avec un certain bonheur – à notre humble avis, tout au moins – et l'apoplexie elle-même s'intègre gracieusement dans le cours du récit. Par un mercredi des Cendres, à l'aube, sous les voûtes palmiformes d'une église gothique dont les lignes imitaient à merveille les mains jointes pour la prière, Alphonse, ordonné prêtre, prononçait son sermon, vêtu de la soutane la plus loqueteuse de la terre. Pour la première fois depuis l'incident du procès, le père revoyait son fils – mendiant qu'on eût dit à l'instant retiré d'une immonde poubelle ! – alors que lui-même ainsi qu'une partie de sa famille, costumés en rois d'Espagne ou en clowns

dignes d'un Mardi gras, montaient la garde titubant au pied
de la chaire, dont les imposantes dimensions rappelaient certaines scènes italiennes où les acteurs courent à leur guise
en tous sens.

Les grands seigneurs, on le sait, détestent autant les bouf-
fons déchus que les prolétaires vertueux. Or, aux yeux de son
géniteur, Alphonse relevait de la seconde catégorie. Aussi,
déçu au plus profond de sa fibre aristocratique, le père s'éva-
nouit-il – ce qui, parmi les colonnes minces comme des
roseaux couronnés de feuilles de vignes, équivalait *stricto
sensu* à un tremblement de terre. Vint l'heure de la confession. Populace frémissante, gandins à la mise recherchée,
paillasses avinés – tout ce beau monde se pressa pour faire
la queue (rituel impératif selon les ordres mêmes de l'Église).
La duchesse elle-même, dit-on, confessa à son ex-promis –
vengeance satanique ou divertissement pervers? – quelques
péchés certes imaginaires (mais non point inimaginables!).
Blotti derrière elle, Casanova, déguisé en moine, lui soufflait
le texte... Selon un autre apocryphe, ce fut alors que germa
dans l'esprit d'Alphonse l'idée de la *Theologia moralis* (ou
« freudisme », selon le jargon rococo de l'époque, depuis longtemps oublié). Plus tard, lors d'une de ses innombrables missions à travers l'Italie, Alphonse fut accueilli glacialement
dans certain couvent où l'on racontait – pure vérité! – qu'au
cours de cette mémorable confession le saint s'était montré
bien plus indulgent avec les paillasses qu'avec les « gens hono-
rables ».

Ce jour-là, la mère supérieure, mélange banal de sadisme
princier et de stupidité sexuelle, se précipita – tyrannique
femelle ornementale! – sur le doux Alphonse et, d'une voix
criarde, lui révéla les pratiques chères au couvent de Cîteaux
(que certains guides touristiques mentionnent sous le nom
de Port-Royal), où les religieuses, fatalistes, déterministes et
possédées d'une éternelle culpabilité, faisaient preuve de la
plus agressive austérité. Un jour, au moment de recevoir
l'extrême-onction, la plus pieuse d'entre elles, consciente de

n'avoir point échappé au péché originel – et se sentant par
là même indigne de la grâce divine – envoya valser d'un seul
et unique coup de pied le Saint-Sacrement par la fenêtre.

– A mon sens, cette brave femme s'est grossièrement trompée – jusqu'à friser le blasphème! trancha Alphonse, avec un
large geste des plus salonnards. Bien heureusement, Jésus n'a
que faire de ces chiennes perfectionnistes. »

On peut imaginer dans quel état d'esprit Alphonse accueillit – après les dogmatiques aboiements de la bestialement
masochiste (et donc sadique) mère supérieure – la visite d'une
petite moniale, modèle de douceur et d'innocence, qui faisait
office de plongeuse. Afin de lui changer les idées, celle-ci
évoqua l'une des visions qui l'avaient saisie auprès du bac à
vaisselle – le Ligure y apparaissait comme un grand fondateur
d'ordre, dépassant par sa sainte sagesse tous les anciens docteurs en psychanalyse! Quoique en proie à la plus vive colère,
Alphonse finit par donner l'absolution à la petite et la congé-
dia en l'embrassant sur les deux joues. Lorsqu'elle quitta la
cuisine, esquissant un pas de danse, son regard plein de défi
semblait pourtant dire : « Je sais ce que je sais. »

Si Alphonse devint en effet le pionnier spirituel que l'on
connaît, il ne le dut certes pas à ses nombreux ennemis.
Dénoncé, trahi, ridiculisé même par des hordes cruelles et
imbéciles, que guidaient seuls l'intérêt et l'absence d'imagination, il lui fallut lutter pied à pied contre tous les garde-
chiourmes et autres adorateurs voués à l'Ane Sanglant. (Détail
piquant : le vieux Casanova, lors de sa « fuite » loin de Dux,
s'éprouva lui aussi comme une sorte de martyr – ou quelque
saint négatif maladroitement moderne? – surtout après avoir
écouté *la Flûte enchantée*, blotti dans l'utérus capitonné de
sa calèche viennoise...)

Qui donc s'élevait contre son infinie compréhension? Une
nuée d'hérétiques se vautrant dans la rigueur aveugle d'une
aveugle fatalité – adversaires bigots (c'est-à-dire veules et
agressifs) de la psychanalyse, cerveaux mécaniques ou désespérément euclidiens, magistrats casuistes, philosophes dégra-

dant les Lumières jusqu'au pire nihilisme, latifondistes aux
yeux desquels le saint des pauvres apparaissait plus abject
encore que Robespierre (dont ils pressentaient la venue)...
Dans un premier temps, le Vatican, sous la houlette des
treizième et quatorzième Clément, l'encensa. Toutefois, dès
que le royaume de Naples, pour des raisons bassement politiques, se mit à cracher dans la tiare et à fustiger la panoplie
de mendiant, la Sainteté de l'époque lança une véritable croi-
sade – « dans le strict intérêt de l'Église » – contre ce Christ
revu par Alphonse et ses compagnons. Précisons ici que
nombre d'aventuriers, convaincus du caractère juteux de l'entreprise, avaient rejoint la cause du Ligure – tant et si bien
que son ordre rassemblait pêle-mêle visionnaires névrotiques,
envieux attisant par goût de l'art le chaudron sorcier de la
haine, homosexuels honteux en quête d'un refuge et, tout de
même, quelques clochards superstitieux.

Au moment où il parvenait enfin à mettre son ordre sur
pied, Alphonse fut nommé évêque par le pape Clément XIII.
A l'aide d'une autorisation dûment extirpée au pontife, il
inaugura ses activités de berger suprême en livrant aux
enchères tous les trésors du Vatican (ventes inoubliablement
italiennes! pièce de théâtre! roman! Comment le Bréviaire
pourrait-il renoncer à tout cela?). Pour l'occasion, Alphonse
avait fait solidement cadenasser les portes du palais, lesquelles
étaient en outre étroitement gardées par des sbires en armes,
avant de déménager dans une villa plus modeste (mais dont
les dimensions ne l'étaient point). Car, voyez-vous, le saint
souffrait... non pas tant du surmenage consécutif à ses missions que, dans l'ordre, des vilenies feutrées dévolues à la
diplomatie, du chagrin qui l'envahissait devant la bassesse
humaine, des conflits informes et décevants qui opposaient
les tenants de la révolution athéiste en préparation (il considérait le « déisme » comme un masque grotesque dissimulant
les pires impiétés) aux supports pathologiquement déchaînés
de la réaction, et par-dessus tout d'un dévorant désir : retourner vers sa congrégation qu'il voulait parfaite et réformée.

Aussi demanda-t-il au pape de le faire ramener en son monastère, fût-ce dans une chaise à porteurs (doux cercueil cher
aux amateurs de randonnées sylvestres!), afin qu'il pût
contempler le ciel et écrire ses mémoires.

Ultime scène forestière. Quelques braves moines avançaient
lentement en portant avec la plus vive prudence la chaise
richement ornée de l'évêque démissionnaire. (« Si ces fous de
papistes aiment tant les draperies, les pompons et les décors
maniéristes, qu'à cela ne tienne! Qu'ils s'en paient! Me voilà
transformé en mât de cocagne! ») Lorsque tout à coup jaillit
de derrière les buissons, à la tête d'une minuscule armée, la
reine de Naples, fille de Marie-Thérèse, hurlant, pestant, voci-
férant, saisie tout ensemble d'une hystérie de hyène et d'un
fou rire assassin – le tout dirigé contre Alphonse, fiévreux
quoique paisiblement endormi sur son drap. La souveraine
et son époux Ferdinand IV, épave rescapée d'orgies continues,
redoutaient la Révolution française plus que n'importe qui
en Europe. Ferdinand, alcoolique et voyeur voué à tous les
harems – jusqu'à dégénérer en eunuque! – jouait à merveille
son rôle d'idiot royal. Quant à son épouse (qui lui fournissait
des cargaisons de femmes – n'importe lesquelles!), elle croyait
avoir découvert dans l'ordre du Ligure une organisation d'espionnage au profit de la Révolution.

Or donc, sur cet angélique terrain de jeu (une clairière
verdoyante au beau milieu de la forêt), la reine affirma en
aboyant qu'Alphonse avait écrit sa *Theologia moralis* à seule
fin de défendre les thèses révolutionnaires. Pis! Il s'était sans
nul doute inspiré des quelques excès commis par Ferdinand
(le reste relevant de la calomnie pure et simple!) pour dresser
son catalogue des perversités, afin que le Tout-Paris, pouffant
de rire, se délectât et prît les armes contre le royaume de
Naples. Se dressant sur son séant, Alphonse commença de
triturer les rubans de son bonnet jusqu'à les roulotter, et
bien que son menton fût depuis longtemps collé contre sa
poitrine, il parut approuver de la tête chacune de ces accu-
sations criardes. Dans un village voisin, le clocher de l'église

sonna l'angélus. Soutenu par deux moines, le Ligure descendit
de sa couche, s'agenouilla dans l'herbe et, après s'être excusé
auprès de ses frères, pria. De leur côté, les soldats qui avaient
vu poindre une lumière céleste au-dessus de son crâne, le
rejoignirent en génuflexion. Bouffie de colère, la reine balança
un de ses talons aiguilles écarlates en direction du saint visage
et disparut dans les fourrés.

Durant tout son voyage, Alphonse s'amusa avec cette chaussure comme l'eût fait un enfant – quoiqu'il admirât aussi cet
objet en spécialiste de la mode! Puis, parvenu à proximité du
monastère, il en fit don à une petite paysanne. « Solde royal!
s'exclama-t-il. Garde-la précieusement, cela te fera une jolie
dot. Les révérends pères t'expliqueront de quoi il retourne.
Mais qu'avez-vous à rester là, *fratres et patres*? Allons, presto,
prestissimo, sinon nous serons en retard pour le dîner... »

*LECTIO*
SAINTE LECTURE

1. Ses parents – fait décisif! – étaient acteurs. A l'époque où l'esprit d'enfance m'imprégnait encore assez pour vouloir traiter en langue allemande de sujets aussi vastes que la philosophie ou la biologie, j'avais envisagé d'explorer un tant soit peu l'*innerste Theatralik aller Wesenheiten,* la « suprême théâtralité de toutes les essences ». Selon un principe ancestral, en effet, les méduses nichées dans les profondeurs létalo-féeriques des océans, les perruques des cocotiers coiffant les cimes gothiques des palmiers-éventails, la tête d'œuf écrasé de l'embryon flottant au bout du cordon ombilical, le jasmin, le raifort et même les pires maladies, tout cela n'est que comédie, théâtre, pure pseudologie. Non point mensonges, mais masques et mimes. L'histoire, pas plus que les instincts les mieux enfouis, ne saurait échapper à cette règle. Sans parler de l'art! Fût-il le plus profond et le plus solitaire... Si je ne descendais moi-même d'un ancêtre-histrion, je ne pourrais assurément croire en ma propre existence. A mes yeux, réalité et théâtre sont strictement équivalents. C'est donc une loi absolue – une sorte de *Doomsday Book* – qui veut que les *Mémoires* de Casanova s'ouvrent sur cet alpha et cet omega, sans lesquels rien ne serait! Acteurs, acteurs, acteurs!

2. Le second prélude ontologique sera, je l'espère, non moins parfait. Deux vocables en constituent le corps d'assise : Locke et *Häxerei* [1] (« C'était une *sorcière...* »). Si tu veux vivre, tu ne saurais être que comédien, comme le sont les dieux eux-mêmes et le cosmos tout entier! Et si tu as commencé de vivre, il te faut assumer la dualité à jamais énigmatique installée au cœur de l'espèce humaine : clarté chère à l'intelligence et simagrées vouées à l'absurde − autrement dit, Locke face aux sorcières de Murano et de Burano, aux cartomanciennes, aux exorcistes, et à tous les diablotins de la planète, savoir non seulement le XVIIIe siècle, mais encore la vie dans son ensemble! Pareille dualité fonde l'érotisme de Casanova : d'une part, la sobriété dévolue à la physique expérimentale − son athéisme marqué de la grisaille du sens commun − et de l'autre, l'esprit démoniaque propre aux *Irrlicht* romains (« ...la vue de ce petit *météore...* »). Mais pourrait-on accéder à l'intelligence autrement? La vie peut à la rigueur se passer de sorcières, l'*human understanding* jamais!

3. Après cette ouverture humaniste à deux étages, voyons un peu le code de l'amour. En premier lieu, le papillonnage pré-amoureux, pré-narcissique, pré-voluptueux, pré-moral − bref, pré-tout! La petite Bettina lui lave les pieds avec une telle minutie que pour la première fois le pollen du petit Casanova se répand à travers le monde... Clarté, ignorance, sérénité, innocent frémissement, volupté libre de tout pathos nerveux,

---

1. L'auteur signale par une note que les *Mémoires* de Casanova ayant d'abord été publiés dans leur traduction allemande entre 1822 et 1828, il recourt fréquemment à cette langue pour les citations. Nous restituons au cours du texte ou en note la langue d'origine des *Mémoires*, à savoir le français, conservant toutefois l'allemand dans tous les cas où sa musique alimente la rêverie szentkuthienne en associations libres et autres jeux de mots. *(NdT)*

narcissisme anonyme autant qu'asexué (proto-narcissique!) –
ne pourrions-nous désigner pareil amour d'avant l'amour
comme l'éternelle destinée? Ici les couleurs enchantent par
leur clarté – oui, tout se nimbe d'un léger safran...

C'est *le matin*. Dans la jeunesse de Casanova – point sail-
lant! – le matin règne en maître, surclassant de sa rosée tous
les crépuscules! L'amour est affaire matinale, aventure, sanctification, offrande de la lune qui pâlit et des brumes argentées
recouvrant les parcs. Cuvette blanche, jambes d'enfant maigres
et blanches, oreillers blancs, serviettes blanches, lait blanc,
carafe blanche, tablier blanc, mousse de savon blanche, fleurs
blanches, lune blanche... pollen blanc!

Que sont savonnettes, corps et fleurs? Que sont le rêve et
le beurre du petit matin? Le péché et la sensation du cha-
touillement? La toilette et la noce? Oui, que sont le remords
et la joie? L'innocence et la perversion? L'épuisement et la
force vitale? La virginité et l'éternelle volonté de reproduc-
tion, sinon une seule et même essence, d'où nul signe encore
ne se détache. Ce bourgeonnement des choses est bien l'unique
bonheur qui vaille – le seuil de tous les seuils! Mais déjà le
codex adolescent de Casanova apparaît comme une bible des
nostalgies. Déjà nous comprenons – et ceci pour la première
fois – que nous n'avons plus huit ans, et que nous serons
chassés éternellement de cet infini paradis.

Nous ne pourrons plus jamais être jeunes – et ce motif
mélancolique inaugural prête au premier volume de Casanova
quelques subtils chatoiements ultraterrestres. Nous sommes
irrémédiablement perdus, et pareille perte semble si définitive, si absolue que cette impossibilité – ou plutôt cette certitude d'une impossible jeunesse – est déjà Dieu.

Cet amour d'avant l'amour commence – chose on ne peut
plus symbolique! – par le bain, milieu mystérieux, sucrerie
spleenesque oscillant entre passion anarchique et tendresse
civilisée. En ce secret liquide demeure l'essence du vécu casanovien – l'espace d'un instant ou d'une époque, un seul homme
est parvenu (et peut-être uniquement par les moyens de l'écri-

ture) à concilier élégance et bestialité. Jamais amour ne fut
si dissolu, édénique et libertin – jamais pourtant il ne fut si
gracieux, celé sous le masque de la plus haute préciosité!

Aujourd'hui, nous chuchote notre intuition, un chaos bestial aussi romantique ne peut que s'éteindre ou s'égarer dans
de caricaturales agonies. Mais la même intuition nous suggère
encore : l'amour sans civilisation ne serait-il que platitude?
Autant de questions sans objet aux yeux du Vénitien. Ici des
humains nus et joyeux se baignent sans souci, réconciliant
avec entrain l'innocence d'Ève et l'affectation propre aux docteurs de Molière. Le « bain », tantôt nymphal, tantôt désespéré, apparaît bien comme une grimace de l'éternel compromis européen – mais comment pourrions-nous renoncer à
cette forme de la convention amoureuse? Dans cet art de
tourner autour du pot, le Vénitien est passé maître!

Casanova nous offre en effet une gamme thermale des plus
superbes – depuis la cuvette de son enfance, en passant par
le bac à eau si prisé des jeunes paysannes, jusqu'aux bassins
des harems ottomans où quelques odalisques barbotent au
clair de lune. Le bain est propreté : tout ensemble baptême
et hygiène. Le bain est vanité : les femmes aiment à se
contempler au miroir calme d'un étang. Le bain est nudité :
Éros s'ébat, et le mythe des naïades joue à chat perché avec
les ablutions courtoises. Assurément, les religieuses du Moyen
Age voyaient juste, qui confondaient amour et propreté.


4. Casanova écrit un billet doux à sa maîtresse. En sera-
t-il donc toujours ainsi? Nul amour sans lettre, sans contrainte
d'écriture? L'âme sera-t-elle toujours faillible? Ou l'originelle
lâcheté amoureuse se fera-t-elle longtemps passer pour âme
– et celle-ci pour littérature? Lâcheté, âme, littérature – cet
inévitable triptyque n'est-il point émouvant?

Quel prélude! Arpèges incontrôlables, inconscience du corps,
erreur des nerfs et missive enflammée – sans oublier tout
mon charabia sur le mythe, le rêve et l'amour! N'y a-t-il pas

là toute la littérature « en tant que telle » – charmante, mais éternellement et mortellement compromise ?


5. L'instant est éphémère, où se confondent en une seule et si douce inquiétude le goût du lait matinal et le péché diabolique – feu de paille d'une jeunesse elle-même fugitive ! Ces éléments ne tardent pas à se séparer, et les adolescents commencent – avec la plus grossière désinvolture – les vastes et paradoxales vendanges de l'âme. Surgissent alors, comme il se doit, névroses élémentaires et mythologies brutes – soit toutes les gammes éclatantes de la *moral insanity*.

Bettina est possédée du diable. Est-ce catholicisme ou freudisme ? Est-ce hypocrisie sobre autant que calculatrice ? Qui pourrait le dire, qui même s'en soucierait ? C'est l'amour indigeste à lui-même – l'impossibilité naturelle pour l'homme d'être humain ! Avec le temps, l'adulte se fait à l'idée qu'il n'est qu'absurdité errante et contradictoire, mais pas l'enfant ! Celui-ci obéit encore à la logique, et c'est pour cette raison même qu'il succombera à la neurasthénie ou au démon, voire à la toute-puissance du mensonge : ces modestes liturgies immatures sont en effet les seules expressions à même de restituer les paradoxes internes de la vie. Si Casanova et sa petite amie furent – le temps d'un soupir – de candides Narcisses, il leur fallut par la suite assumer entièrement cette dimension satanique.


6. Lors même que saints et charlatans traquent le démon niché dans le corps de Bettina, une seule idée électrise l'atmosphère, celle du *bal* imminent ! Tout comme le bain, depuis les sources hellènes jusqu'aux plages de Deauville, le bal approche de l'essentiel. C'est là sans doute superstition naïve, mais j'y tiens ! Jamais la danse ne fut autant la danse qu'au XVIIIe siècle. Milieu souverain, le bal oscille entre ébats dionysiaques et raffinement social. Quant à la robe de soirée, ne

tient-elle pas à la fois du costume de prêtresse et de la réclame
pour hétaïres?

La danse mêle en toute harmonie la noce et la gymnastique
vestale. Si quelqu'un veut pénétrer l'amour européen – l'essence de son impossibilité aussi bien que l'éternelle volonté
d'accomplissement qui le hante –, il se doit d'observer attentivement un couple de danseurs : le texte de notre tragicomédie s'y lit en lettres criardes! Non point pour Casanova,
toutefois... Lui, il baigne dans son élément! Il sait que la
danse constitue le point culminant de la rencontre entre le
sexe et l'Europe; il s'y jette donc à corps perdu et en extrait,
riant aux anges, un substantifique salut. Ici, point de « morale
chrétienne » ou de « licence païenne », ni même de cérémonial
compassé ou de luxure bestiale! Non, une seule synthèse,
mystérieuse, bénéfique et irisée : le bal, le carnaval!

S'il ne peut exister sans le double concours de la littérature
pensée comme lâcheté native et de l'évocation démoniaque,
l'amour ne saurait encore se passer du ballet. Chez Casanova,
de tels *Urphänomenen* mêlent à ravir – et jusqu'à l'épique!
– légèreté nonchalante et pesanteur métaphysique (une science
de l'être revue et corrigée par le baroque? Mozart, bien
entendu!).


7.  La pédanterie s'empare quelquefois des adolescents – et
ainsi de leur entourage. Après avoir été possédée par le diable,
Bettina adopte une autre logique : la folie intermittente. Pareil
jeu n'est-il point séduisant, où fusionnent le vertige adolescent
et le rituel du ballet? Tantôt le psychiatre, tantôt le coiffeur;
tantôt la camisole, tantôt la perruque – tantôt Belzébuth,
tantôt Pulcinella!

Bal et folie, danse et agonie; selon cet Évangile des plus
authentiques, la dualité règne à jamais. Non point un antagonisme romanesque, un antagonisme pour rire, en quelque
sorte, mais bien deux « choses en soi ». Aux yeux de Casanova,
tout commentaire apparaît en somme comme une manière de

verbiage ridicule. Ici les éléments fondamentaux, sans lesquels l'amour ne saurait exister au sein de la civilisation, surgissent dans leur pleine nudité. Et il suffit à l'homme de les désigner pour que son œuvre soit achevée. Au fond d'une lagune aveugle, ces éléments, lampions orphelins autant qu'éternels, continuent d'éclairer le monde! Si la raison était à même de les commenter, ils s'évanouiraient aussitôt — ou pis, se transformeraient (Dieu nous en garde!) en pensées ou autres déchets mentaux du même acabit.

8. L'admirable chez Casanova, c'est cette certitude absolue par quoi il désigne les traits essentiels de l'amour (non de l'amour idéal, bien entendu, mais de la passion possible ou « absolu préférable »). Il commence par la comédie, matériau on ne peut plus archaïque, enchaîne avec la fraternité secrète qui unit Locke et les sorcières, éclaire rapidement le charme papillonnant d'une fortuite pollution matinale (si belle qu'elle touche à l'impossible!) — puis, après avoir brossé à grands traits la monumentalité logique et irréfutable d'adolescents gorgés d'hystérie démoniaque et occupés à vivre « le bal éternel », il esquisse enfin, non sans la plus coupante précision, une « dogmatique des âges de la vie ». A Venise, il échoue chez un septuagénaire blanchi, Malipiero. « Échoue »; précisons qu'il ne s'agit point d'un terme paresseux, mais d'un dogme — comme tout ce qui se donne à lire dans cet opus...

La condition essentielle de l'amour? Le vagabondage! On erre de palazzo en palazzo, de bordel en bordel, de séminaire en prison, de dunette en harem, de parc en chambrette ancillaire, de pape en nuit de Venise — bref, on « échoue » ici et là. Et cette éternelle errance, irresponsable métamorphose parmi lieux et décors, est l'essence même de l'amour. Malipiero a soixante-dix ans, Casanova quinze! Mais ils sont tous deux épris de la jeune fille qui loge en face. Voici l'axiome : la passion est chose réservée aux vieillards et aux enfants, et son exact corollaire : les pauvres bredouillements de l'âge adulte relèvent de la pure inexistence! Une sensualité qui ne connaît point de limites, une rêverie infinie, l'absolu de l'amour en somme, seuls en donnent l'image le perce-neige anticipant le printemps et l'ultime feuille calcinée par quoi se referme l'automne. Dans l'immaturité et le *ripness is all*.

De même en art : les œuvres les plus flamboyantes appartiennent soit à l'adolescence de mars, soit aux vieux jours de novembre. A mort l'été! Nul ne le suggère aussi catégoriquement que Casanova dans cette scène : au fond d'un minuscule boudoir, éclairé par une chandelle à la flamme aussi vacillante que les ondulations de la lagune, l'antique Malipiero et l'imberbe Giacomo partagent une petite collation. Pleins d'une mutuelle et totale compréhension, ils évoquent leur jeune voisine, apprentie actrice. L'amour, en tant qu'exquise impossibilité, et non point comme vulgaire absurdité apocalyptique, eux seuls sont capables d'en goûter la saveur. Ornementer de force charmes, sourires, mélodies, fleurs et autres parfums cette douce mélancolie que traversent infiniment l'abnégation, le renoncement, le doute, le paradoxe, la déception et même l'infidélité, Casanova, aventurier somme toute brutal, s'y entendait à merveille. Serait-ce en qualité d'écrivain qu'il put déployer pareille tendresse?

Mais il est un instant magique, privilégié, qui du tréfonds de sa ténèbre bariolée va tout engloutir, et Giacomo et l'amour : c'est l'apparition de *Venise*. Le premier volume des *Mémoires* s'offre à nos yeux comme un monument célébrant tout ensemble l'adolescence et la ville-lagune, la jeunesse, ce fantôme mozartien voué à la fragilité des choses, Venise, ce réel absolu. Un *primum mobile* frappant dieux et amours de la même caducité. L'Europe? Terme impropre et réalité superflue. Il n'est que Venise! Ni « belle ville » sujette à quelque vulgate historique, ni opale ambiguë sertie dans un écrin de lichens, Venise *est* la réalité tout entière.

Casanova ne parle pas de Venise – car tout est Venise! Et ceci a la force d'une loi : dogme cardinal, Venise est ce qui subsiste après l'effondrement du tout – la seule chose qui mérite que l'on vive éternellement pour elle! A la mère qui a perdu son enfant chéri je ne puis que dire, à celui qui déclare morts les dieux, je ne saurais que répliquer : « Venise! » Car si la ville-lagune apparaît sous les regards de l'*enfant* Giacomo et du *vieillard* Malipiero comme une irréalité délicieusement brûlante, elle demeure avant tout un *lieu,* rassemblant en un seul creuset le paysage, la cité et la maison.

Venise n'est pas un « milieu » ni un décor pour amourettes, mais la passion même. Dans la sensualité de Malipiero, l'étroitesse des ruelles et la largeur des mezzanines jouent un rôle essentiel. La femme se lit ici comme un être aisément et mystiquement accessible (le confort est peut-être la seule chose mystique au monde!) : l'œil surprend en toute quiétude son foyer, son lit, sa soupe et jusqu'à sa cuvette. « Une ruelle étroite » : voilà un élément brut échappant à tout commentaire, et qui toutefois peut décider d'une vie, au regard de quoi l'art comme la philosophie sont décidément inutiles.

Venise manifeste encore l'infini – à croire que devant cette polyphonie supraterrestre nous resterons jusqu'au tombeau des amateurs dépourvus d'oreille musicale! De cette infinitude pourtant, Casanova restitue une harmonique majeure : l'identité entre la ville civilisée, régie par une caste nobiliaire, et la jungle datant de l'époque des fougères archaïques.

Ici, des abîmes sociaux séparent les gens, qui vivent dans une promiscuité manifeste. En ce « milieu » qui tient à la fois de la ville et de la forêt – et là seulement! – fleurit la passion optimale. Voyez les murs! Brunâtres? Cinnabarins? Non! Pure terre cuite! – soit la couleur même de l'amour. Et les fenêtres pierreuses! Si oblongues, sveltes et gothiquement étirées qu'elles en semblent recourbées! C'est là une réalité « amoureuse » – et non une simple variante parmi des millions d'autres. Quant aux palais Renaissance, ils se contentent de pourrir – et il ne s'agit pas ici d'« impressions de voyage », mais bien de la seule vérité à même de m'embraser! Au sein de l'horrible beauté vénitienne, Casanova accède à l'ultime compréhension – par-delà le mythe, la pensée, l'art et même

l'amour! Lors que nous demeurons dans la mort depuis des
lustres, il danse, aérien! Car il sait qu'au cœur de toute chose
s'agite et murmure Venise — soit la métaphysique retrouvée
dans le mauve de la nuit! Mais — et c'est là sans doute son
seul trait tragique — cette éternité marécageuse exclut tout ce
qui n'est pas elle...

9. Alors, tout apparaît sous un jour différent : dans les
couleurs d'un printemps de glace, la vénéneuse gentiane
qu'exhale la cité plane derrière toute chose. Aux destinées de
Venise préside une élite catholique aux mœurs délicatement
séniles et un tantinet relâchées. Giacomo lui-même exerce les
fonctions d'abbé — précisons qu'à l'époque le port de la soutane était chose des plus facultatives... Imaginez-vous un seul
instant Casanova genevois! Non, pareille destinée amoureuse
ne pouvait fleurir que dans le giron romain!

D'évidence, seul le catholicisme permet cette fantomatique
fusion entre Don Juan et Ignace de Loyola. Ne serait-il point
captivant (si, en dehors de la réalité, on pouvait encore succomber à ce qu'on appelle la pensée) de comparer, par exemple,
Don Juan, Casanova et Cagliostro? Ou mieux — le Giacomo
vénitien et le Casanova romain? Venise, tragédie atlantéenne
de la réalité, apparaît toujours comme l'existence totale —
quand Rome, éphémère éclat élyséen, se contente de la sérénité échue aux dieux.

Le protestantisme ne connaît ni la folie pénitente réservée
à l'ermitage solitaire ni la pourpre vantarde des simonies
romaines — il ne sait donc rien du Vénitien! De même que
lors de ses voyages, Casanova découvre d'abord la sécheresse
arabe de la Calabre, sa torpeur ascétique, avant que de goûter
les harems fluides et seyants de Jérusalem, de même sa configuration mentale obéit-elle au jeu réciproque de l'hermine
baroque et du masochisme à la Greco.

Sa psychologie (et Dieu sait qu'il n'en manque pas!) prend
sa source dans la confession et y retourne continûment — en

dépit de quelques obstacles cyniques... Conclusion : un pro-
testant ne saurait être amoureux. Un vrai catholique non
plus, du reste – hormis ceux qui louvoient à la périphérie de
la Contre-Réforme, entre hypocrisie et superstition.

En sa qualité d'abbé, Giacomo fréquente les jeunes filles.
Tour à tour ami, amant et prêtre – quand ce n'est pas tout
ensemble! – notre adolescent s'adonne aux joies de l'incertitude. Pareille confusion des rôles, Casanova sait qu'il la doit
à la civilisation, entité tout aussi éternelle que la prétendue
« nature archaïque » – et il en tient le plus grand compte.
Perçus comme éléments séparés, le vicaire, l'aventurier, aussi
bien que le galant ne sauraient échapper au ridicule – Giacomo deviendra donc cocktail absolu!

Et c'est là que surgit la splendeur – dans le fait même
d'assumer victorieusement – à pleins poumons! – les paradoxes inhérents au royaume des « civilisés ». Tirer joie de ce
qui, aux yeux de tout autre, équivaudrait à un désastre romantique! Dans pareille situation, un adolescent digne de ce nom
succomberait aussitôt à une neurasthénie de bon ton – et
irait même jusqu'à sombrer dans la littérature! Nombreux
sont ceux qui ont fait du faux-fuyant une forme d'art – Casanova, lui, transforme le mensonge en sport salutaire aussi
bien qu'en art de vivre!

10. « Je sortis en masque » – voilà le seul postulat logique
de la civilisation en tant qu'acceptation de ses antagonismes
internes. La culture du XVIIIᵉ siècle apparaît bien comme celle
des *masques*. Quant à la « psychologie », elle n'est plus ici
qu'une erreur due aux jeux égarants que trament les quipro-
quos. La sensualité elle-même doit sa véritable grandeur au
secret du masque. Derrière le loup, se dissimule le nihilisme
– et le carnaval (tout comme Venise – précisément parce
qu'elle est Venise!) ouvre grand la possibilité du tragique.

Sophocle? Shakespeare? Jamais ils n'auraient su transcrire
la fêlure que recèle ce simple fragment de Casanova : « Je

sortis en masque. » Masque aux mille couleurs ? Cagoule obscure ? Avec un nez oblong, recourbé, monstre ? Ou modeste
tissu appliqué sur le front ? La vie n'est supportable que
masquée – ici, d'un geste téméraire, la civilisation magnifie
comme en se jouant son propre paradoxe, mais sa nostalgie
de l'archaïque demeure toutefois des plus redoutables...

La tête masquée est tête de mort, qui prélude aux deux ou
trois nuits d'aventures dont l'auteur émaille son récit. Ici, il
se venge d'un ennemi ; là, un sénateur s'évanouit au fond de
sa gondole ; là encore, quelques tables de marbre sont pro-
jetées violemment contre les pavés d'une piazzetta, tandis que
Casanova, saisi d'ivresse, fait sonner les cloches à toute volée,
dûment accompagné par ses acolytes musiciens.

11. Bébé mystique, Giacomo prêche dans une église. Oui,
à travers les aléas de l'histoire, il exista un monde où pareille
chose fut possible ! Un monde où nul ne se souciait de savoir
si le porteur d'un habit ecclésiastique était réellement un
prêtre – où tout enfant, telle une ballerine, pouvait faire ses
débuts dans la maison de Dieu ! Au sein d'un tel milieu, tout
ne semble-t-il pas aller de soi ? Or la mission intellectuelle
de Casanova (sa raison d'être !) dépend précisément de la
qualité dudit milieu – où les personnages, pantins sans consis-
tance, cèdent définitivement le pas aux situations.

L'amour ne relève pas d'un jeu mortel ou de quelque divertissement sensuel soumis aux contraintes vulgaires du corps,
du mariage ou de l'aventure. Non, l'amour est pure « situation » – constellation d'objets, d'êtres et de temps où chaque
composante joue pleinement son rôle sans la moindre consi-
dération hiérarchique. Tous les enfants catholiques
connaissent l'âge trouble et délicieux où l'acné religieuse se
confond avec des fantasmes non moins bourgeonnants. En
récitant, avec quelques larmes dignes d'un Greuze, la prière
idoine, ne savions-nous point que Dieu nous pardonnerait la
présence de certain portrait de femme dissimulé dans notre

agenda? Celui qui ne s'est jamais senti traversé par ces auto-pardons inquiets autant qu'idylliques n'entend décidément rien à l'amour. Prêche épanoui autant qu'érotisme désinvolte fusionnent dans l'âme juvénile de Giacomo – ce qui en fait à jamais un enfant. Ici, en un apogée éthico-sentimental, s'équilibrent enfin fureur loyolesque et *moral insanity*. Nous sentons confusément que Casanova a le droit de prêcher – que cet acte exempt de toute hypocrisie obéit à une logique sans faille. *Dieu* entend que ce sermon soit prononcé par un voyou emperruqué et vierge de toute foi véritable – et non point par saint Jean ou quelque autre barbu abonné au désert! La religion n'apparaît-elle pas ainsi plus familière, plus humaine et somme toute plus authentique?

Et qu'advient-il après le sermon? Casanova se voit sub-mergé de billets doux que quelques femmes empressées lui font discrètement parvenir dans la sacristie. Frivolité? Nous affirmons au contraire que ce settecento en gondole atteignit de mystiques sommets! Et qu'il y a sans doute plus de morale dans ce confort post-carnavalesque – « une petite confession et le tour est joué » – que dans toute l'extase liée au repentir paulinien! C'est que l'homme se retrouve ici avec Dieu devant un fait accompli, une situation chaleureuse et familiale – comme l'inceste, par exemple. Assurément, Dieu aime à som-brer dans les rets de potins que lui tend la vie humaine! Au regard du Créateur, la distanciation calvinienne aussi bien que le copinage romano-baroque constitue certes deux extré-mités peu recommandables – mais j'avoue que mon cœur de théologien tourne autour de la seconde avec une nostalgie inassouvie.

Mais admirez la scène inoubliable! L'église au bord du canal, reliquaire flottant dont les marches glissent lentement au sein des algues verdâtres! Les gondoles aux proues dode-linantes assemblées autour du portail, cou de cygne désap-pointé quêtant quelques miettes invisibles! Respirez cette atmosphère de boudoir sanctifié où soies ballonnées des élé-gantes, pestilences lagunaires, effluves de sardines frites et volutes suffocantes se condensent en un seul dogme très catholique : l'univers de Casanova!

A pareil tableau il me faut impérativement associer Santa-Maria-dei-Miracoli − lorsqu'on l'aperçoit pour la toute première fois, *par-derrière*. Pour saisir la réalité de la réalité, nous possédons − grâce en soit rendue à Dieu! − une clé magique : l'architecture dont la splendeur nous embrase, il faut l'approcher selon une perspective « bancale ». Ainsi le Miracoli apparaît tantôt comme un poudrier abandonné auprès d'une cuvette verte, tantôt − l'instant suivant! − comme un céleste San-Marco coiffé d'artichauts byzantins.

Les hauts murs de tels édifices semblent dépasser les coupoles elles-mêmes − tant et si bien que ces dômes verdâtres donnent l'impression d'un affaissement infini. Ils chutent à jamais comme si leur orthodoxie même décuplait la perspective! Dans mon esprit, cette vision se lie symboliquement au sermon du jeune Giacomo : de même que le Miracoli tient à la fois du boudoir et de Sainte-Sophie, l'adolescence casanovienne apparaît comme une délicieuse intimité se déployant insensiblement (« Je dois... je dois ») jusqu'au fatal périple de Byzance.


12. Giulietta? Douze ans! Mademoiselle X***? Onze! Mademoiselle Y***? Treize! Pour ces nubiles, les rêves comptent au moins autant que le mariage. Nulle part ailleurs qu'ici l'enfant ne brille d'un tel éclat mystique − tout à la fois pur scintillement bleu et morceau de choix pour dépravés. S'il n'était que l'un ou l'autre, ne perdrait-il pas tout attrait? Casanova marie à merveille l'extrême gourmandise à un naturalisme majestueux, quasi divin − symbiose qui confère à ses manières amoureuses le charme entêtant des romances philosophiques. La « jeunesse » constitue déjà une méprise pathétique. Hors l'enfant, point de salut! Mais ne voyez ici nul hasard. Giacomo obéit comme toujours à la logique la plus archaïque de la nature! Il y a sans doute quelque perversité

dans ce culte rendu à l'enfant, mais puisque nous vivons au sein de la civilisation, ne devons-nous point tolérer un minimum de dérèglement, conçu en tant qu'essence native? La dépravation? Notre oxygène!

13. « Bruit de l'onde frappée par les rames... » : telle est la première mention de l'élément liquide au cours des *Mémoires*. C'est par le truchement de ce fragment absurde que pour la première fois les eaux vénitiennes – et tout particulièrement celles, si proches, qui baignent Santa-Maria-dei-Miracoli – inondent le monde entier.

Ce flux est lourd, trouble et huileux, où nul ne saurait dissocier le bruit mat des poissons crevés qui viennent heurter les marches, le chuintement des rames balayant les eaux avec lassitude et le clapotis paresseux des rides visqueuses. Ici la stagnation tient du pur mystère – et les gondoliers repoussent comme autant de briques les pseudo-vagues aux rêves de tortues qui se pressent devant leur esquif. La gondole n'« avance » pas; non, embourbée au sein du limon, elle exécute des infra-mouvements et procède à des réflexes-marécages. L'eau hésite entre le gris, plus neutre encore que celui de la ville, et un vert bouteille inattendu rappelant ces hauts miroirs dont la transparence infinie et la force d'aspiration magnétique semblent piéger les parois des édifices.

Suspendus dans les airs, les palais tremblent devant leur propre image fantôme, et l'eau s'anéantit entièrement dans la folie abstraite du reflet. Jeu italien! Thèse européenne! L'âme de Giacomo fait la navette entre la vase et le miroir, entre ronflements diluviens et soufflerie gothique. Ce n'est plus de l'eau, et point encore de l'architecture – mais l'urbanité énigmatique du milieu vénitien. Renaissance liquide, perruques aquatiques, ballets marins, concerti fluides, messes ruisselantes et amours vives! Aux yeux de l'indigène, toutefois, l'eau apparaît indifférente, presque sans objet – lors même qu'elle efface tous les contours! Qui saurait dire ici la part de la civilisation et celle des vapeurs mythiques échappées d'Atlantis?

D'où vient cette stagnation croupissante, cette haleine de malaria – bref, cette pourriture évoquant quelque crocodile assoupi sur son coussin de vague dans la canicule égyptienne? Jamais Casanova ne poserait d'aussi « décadentes » questions. L'eau – bonheur enfantin! – nous transporte d'un palais à l'autre. Le reste est anecdote.

14. Casanova déclare servir la femme. Selon lui, la société ne peut engendrer qu'une seule forme amoureuse pertinente : le couple maître-valet. (S'il est vrai, comme d'aucuns le prétendent, que Casanova ait écrit la fameuse scène de *Don Juan* où Leporello rappelle benoîtement son état servile, cela ne manquerait certes pas d'étayer notre thèse...) L'« harmonie spirituelle »? L'« entente des corps »? Purs non-sens! L'amour ne saurait exister sans cette rigoureuse partition des rôles. De deux choses l'une : soit l'homme règne sans partage sur une esclave obéissante, soit il subit le joug de Sémiramis!

Au regard de l'alliance passée entre un comte et sa soubrette complice, tous les autres cas de figure ne font que noyer le poisson! En amour, l'un doit impérativement commander à l'autre, mais cette hiérarchie ne prend toute sa saveur que si elle repose sur des fondements – risquons le mot – « juridiques ». Ici, le poisson idyllique du « secret » apparaît plus suave que partout ailleurs. La liaison qu'entretient l'hôtesse avec son majordome, elle assise à la place d'honneur au cours d'un somptueux dîner, lui occupé à servir les plats, se révèle bien plus piquante que son coupable commerce avec quelque prestigieux invité. Or, dans un monde civilisé, la très douce perversion liée au secret constitue un objet de consommation, que dis-je? un article de luxe indispensable...

Une telle liaison vient délicieusement brouiller les idées sur l'esclavage antique, non moins que sur l'égalité si chère aux chrétiens. Et c'est précisément de ce brouillage indéfinissable que Casanova dresse la céleste apologie ! A l'époque, l'esclavage existe encore au Levant – où femmes et enfants se vendent à foison. Or Venise, c'est déjà le Levant, c'est déjà la Turquie ! Bonheur incomparable que d'évoquer avec son valet ou sa bonne ses problèmes d'âme ! Ces automates, ces machines sourdes et aveugles (d'aucuns parleraient de mobilier) sont en effet les dépositaires de tous les commérages familiaux, par où transitent les plus anciens savoirs magiques liés au corps et à l'esprit.

Converser avec Dieu ou avec ses parents ? Pure foutaise ! Mais s'aboucher avec Dorante ou Sylvie – oui, cent fois oui ! Dans les rapports entre prince et cámériste, les cadres sociaux pourrissent avec une extrême douceur – et cette lente décomposition m'apparaît plus naturelle encore que celle qu'on voit à l'œuvre dans le règne végétal. Longtemps j'ai rêvé d'un roman parfait – en cette époque où l'on écrivait encore – qui eût simplement reproduit les conversations tenues à minuit au fond de quelque chambrette, et rapporté par ce biais au lecteur tous les menus événements de la vie d'une famille aristocratique.


15. Après ces quelques tentatives infantilo-domestiques, voici venir de nouveaux jeux, tout aussi graves cependant. En d'innombrables occasions – chose singulière – Casanova s'emploie à réfréner ses instincts. Lâcheté enfantine, respect amoureux, esprit pratique : tels sont les trois mobiles de ses étranges « absences ». Sans ces ascèses rayonnantes, inquiètes et tragiques, le monde apparaîtrait comme amputé. Naturellement, ce yoga est aussi un moyen d'exacerber la volupté – à la fois coquetterie et tromperie, mais encore merveilleuse pirouette morale. S'éprouve ici mieux qu'ailleurs la hâte à se satisfaire, que tempèrent toutefois les manières du petit garçon bien élevé, l'élégance baroque du maintien et la majesté propre à l'étiquette. Chaque pose scintille comme un joyau

syrien, quoique ce délicat formalisme évoque souvent la pire
des danses macabres. Victime de ses longues rétentions, Giacomo se trouve plus d'une fois au bord de l'évanouissement...
Mais il magnifiera jusqu'au bout ce paradoxe éblouissant :
réunir dans un même destin la vitalité croissante et la pan-
tomime de la décomposition. Au même titre que la liberté,
cette forme de renoncement constitue une part décisive des
*Mémoires*. Par ses grandioses abnégations, Casanova ne
manque certes pas de nous rappeler Rousseau, Jean-Jacques
d'abord, Voltaire ensuite!


16. « Avant tout la nature, et non quelque cerveau émas-
culé, rongeur et paresseux. » Dans un premier temps, le lecteur s'interroge : a-t-il affaire à l'autodéfense d'un gourmet
trivial ou à l'anti-philosophie philosophique d'un métaphysicien du XVIIIe siècle ? — avant de comprendre bien vite qu'il
se trouve dans le second cas. Ce serait sans doute un bluff
antipathique que de vouloir présenter le Vénitien sous les
traits d'un philosophe — mais pas besoin de se battre les flancs
pour mener à bien un tel renversement. Philosophe, Giacomo
l'est sous toutes les coutures! Nul autre que lui n'a su conférer
au naturalisme de son siècle une monumentalité aussi mûre.
A sa vérité il a donné style — à son style, vérité!
  Casanova n'est pas aventure, mais pensée. Lorsqu'il évoque
la nature, trois strates apparaissent dans son discours : le
confort du bon vivant, le sensualisme dévolu à l'avidité infantile de son époque et l'exercice solitaire et vivant de la pensée
qui — à l'instar du roi Lear ou de Léonard — culmine dans
l'apothéose de la nature, soit la mort. Et cette couche supérieure, poético-mythique, absorbe entièrement les deux pré-
cédentes.
  L'homme proclame de manière irréfutable — jusqu'à l'éternité! — que le Parc, mieux que toute jungle, permet de deviner
la forme métaphysique des dieux. Nous accédons ici à l'essence de Casanova, à sa nature avant tout — et après tout —

*intellectuelle*. Cette vie tout entière (ou plus exactement le *livre* qui la fonde) ne pouvait s'accomplir que par le truchement d'une pensée, et non de quelque songe creux ou d'un vulgaire désir physique. Pour remporter pareil succès, il faut être philosophe – et non point escroc. Au risque de paraître épouvantablement comique, j'entends réaliser avec Casanova une *Versucht einer Mythologie* (dans la mesure où je fais de lui une figure mythique : celle du *philosophe* de la nature qui renie tous les systèmes). Réflexion faite, le jeu en vaut la chandelle. Avec mon intelligence comme avec mes sens, j'ai toujours pressenti que les assertions casanoviennes revendiquant « la nature avant toute philosophie » dissimulaient une sorte d'amour extatique, tragique même de la réalité. La philosophie s'abîme ici au fond d'un néant depuis longtemps mérité – et comprenez bien qu'il ne s'agit plus d'un jeu, mais d'une profession de foi frémissante de conviction. Toute sa vie fut à l'image d'un ornement monstre, quasi surnaturel, à la mesure de l'extrême irrationalité du réel. C'est là sans doute une énigme du destin qui veut qu'elle se manifeste à nos yeux sous forme d'art ou de fiction – afin que cette unique question ne cesse de nous tarauder : Casanova est-il littérature devenue vie, ou bien l'inverse ?

Le triomphe vertigineux de la pensée éclate dans le second tome. En conversant nuitamment dans une chambre d'hôtel avec Mademoiselle Weizen, Giacomo constate, non sans jubilation, que celle-ci s'est métamorphosée en philosophe.

Il va de soi qu'il ne salue pas en elle le bas-bleu, la snob ou l'intellectuelle. Mais ce n'est certes point par jeu qu'il emploie le terme de « philosophe ». Casanova prend ce mot très au sérieux – c'est même la seule chose qu'il prenne au sérieux! Aussi entreprend-il sur-le-champ de définir l'essence de la philosophie, chose qui lui importe autrement que la rapide consommation de l'acte – l'homme toutefois se révèle tellement casse-dogme (un vrai brûleur de thèses, oui!) qu'il ne risque pas de passer pour un petit pédagogue impuissant.

A la question de la jeune fille : « Comment devient-on philosophe ? », Giacomo répond avec une concision grossière, tout élizabéthaine : « En *réfléchissant.* » Toujours et infiniment... Ici s'abolit enfin la distinction entre vie et pensée! La vie, si elle entend mériter ce nom, est pensée – et si la pensée exerce sur nous quelque charme raisonnable, c'est qu'elle se révèle vie dès l'origine et non enfilade de concepts et de thèses abstraites. Jamais cela ne fut dit avec autant d'implacable fermeté. A quoi aboutit cet incessant « penser avec la vie »? Non point à quelque système de plus, mais au bonheur! – un bonheur façon XVIIIe, bien entendu... Mais ce masque trans- lucide dissimule l'éternelle visée, le noyau pérenne de l'exis- tence, qu'éclairent à jamais lune et soleil – la quête bestiale et universelle d'une joie qui se fiche de l'étiquette! Où trou- verait-on, ailleurs que chez le Vénitien, un tel alliage logique, tragiquement déterminé, quoique empreint d'une légèreté toute rococo, de l'éternel penser et du bonheur?

Certes, nous glissons pour un court instant dans le minus- cule vaudeville des Lumières lorsque Casanova fixe la condi- tion préalable à l'obtention dudit bonheur – à savoir, l'oubli des préjugés. Le « préjugé » apparaît bien ici comme le cro- quemitaine des Lumières, mais Giacomo l'attire aussitôt dans la sphère rayonnante de sa majesté intellectuelle en le défi- nissant comme « un devoir qui ne s'enracine pas dans la nature ».

Ce que Casanova entend ici par nature, c'est ce qui subsiste en l'homme européen des mystiques naturelles et autres médecines intuitives – à l'exception, bien entendu, de tout ce que Déméter ou Diderot y ont ajouté en les compromettant – soit la réalité, perçue d'un point de vue véritablement humaniste. Et ce qui demeure là nous bouleverse : la poésie saine et sauve, la simplicité étrangère à toute religion et vierge de toute philosophie! S'il est pour l'homme quelque réalité, je me l'imagine telle... Comment pourrions-nous trouver mieux, nous autres, fellahs de l'*Untergang,* que ce puritanisme rococo-démoniaque? Ici, le concept européen de la nature atteint son unique et dernier classicisme.

« Quel est le philosophe idéal ? » s'enquiert la belle. Giacomo, qui avait déjà déclaré : « J'ai lu Platon », répond tout naturellement : « Socrate ». Quoique ce nom soit sans doute pourvu ici d'une fonction ornementale, il convient toutefois de lui attribuer un caractère positif. D'un point de vue mélodico-historique, il n'est pas anodin que Casanova le frivole s'incarne une fois pour toutes dans le corps d'un philosophe ! Désormais, ce sont les mémoires du maïeute que nous lisons – et Casanova apparaît comme un masque grimaçant apposé sur le front vénitien de Socrate.

Au cours de cette petite conversation, Giacomo ténorise avec la plus grande assurance stylistique – tant et si bien que son mépris de la métaphysique (« La métaphysique... je m'en fiche... ») ne le projette nullement de cette scène de symposium à quelque univers salonnard mû par des pipelettes rationalistes au petit pied. « Alles ist Natur » – ne croyons-nous pas entendre le chant mozartien échu à la Reine de la nuit, mariage casanovien de la malédiction et des trilles ? Celui qui ne croit pas en cette *Natur* doit s'attendre au pire : « Verstossen sei auf ewig, verlassen sei auf ewig, zertrümmert sei'n auf ewig alle Bande der Natur, verstossen, verlassen und zertrümmert alle Bande der Natur [1]... »

Cette abyssale communion entre Mozart et Casanova (nous songeons aussitôt aux méduses-fougères des lagunes ondulant sous le Grimani ou le Foscari), il me faudra encore l'évoquer tout au long de ce catéchisme.

« La morale elle-même n'est que la métaphysique de la physique. » De prime abord, cette phrase respire le matérialisme de papier, façon d'Holbach ou La Mettrie – mais surgissant, après l'adolescence casanovienne, d'une Venise ayant reçu la greffe de Paris, sa signification gagne en amplitude. Giacomo, nous le savons, distribuait à l'envi (à l'excès ?) les chiquenaudes anticléricales – mais ici la saveur est plutôt

---

1. « Que soient répudiés, que soient abandonnés, que soient détruits à jamais les liens de la Nature... »

keatsienne. La morale s'exhale comme le parfum même de la nature – arôme secret de la vie poétique, ombre des fleurs sous la pluie de mai, vapeurs opiacées du pavot, libre épanchement et vacance lyrique du cerveau! Elle vibre comme un « futur indéfini », un je-ne-sais-quoi naturissime oscillant entre l'étiquette et le labirinto Aldobrandini.

En son essence comme en son but, la morale est poésie. « Métaphysique de la physique » – il me faut risquer à présent une autre interprétation de cette formule mélismatique. Le préfixe « méta- » relève ici d'un charabia qui tient les choses à distance : il nous faut entrevoir la quiétude certaine de la vieillesse au sein d'un doute éternel. Vieillesse? Oui, Casanova porte déjà ses vingt-quatre ans. C'est que cet apologue de la volupté, comme tout sensualiste qui se respecte, connaît sur le bout des doigts les terribles plaisirs acquis à la pensée, à la rêverie et aux illusions, tout le raffinement bestial cher au *sleep and poetry* (« le plaisir vient de l'imagination ») et jusqu'au dogme proustien (« délices du souvenir »). Quel sera donc le dernier ordre donné à la gamine avant que de rejoindre la couche? « Denken sie », réfléchissez! En fin gourmet, Casanova administre ici à la nymphette le plus puissant des aphrodisiaques.


17. Giacomo passe le mois de septembre dans une villa de Paseano. Nonchalant dogmatique, il jette ici et là quelques concepts décisifs – programme vital ou parfum de mythe, au choix. Quels en sont les ingrédients? « Ivresse et peur », puis, avec une simplicité des plus fantomatiques, « septembre » et enfin, « onze nuits » – autrement dit, des nuits comptées et numérotées. La joie bouleversante se mue ici en finitude, et vice versa, dans la saine exclusion de toute balourdise du style « éternité immédiate ».

Un pavillon déterminé dans un village spécifique, certains jours donnés dans un mois particulier – voilà ce qu'il nous faut! Tel un dessin splendide, plantes aquatiques cédant à quelque vortex d'une douceur irrésistible, jaillissent tous ces éléments : automne italien, villa solitaire (toute cette atmosphère propre aux casinos qui parcourt le livre jusqu'au *nec plus ultra* de Murano), ivresse, chiffre onze, peur et, ultime concrétude, Paseano.

L'amour est la seule fleur ultra-locale de l'espace-temps ; il n'existe qu'*ici* – un millimètre plus loin, le voilà qui s'évanouit ! En un unique instant, s'agrègent – Dieu sait pour quelle raison ! – quelques éléments dispersés du réel. Ornement gentillet autant qu'insignifiant, la femme n'est ici qu'un point minuscule. Un engourdissement fortuit de l'hétérogénéité du monde – voilà ce qu'est l'amour. Une seule et idéale constellation : petite villa isolée, paysage italien, septembre, onze nuits !

Onze nuits dans une grande ville ? Ce ne serait plus amour, mais psychologie, mariage, volupté ou liaison – bref, mimétisme quelconque d'amateur. Tel est bien l'enseignement de Casanova : si l'on veut libérer le charme sauvage et mythique de l'amour, il faut tendre au concret, au prosaïque absolu ! Toute joie de caractère poétique se fonde sur une discussion et une entente *triviales :* contrat précis passé avec l'hôtelier ou le cuisinier, harmonie confortable (bourgeoise !) des fauteuils, des lits et autres crémones, sans oublier les billets de chemin de fer à tarif réduit. L'assise existentielle de la lune ? Une bonne écharpe chaude ! Celle de l'amour ? Un drap d'une certaine qualité – le fil d'Égypte, par trop grossier, et le Lanatex, soyeux à l'excès, irritent tous deux la peau. Celui qui ne possède pas toutes ces connaissances *prosaïques*, c'est-à-dire le « poète pur », celui-là ne sera jamais qu'un demi-poète, soit un pseudo-barde mensonger et dilettante.

Les plus riches matières à mythes, poésie, ivresse ou bonheur-néant, se fondent sur des techniques, des mises en scène ou des calculs : il faut ici bricoler, construire et inventer sans cesse. Casanova – splendide leçon de choses ! – envoie valser une fois pour toutes dans le monde des jeux d'ombres à tête d'âne des oppositions aussi paresseuses que « poésie/prose » ou « extase orphique/technique minutieuse ». En lieu et place de ces deux pôles inexistants, surgit un tiers décisif. Chez Casanova, tout *est!* Ni préludes ouatés, ni codas présomptueuses – chaque détail scintille comme un pur jaillissement naturel.

Un citron ou une tranche de jambon (enfin un *heroic play* dans la littérature!) ne renvoient chez lui à nulle « nature » – fût-elle « morte »! – non plus qu'au sceau jaune d'un Sud frappé d'excommunication, et encore moins à ces programmes naturalistes outrecuidants destinés à agacer les saints, comme chez quelque épigone impuissant de Rabelais. Non, à ses yeux, poésie, programme, image et métaphore sont plus vulgaires encore que la mort, cet *argumentum ad hominem* tout juste bon à épouvanter le peuple! Que sont donc citron et jambon? Très exactement ce qu'ils sont – d'agréables victuailles aux tons pastel et au goût discret. Si le commun des mortels déclare qu'un jambon est beau, cette assertion prend une valeur triomphale, contrairement à ce que clamerait, avec un cliquetis neuronal aux ailes de mousseline, quelque poète ou dieu grec – sans même parler des peintres hollandais abonnés à la nature morte. Allons-nous enfin dire les choses sans ambages? Dire, *molto semplice,* que la poésie doit parfois mourir! Se compromettre irrémédiablement, inguérissablement! La chose est sans doute désagréable à entendre, mais il en va ainsi : poésie et amour s'excluent mutuellement.

L'amour est pure laïcité, question pratique, fonction, expérience baconienne dépourvue de poses. Ici, rien ne « signifie » rien – car seules les choses inexistantes ont la pénible habitude de « signifier », masquant ainsi de cet alibi désespéré la nudité de leur non-être. En amour, les choses sont bonnes ou mauvaises, vaines ou avantageuses, instruments d'une joie qui les dépasse, elles ne cèlent nulle valeur, nulle beauté, nul sens.

Conjugué sur le mode italien, l'automne échappe à son énigme : la dualité de la maturité et du flétrissement. Maturité, soit classicisme vantard au sein d'un monde généreux –

flétrissement, donc anarchie sommitale, couronnant toutes celles qui ont déjà fait leurs preuves. L'automne italien est-il frère ou ennemi de la Renaissance florentine? Va-t-il, comme la mort, désagréger le vieux Brunelleschi – ou, au contraire, automne se dit-il Brunelleschi en italien? Comment la *ripness is all* se manifeste-t-elle au sein de ce paysage? Que fait-elle de l'amour et de Toscanini, ce singe qui forme la forme? L'automne sied-il à l'Italie, ou n'est-il que déguisement? Enfin ou jamais? S'accorde-t-il à Venise? Casanova n'est qu'un pseudonyme au visage masqué – et son livre tout entier apparaît comme une lagune hallucinante!

Italie et automne, septembre et Renaissance... N'est-ce pas ce tableau de Sebastiano del Piombo, *la Mort d'Adonis*, qui restitue à merveille le rapport énigmatique entre un concert de Toscanini et la décomposition des feuilles mortes? La quiétude onirique se déploie ici sur trois plans. Devant, quelques nus énormes – dont l'un, aux traits beurre et escargot, signifie d'emblée le thème de l'Eros automnal. Sa douceur sensuelle, son languido de pêche évoquent autrement mieux la mort que ce moribond d'Adonis (les pleureuses ne disent-elles pas mieux le dernier sommeil que les cadavres étendus sur leurs catafalques?).

Suit Adonis, couché comme une vague interrompant le temps – tout n'est plus qu'écume, frémissement, onde de rêve. Enfin, à l'arrière-plan – mais au premier quant à sa valeur – surgissent le Palais des doges et le campanile, légèrement stylisés sous un ciel de taffetas poisseux, entourés de feuillages noirs qu'on dirait sculptés dans de la pâte à modeler. N'est-ce pas une idée fantastiquement audacieuse que d'exprimer par le palais ducal la pourriture tristanesque échue à l'amour et à l'automne? De faire de ce gothique fardé en fille de joie une couche de feuilles mortes, tache onirique brunâtre, fugace précarité de la nèfle?

Ce Piombo ne fut-il pas seul à unir en une même vision irrationnelle le classicisme toscaninien de septembre et sa maladie qui piétine et concasse, réduit tout en vase et en mousse visqueuse? Énigmatique réflexion d'identité entre forme et agonie! Le nu lui-même, en son amoureuse beauté, est déjà l'automne – septembre au féminin! En quelle fraternité merveilleuse se confondent ici les sombres ramées oniriques et le Palais des doges, lui-même métamorphosé en noir feuillage énigmatique? C'est là l'étape la plus importante du chromatisme casanovien quant à Venise.

Et c'est au sein de pareil automne ainsi interprété que Casanova passe onze nuits. Oui, le Vénitien compte les heures passées dans l'amour – car celui-ci, bien loin de se répandre au sein du monde, fermente dans les verres clos des nuits numérotées. Le chiffre, encore et toujours! Nous savons que la plus grande joie de la deuxième nuit, c'est qu'elle est la deuxième – et il en va de même pour la cinquième ou la onzième... L'incertitude quant à la date de l'ultime rencontre est le meilleur gage de l'infélicité amoureuse – peut-être demain, peut-être dans deux ans... cela ne vaut pas tripette! La première condition du succès? Tout doit se jouer dans un laps de temps déterminé à l'avance.

Un commentateur consciencieux ne peut qu'aborder avec la plus grande antipathie la dualité « ivresse et peur » tant celle-ci rappelle avec une précision grotesque les états d'âme mythologiques dévolus à l'extase dionysiaque ou au démonisme chthonien. Or Casanova les pastiche sciemment, car il conjugue l'ivresse et la peur sur le mode de la vulgarité parfaite – mais sans une once de vernis grec! Ainsi mon éloge du numérotage nocturne est-il également celui de l'anti-hellénisme – puisque le chiffre possède au moins le mérite de refroidir quelque peu d'éventuelles *Night Thoughts,* autant d'inutiles bestialités dans une civilisation devenue parfaite.


18. « Le véritable amour inspire toujours de la réserve. » Si Giacomo ne manifestait parfois quelques signes de nervosité, s'il n'accordait autant d'importance à la psychologie qu'à ses perruques, il ne saurait incarner la formule vivante

de l'amour total. Casanova épris, réservé, bégayant, craintif, embarrassé, gauche et stupide – voilà non seulement une situation piquante, mais encore une *loi*. Le Vénitien vénère la noblesse de l'âme, les mille mensonges larmoyants de la sentimentalité, le grand pathos comme les petites hypocrisies – et par-dessus tout, la vertu!

Bref, tout ce qui rend réservé et impuissant. Chez lui – et chez lui seul! – se réconcilient enfin secret lyrisme rouge et or, ascèse seigneuriale et tripotages sous la table. Vertu, poésie et perversité apparaissent ici sous le signe du même! Rien n'est jamais *isolé* (pareille séparation étant réservée au monde confus de la science, de l'inculture et de l'art). Aux yeux de Casanova, le talon de chaussure est esprit, le charme moral de la virginité narcissisme commun, la beauté raison – et les noirs paradoxes de l'âme se dandinent comme des figures de menuet.

Il serait tout à fait comique d'imaginer que telle maîtresse casanovienne représente la beauté, une autre la mondanité, une troisième la volupté, une quatrième la bonté, une cinquième la sentimentalité, une sixième la femme au foyer, etc. Ici, chacune est tout à la fois – et seuls varient l'ordonnance et le traitement polyphonique de leurs diverses qualités.


19. L'amour « civilisé »? Secret, truquage, cachotteries en tout genre! A partir de cet ensemble, poètes et moralistes bricolent de la tragédie – soit le nom grec du crétinisme! Giacomo, lui, métamorphose le mensonge en exercice vital et vivifiant!

La nuit, lorsque notre sort dépend d'une clé oubliée dans une serrure ou accrochée à quelque clou, lorsqu'il faut écrire avec la main gauche l'adresse d'une lettre, lorsque trois chandelles sont allumées sur le balcon au lieu d'une seule, lorsqu'on doit monter l'escalier en rasant les murs et abandonner sur le portemanteau la cape dérobée à un étranger, lorsque les circonstances commandent de traverser des couloirs fantomatiques pour se rendre d'une chambre à l'autre... ne faut-il point maîtriser un tel monde que dominent deux éléments : le mensonge et l'objet ? Jamais lampe, mouchoir, clé, candélabre, bas, sabre, chapeau, assiette ne furent aussi majestueusement triomphaux que dans cette ambiance d'artifices. Une fois encore, Casanova se révèle « absurde » — comme tout ce qui se rapporte peu ou prou à la pensée ! L'amour est toujours la réunion d'un mensonge et d'un objet — on continue sempiternellement de croire à des balivernes, alors qu'une lampe reste, avec une précision exaspérante, une lampe.

La femme, elle, ne fournit que la « pastose Akkordik » — pour reprendre cette expression dénichée dans une biographie consacrée à Schubert — susceptible de faire lever cette thématique universelle. Nos souvenirs d'enfance ne se rattachent-ils pas exclusivement à cette relation entre le mensonge et l'objet ? Il fallait toujours cacher la vérité aux parents — et notre destin dépendait d'un ruban ou de quelque fleur oubliée sur un chapeau, sans parler du mobilier ou de la disposition des pièces. Une chambre à coucher devenue inutilisable, barricadée par une énorme armoire après la mort de la grand-mère; un miroir sur pied disposé dans l'angle d'une pièce, et derrière lequel on pouvait risquer quelques baisers — voilà le monde dans toute sa profondeur terrifiante ! Le moindre rendez-vous se voyait suspendu à l'ordonnance des rituels alimentaires (après le théâtre, la famille soupait au restaurant, mais au sortir du concert, elle rentrait dîner à la maison). En somme, l'amour se trouvait toujours associé à un phénomène éphémère, à quelque hasard momentané — mais jamais à Dieu, à la femme ou à la nature.

Nous ne connaissons que trop ces espiègles frères jumeaux de la belle Europe, dont l'un a pour nom « ici-bas » et l'autre « au-delà ». Si le premier évoque pêle-mêle la nature, les étoiles, les fleurs, la fureur de l'« élan vital », les tics noirs de la mort aux aguets — bref, les grands démons paracelsiens de l'existence —, le second déploie infiniment la revue mythologique des dieux où dansent les ombres morales et les masques désespérés de l'éternité.

A considérer ces définitions, nous comprenons immédiatement que Casanova ne saurait y souscrire en aucune façon. A ses yeux, « ici-bas », loin de renvoyer à quelque nature vitalisée, équivaut strictement à une rue située deux lagunes plus loin que San-Moïse, à trois camélias remplaçant une lampe au coin d'une table, à onze mille lires et à minuit moins dix, très exactement – choses qui n'ont rien à voir avec l'« existence », le « temps » ou la « liberté ». De même, l'au-delà ne surgit pas ici comme une cargaison de mythes insupportables, mais rappelle tout au plus un frémissement périodique, quelques simagrées canalisées sur le modèle francmaçon, un vague fond d'horreur murmurante – et c'est tout! Car, entre ses mains, le bonheur apparaît comme la clé transparente de la métaphysique – un bonheur qui ne connut et ne connaîtra jamais ni en deçà ni au-delà, ni nature ni dieu, ni laïcité ni théologie! Seul le malheur s'évertue à distinguer, seul l'infirme s'acharne à « préciser » – la joie, elle, est unie, qui trouve tout en elle-même. Ainsi Casanova s'abandonne à la saveur symbolique de certaine phrase : « Cette courbe métaphysique me semblait hors de nature. »


20. Lorsque, s'inspirant de son réalisme a-théorique, Giacomo fabrique de la théorie, les concepts qu'il formule ne manquent pas d'un charme naïf. Avant d'être consacré docteur à Padoue, l'homme pond un traité dans lequel il s'efforce de prouver que ce dont on n'a qu'une idée abstraite ne saurait exister au sein de la réalité. Dans un premier temps, nous sommes quelque peu agacés de voir Casanova gâcher si maladroitement sa virginité, puis nous nous en accommodons – car s'il existe des adolescents échappant au culte de Narcisse comme à celui de la femme, il n'en est aucun qui puisse survivre à l'absence de *thèses*. Rendons à César ce qui appartient à César.

21. Mais l'instant d'après, le voilà qui dément la chose en ouvrant la série salvatrice des étreintes précédées de festins – fromages exquis, salades, jambons et autres rôtis de chevreuil, le tout arrosé de vins levantins ou méridionaux. N'y voir que gourmandise ou naturalisme Renaissance serait faire preuve d'une singulière cécité. Casanova est anti-romantique ; il a les os secs, la peau exsangue, et son profil évoque celui de quelque ascète échappé d'Avila. Bien loin de le soulager, le pathos l'assèche, comme le karst de Syrie se craquelle sous les pieds des assassins.

En préparant – prélude aux ébats ! – vins de Chypre et fromages toscans, il ne songe nullement à une démonstration ostentatoire, non plus qu'à quelque geste anti-psychologique spectaculaire – s'inspirant pleinement en ceci de Toscanini (lequel, en raison de sa rigueur masochiste, ne peut être dissocié du Vénitien). Le maître, on le sait, entendait ne jamais s'écarter de la partition – jouer ce qui était écrit là sans se laisser perturber par quelque mythe de la « forme ». De même, Casanova n'exécute que ce qui s'inscrit dans les notes du corps et de la nature – ni plus ni moins. Ce point mathématique, cette précision algébriquement calculée est l'essence même de son classicisme majestueux – soit Florence !

La condition préalable du succès amoureux ? Un repas arrosé de bons vins. Festoyons donc avant de nous livrer aux plaisanteries de la chair ! Un seul impératif : que le corps soit en forme ! Vénus, enfers, buissons, boudoirs – les vins chypriotes semblent riches en tannin symbolique, mais celui-ci se manifeste ici sous forme de *boisson*, et non de fables légendaires. « Chypre » : quelques associations fumeuses suffisent sans doute à assurer au mot une valeur quelconque, mais pour lui conférer une dimension universelle, il est indispensable qu'il glisse au fond de l'estomac ! Au sein de son univers orchestral, rigoureux comme une composition, Casanova a su remettre le mythe et la poésie à leur juste place – pur arôme méta-

phorique que tout cela! La pensée? Huile volatile, épice, suggestion gustative à l'imitation d'un zeste de citron ou de
quelque brin de marjolaine! Mais qui serait assez fou pour
engloutir tout un plat de clous de girofle?

22. Abordons à présent une autre essence : le trio amoureux que forment Angela, Nannetta et Martina. A le considérer d'un œil distrait, on pourrait croire que le Vénitien
plaide pour la polygamie. Plaidoyer?
    Pour Casanova, une telle attitude serait inconcevable. Ici,
les choses arrivent telles qu'elles sont, parfois superbement,
et rayonnent d'une certaine vérité – mais il s'agit de lueurs
anti-théoriques, et jamais de programmes. Giacomo est d'abord
amoureux d'Angela – puis, *logiquement* et non sous l'emprise
d'un vague caprice, de ses deux sœurs. Lesquelles s'offrent à
lui sans la moindre jalousie – et se permettent même, chemin
faisant, quelques dérapages lesbiens ou quasi tels.
    Trois traits se révèlent donc essentiels : s'éprendre de la
sœur (ou du frère) de l'être aimé relève de notre humanité
la plus archaïque – et, en l'absence d'un tel protagoniste,
il faut rêver quelque fiction sororale ou fraternelle susceptible de se déployer comme une variation musicale. De la
même façon, le penchant polygame puise, selon Casanova,
dans nos instincts les mieux enfouis. S'il ne peut se donner
libre cours, l'amour se dégrade inévitablement en psychologie – quand il ne se pervertit pas en morale! Enfin, tout
homme souhaite la présence d'un halo lesbien autour de
sa passion, car il y perçoit le reflet de sa propre conception
de la femme – à même de regarder, tout comme lui, une
autre femme.
    Exigence sororale, polygame et lesbienne! Mais ne voyez
ici nulle décadence, nulle spongiosité poétique à bon marché
– et encore moins de principe! Lorsqu'il visite les harems de
Constantinople, mille idées l'assaillent – mais pour rien au
monde il ne dresserait l'apologie du sérail. Au contraire, il

défend viscéralement la morale chrétienne face à la décomposition embourgeoisée des Mille et Une Nuits. Car ce qui
travaille le Vénitien, ce n'est point la molle souplesse des
odalisques, mais bien la rigueur inflexible de l'*Arabia deserta*.
Puisqu'il s'agit de faits incontournables, puisque l'amour exige
la présence de sœurs ou de plusieurs femmes – deux à tout
le moins, lesquelles doivent par-dessus le marché goûter un
tel parallélisme, voire s'ébattre ensemble aux côtés de Giacomo – pourquoi discuter morale ou biologie – passons à
l'acte!

Si l'on croit du moins en un bonheur possible... En effet,
l'accent n'est pas mis ici sur les « lois de la nature » – Casanova ne profère de telles sottises « de gauche » que par distraction – mais sur le bonheur! Voilà la seule façon de trouver
la joie sur terre en compagnie des femmes – que tu sois
damné par la suite ou que tu finisses professeur de biologie,
voire psychanalyste, cela importe peu... Giacomo, lui, se borne
à constater la nudité des faits.

A considérer la morale et la poésie – à savoir deux choses
qui n'existent pas dans les *Mémoires* – qu'y trouve-t-on? Ici,
de tragiques frémissements obsessionnels – là, une impuissance ornée de plumes de paon. Ce qui, faut-il le préciser?,
ne diminue en rien leur beauté native. Non, la poésie comme
la morale n'échouent que du point de vue mathématiquement
exclusif du bonheur. Il appartient donc à chacun, selon ses
goûts et ses facultés, d'éclairer la vie sous cet angle meurtrier,
avec une logique aussi *ascétiquement* rigoureuse que celle de
Casanova. Fidélité, reconnaissance ou sacrifice de soi n'appartiennent pas à ce monde; or l'amour étant ce monde lui-
même, ces trois éminentes qualités ne sauraient apporter le
bonheur. Le Vénitien s'avère rigoureusement étranger à tout
délire bacchique, rubensien ou vitaliste. Pour lui, ce monde
n'est pas *Diesseitstaumel* (cette adhésion allemande équivaudrait déjà à un snobisme morbide de l'au-delà), mais fait nu,
*factum nudissimum;* il n'éprouve que dégoût à l'endroit des
*Faktizität* et autres *Nudität* passés au crible de la formulation.

L'homme déclare, faits à l'appui, qu'une seule catégorie de femmes est à même de vous rendre heureux – Nannetta ou Martina, aussi peu catins que ladies, mais tierces idéales en lieu et place de ces deux inutilités. Ni corporéité, ni psychéité, mais un surgissement décisif : « ce qui est écrit dans la partition ». Ni titillement de crin-crin, ni profondeur spirituelle – la musique, tout simplement...

Ainsi la dualité « aventurette/grande passion » se voit surmontée par une dimension supérieure : le seul bien concevable ! Fantaisiste, celui qui voudrait réduire Casanova à une simple corporéité ! Le Vénitien entend être heureux, et ceci de façon pathétique, larmoyante et nerveuse – bref, sentimentale. Mais pour cela il faut aussi un minimum de technique corporelle et quelques groupes de femmes composés avec bonheur.

A l'instar des *Poses* arétines, les prétendues « aventures » casanoviennes rappellent les épures de Brunelleschi – triomphe de la *mathèsis*, règne de la discipline formelle et victoire de la géométrie musulmane ! Monotonie ? Tautologie ? Peu importe ! Casanova, soulignons-le une fois encore, est le Brunelleschi de l'amour – et non son Rubens. Une fois trouvée l'essentielle structure mortifère, qui voudrait l'abandonner ? Or le Vénitien la débusqua au cœur trinitaire d'un désir sororal, polygamique et lesbien ! Ame ? Lyre ? Mariage ? Morale ? Autant de vaines fanfreluches et de détournements malheureux !

Il y a dans tout cela un satanisme princier, pur comme l'eau et transparent comme le verre – l'anti-romantisme échu au squelette ! Car ce qui l'emporte ici, c'est l'amour des os – sommes-nous si loin de l'Afrique ? – et non celui de la chair. Abordée sous cet angle, la quête casanovienne de la santé prend une tout autre dimension. L'homme répète à l'envi : « Je me porte comme un charme, je demeure vigoureux et plein de sève... » Aux yeux du profane, cette *fitness*, plus abstraite que sensuelle, semble relever de la pure mécanique. Il ne s'agit plus du corps, mais de son « idée », obtenue par les

moyens d'une géométrie Renaissance – fonction froide, épurée, sise au-delà de la vie.

Là réside pourtant le cœur de tous les classicismes (et j'y
inclus naturellement l'amour!), en cette rencontre avec l'essence létale et cette persévérance à y demeurer tel un pénitent.
Où le romantisme plongea sa trompe indiscrète au fond des
tombes et des mondes souterrains à seule fin d'en extraire
une pseudo-existence visqueuse, le classicisme, lui – avec à
sa tête ce fou de Casanova et sa sécheresse empruntée à Tolède
– chercha la vie au moyen d'un incandescent rationalisme
arabe jusqu'à trouver la mort parfaite – insensible, a-théâ-
trale, a-thée.

Plus tard, en évoquant au cours d'un chapitre les nuits
passées aux côtés de Martina et de Nannetta, Casanova jux-
tapose des fragments de phrases tels que « ...auprès de mes
deux anges » et « cet amour qui fut mon premier ». Remarquez
qu'il parle au singulier de ces deux compagnes (« mon premier »!) – ce qui importe, en effet, ce n'est pas le nombre
des maîtresses (une ou vingt et une), mais la plénitude du
bonheur. Les hommes et surtout les femmes rumineront-ils
jusqu'à la fin des temps leurs suicidaires théories monoga-
miques? Cela les regarde... Casanova, lui, ne délivre aucun
conseil.

Voyez – scène amoureuse caractéristique – cette femme
mûre qui, dans l'orangerie de Tivoli, offre elle-même sa cadette
intacte au Vénitien! Bien loin d'écarter cette idée singulière
– voir sa propre sœur faire l'amour avec Casanova – la belle,
pourtant éprise au plus haut point, exige son accomplissement
*logique.*

Ainsi toute la psychologie accumulée depuis des millénaires
devait s'éteindre un jour – non par le truchement de quelque
corporéité mythique ou d'une sensualité impudente, mais avec
sérénité, dans un style conforme à l'étiquette. Car – et c'est
là l'essentiel – toute cette immoralité ne fut point révolution,
mais forme. Et la chute des corps dans le chaos frémit comme
une sonate! L'« orangerie de Tivoli » ne fut sans doute qu'un

instant unique, mais en s'y abandonnant, fantomatique, Giacomo comprit que c'était la seule façon de consommer l'amour. Le reste? Misère clinique ou maladie puante!

Nous atteignons naturellement le paroxysme avec le « quatuor de Murano » – où Casanova, M.M., C.C. et Bernis s'ébattent dans un boudoir tapissé de glaces. Virtuosité latine, vertigineuse précision toscaninienne! Ce que permet la liberté d'Arcadie et ce qu'interdit la civilisation se confondent ici afin d'interpréter de nouveaux thèmes : « Si pour une fois l'épouse, au lieu de supprimer sa rivale, rejoignait celle-ci auprès du mari – si pour une fois la mère, au lieu de renier sa fille à cause d'un garçon, lui enseignait, avec le concours de ce jeune amant, de nouvelles étreintes... » Ce sont là certes les désirs les plus vils et les plus écœurants du monde – mais, tourments secrets et inavoués jusqu'à la tombe, ils demeurent éternellement présents en nous. Casanova, lui, les fait remonter à la surface et – chose capitale – vit en s'y conformant strictement, vierge de toute pose dithyrambique.

D.H. Lawrence? Quaker, polichinelle aviné! Freud? Fondateur hypocondriaque de religions clandestines! Déchets ridicules d'une culture disparue dont le centre *abstrait* ne fut autre que Casanova... Prêtons l'oreille au Vénitien : soit le destin t'accorde la chance de vivre l'« orangerie de Tivoli » ou le « quatuor de Murano » (je crois percevoir au-dessus de ces corps enlacés la face simiesque et la baguette-poignard de Toscanini!), et alors tu connaîtras le *seul* bonheur possible – soit il te refuse ce hasard, et tu finiras déguisé en Scaramouche freudien ou en Pulcinella lawrencienne!

Il n'est pas mauvais de lire les *Mémoires* noyé dans un état monogamique – lorsqu'on est « amoureux » de façon bâtarde, post-casanovienne, d'un seul visage. On éprouvera alors physiquement l'absurdité mensongère d'une telle passion, dont les plus éblouissantes morales et les plus folles constellations corporelles ne sont que neurasthénies pauvrettes au regard des « orangeries » et autres « quatuors ». Tant que l'on n'a pas perçu cet *unique* visage comme une maladie, on ne peut même se douter que l'amour, vécu en tant qu'accablement post-romantique, est une parfaite absurdité.


23. De même que le sens le plus profond de la musique n'émane point d'un chef d'orchestre savant ou prédicateur d'une quelconque esthétique des anges, mais de celui qui connaît toutes les astuces techniques du basson, ou sait parfaitement repérer le cochon de village dont les boyaux fourniront les meilleures cordes – de même la *technique* constitue l'essence même de l'amour. Le reste? Scories...

La condition préalable aux trios et quatuors casanoviens – leur premier et ultime soubassement métaphysique! – ce sont ces lits d'une largeur extrême qu'offraient les auberges italiennes au XVIII<sup>e</sup> siècle. Sans de telles couches, point d'Arcadie, point de Lesbos, point de polygamie innocente. Sans oublier l'éclairage – des bougies, encore et toujours!

Qui saurait dire la technique présidant à l'allumage et à l'extinction des chandelles, les mouvements qui la commandent, la durée odorifère de la flamme, le tremblement du suif? Dieu, quelle gamme! Songeons à celui qui s'apprête à éteindre la dernière d'une série de cinq bougies! Quand la flamme se fait chaleur et non lumière... Imaginez un *immense* drap saharien qu'éclaire un unique cierge grésillant! C'est encore de la technique, où se mêlent fausse honte et vraie pudeur. Ici, les êtres rougissent gracilement, mais font leur toilette les uns devant les autres. « Habituer » les gens à pareil comportement serait naturellement la pire des stupidités; il y eut dans l'histoire des civilisations un instant casanovien qui jamais ne se répétera – *historia non est magister vitae,* qu'on le retienne une fois pour toutes! Mieux vaut évoquer le réseau hôtelier parcourant la péninsule que tous les faunes sautillant dans les bosquets barbares de la Crète. A l'époque de Casanova, en effet, les aubergistes italiens enfermaient avec une légèreté incompréhensible plusieurs étrangers dans la même chambre. Si triviale qu'elle paraisse, cette pratique l'emporte en efficacité sur tous les discours amoureux.

24. Qu'il me soit permis de me contredire... S'il est vrai que Casanova incarne à merveille la négation de tous les symboles amoureux, je note pourtant ici deux mots qui relèvent indubitablement de ce vocabulaire : « Le paquet contenait un morceau de cire sur lequel était l'empreinte d'une clé... » Cire et clé – le généreux Giacomo me les pardonnera-t-il ?

25. Je viens d'effleurer le thème des bougies, mais les grands candélabres branchus, les lustres à chandelles et les forêts cireuses que reflètent infiniment les miroirs méritent un chapitre à part. Ces coiffes de lumières flamboyantes scintillent, rougeoient et s'éteignent autour de la tête de Casanova comme la couronne de fer incandescente sur le crâne de György Dozsa [1]. Bûchers sacrificiels voués à son ascèse immanente, ces candélabres jettent leurs langues blanches aux recoins sombres des salons – feuillages de cristal vénitien flottant dans les airs, auréoles élégantes du luxe royal et de la conscience carnavalesque échus à l'aristocratisme vicencien. A tout triomphe ascétique, il faut une certaine pompe – liturgie voyante ou transfiguration vertigineuse ! Voici l'univers magique des lustres ou *Kronleuchter* (quel mot superbe !). Sa vie durant, Casanova se verra accompagné d'une symphonie d'odeurs grésillantes – depuis les bougies basses et trapues à la langue de catin jusqu'aux cierges versaillais à la flamme oblongue et vitreuse.

Puis viennent les lanternes (encore un mot superbe !) chères à Venise, le lampadaire harpagonien de l'internat, les lampions qui déversent leur lueur sur les lagunes comme autant

1. Chef d'une jacquerie, exécuté en 1514 sur un trône chauffé à blanc. *(NdT)*

de rubans jaunes défaits (fils perdus bercés par les ondes), les mèches graisseuses du monastère de Murano – toute une existence ponctuée de cierges, de torches et de flambeaux! Sans oublier cette « lumière de nuit avec un cadran » ô combien symbolique, puisqu'elle marie la solitude du feu à l'avarice du temps-Parque.

26. Si Giacomo déteste l'homosexualité, il sait fort bien qu'une certaine perversion s'avère plus normale que la prétendue normalité – car c'est précisément là qu'advient la civilisation! L'épisode du bal nous en fournit un exemple parfait (et d'un chic absolu!) – où le Vénitien échange ses vêtements avec ceux d'une jolie danseuse. La belle farde Casanova, lui rougit les pommettes et piquette ses joues de grains de beauté – après quoi tous deux troquent leurs habits dans un mystérieux équilibre de sans-gêne et de pudeur... Jusqu'à ce que Giacomo s'abandonne et laisse s'accomplir comme un monologue « le terme de [son] irritation » – ce qui lui vaut seulement quelques reproches boudeurs de la part de la dame.

Bref, un acte qui témoignerait aujourd'hui d'une certaine excentricité passionnelle relevait à l'époque de la coutume la plus banale. Les espiègleries de l'Histoire ne sont-elles pas ébouriffantes? On voit que ces libres déshabillages, s'ils n'allaient pas de soi, équivalaient tout au plus en matière de *hock* à une poignée de main quelque peu prolongée entre un homme et une femme. Le soliloque corporel de Casanova n'apparaissait pas plus brutal que le fait d'éternuer à la figure de quelqu'un; il suffisait simplement de s'en excuser, mais il n'y avait pas lieu de s'en repentir... Il s'agit donc d'une « loi » (au sens casanovien du terme, c'est-à-dire une règle qu'il convient de ne point suivre – surtout pour nous autres, si étrangers aux pratiques du XVIIIe siècle) : pas d'amour sans déguisement, masque ou comédie! Il faut que l'homme se travestisse, se maquille les lèvres et porte une combinaison de femme! S'habiller, se déshabiller – voilà les accessoires les plus typiques de la civilisation. N'hésitons pas à les exploiter pleinement!

Il passe sereinement, avec un vague ronchonnement moral, sur ces épanchements solitaires (fiascos ou succès, selon les goûts)... Percevez-vous bien l'onirisme infantile (ou l'infantilisme onirique) qui préside à cette scène? Est-il encore besoin de tolérer la mordacité de l'autre sexe quand notre corps lui-même se métamorphose en femme – et qu'il suffit de l'effleurer... A l'étreinte se substitue enfin le cérémonial de Narcisse, accompli sans effort ni passion. Rêve, perversion, virginité enfantine, civilisation emperruquée, étiquette et psychologie usée jusqu'à la corde vibrent à nouveau – sortilège des sortilèges! – devant nos yeux éblouis. Refuser de se travestir, échouer à faire jaillir librement son *finale* corporel, c'est choisir la maladie.

27. Le thème de l'amour n'est jamais « une femme » (ni « une » ni « femme »), mais une « scène » – surgissement d'une constellation dramatique au sein d'un environnement idoine. Je ne suis pas « amoureux de quelqu'un » – ce serait malaria! –, mais « je veux telle ou telle configuration » – voilà qui est racinien, et accessoirement source de bonheur. Ces *consommationes publicae* se révèlent capitales dans le premier tome des *Mémoires* – qui manifestent à la fois l'essence adolescente et l'esprit civilisé. Adolescence? Oui, en ceci qu'un tel geste, s'il échappe déjà à la feuille de Narcisse, n'atteint pas encore (*de facto* tout du moins) au dialogue. Civilisation? Oui, car malgré sa bestiale spontanéité, la chose s'accomplit comme un monologue (n'oublions pas que la morale ambiante régit les bonnes manières de ces êtres papillonnants!). L'expression « juste milieu » prend ici tout son sens. En de telles occasions, qui pourrait dire si le jeune Giacomo apparaît comme un caniche divaguant au coin de la rue ou semblable à quelque ascète nerveux, pudibond et dilettante?

28. Ne jamais oublier la double nature de Casanova : d'une part, un puritanisme sensuel de haute volée – et de l'autre, un naturalisme vaguement « éclairé » mâtiné de Schulfuchs au petit pied. Ces deux pôles existaient-ils dans sa vie réelle ? Le doute est certes légitime, mais il nous importe peu – puisque nous songeons avant tout au livre ! Au monastère de la Salute, il apprend quelques rudiments de physique expérimentale – chose sans doute tout aussi exaltante dans la réalité que l'« orangerie » ou le « quatuor », ces cochonneries de bas étage ! D'un strict point de vue romanesque, toutefois, l'apparition de tels éléments équivaut à une chute certaine. L'intellect tombe ici au niveau de l'intellectuel. Mais semblables compromissions ne font-elles pas partie intégrante de tout dogmatisme prophétique ?

29. Après la sarabande des gondoles et des bougies, peut-on concevoir tournant plus décisif, métaphore expressionniste ou conversion religieuse plus hardies que cette phrase prononcée sans la moindre anacrouse : « Und wandelte im Wald herum, um meine Traurigkeit zu verwinden [1]. » Qu'est-ce donc ? « Bois » en plein cœur de l'*Arabia deserta ?* « Tristesse » égarée dans l'*Experimentalphysik ?* « Digestion » parmi les impudeurs à fioritures ? Venise et la forêt trouveraient-elles place au sein d'un même crâne ? « La fleur qui seule pouvait me placer parmi les dieux » murmure-t-elle au milieu des feuillages noirs ? Voilà la nature telle qu'en elle-même, avec sa fraîcheur, son parfum et sa solitude – au-delà des pépiements civilisés, mais en deçà du romantisme...

La nostalgie de l'homme *modeste* pour cette nature-là est la seule qui soit digne de la création. La brise rafraîchissante,

---

1. « Et j'allais m'enfoncer dans le bois pour digérer ma tristesse... »

par exemple, tient à la fois de l'hygiène et de la mythologie
(ni l'une ni l'autre – mais à la fois plus et moins que l'une
ou l'autre) – de l'observation réaliste et de l'abandon extatique
à une métaphore pittoresque (ni l'une ni l'autre – etc.). Lorsqu'un convive quelque peu éméché quitte la salle de bal où
règne une chaleur étouffante pour s'affaisser sur un banc de
pierre parmi les arbres du jardin, et qu'il constate soudain :
« Dieu, que ce petit vent est agréable! », tandis qu'au fond de
son crâne tourbillonnent flûtes de champagne, corps féminins
effleurés, mendax lunaire, échanges amoureux et relents taba-
giques – sans oublier quelques bribes de chanson, deux ou
trois fragments d'une phrase surgie au hasard, différents
projets pratiques concernant le nettoyage d'une tache de
liqueur et plusieurs miaulements nirvanesques que n'eût point
reniés le Bouddha – lorsque, dis-je, une tête pareille contemple
les feuillages nocturnes, elle les regarde exactement comme
Dieu l'eût voulu. Panthéistes? Vulgaires fous de Dieu! Poètes
et autres agents en mythes? Bonzes ou anges à deux sous!
Un seul homme entend, avec ce qu'il faut de lassitude *humble*
et mondaine, la parole des chênes, des peupliers, des ifs, des
ormes, des hêtres et des aulnes – Casanova!

30. Que fait-il donc après? « J'allai rejoindre dans le
jardin la bruyante compagnie » – retour au jardin, retour
aux commérages! Car cette communauté-là, vierge de toute
sociologie, ne relève ni du troupeau chrétien ni du groupe
humaniste sportivo-platonisant cher à l'idéal de la Renaissance.

Non. Celui qui se forge une idée sociologique, humaniste
ou chrétienne des « gens » ignore tout des bandes conviviales
qui s'ébattent au fond des jardins. S'il veut les rejoindre,
il lui faut abandonner définitivement toute visée scientifique,
religieuse ou utilitaire afin d'assumer pleinement la *croix*
de la frivolité. Anéantir pensées, amours, idéaux, souvenirs,
projets – plonger dans un néant abstrait et bavard jusqu'à

l'instant vide des instants vides! L'éradication de tout contenu – voilà l'essence de la vie en société! Et cette fraternité mondaine, absolue autant qu'absurde, constitue la seule réponse majestueuse et raisonnable aux énigmes de l'existence.

Le monde se compose de lui-même et des pensées qui lui font écho. Le monde? Masse muette d'irrationalité. La pensée? Luxe anarchique de l'âme, aveugle ornement voué à son autoreproduction – autant dire que l'homme peut se passer de l'un comme de l'autre. La société, quant à elle, ne s'occupe aucunement de ces deux ivres et solennelles *figurantin'*, pour reprendre l'expression consacrée des livres de danse. Non, elle se soucie exclusivement de *proper studies* – argent, vêtements, voyages, entreprises matrimoniales et services en tout genre.

L'enseignement casanovien nous éclaire à travers les siècles : celui qui se révèle incapable d'anéantir ces balivernes qui ont pour nom « savoir » et « sentiment », de comprendre que même du point de vue *intellectuel* une meute de convives avinés se montre infiniment supérieure à toutes les chaires universitaires et autres monastères bouddhistes, celui-là restera jusqu'à la fin des fins un pleutre romantique abonné aux ténèbres. Bien entendu, notre nature, connue pour sa profondeur éthique et intellectuelle, rechigne quelque peu à accepter cette ascèse amorale et « ignorante ». Mais l'homme peut-il combler autrement sa terrible solitude? En passant de la forêt au jardin – de l'ermitage à la clique – Casanova accomplit une démarche *philosophique* – et ce faisant, il gagne sur tous les tableaux.

31. Giacomo remporte la plupart de ses victoires amoureuses au fond des calèches – ce qui n'est pas rien si l'on songe aux obstacles de l'époque. Ressorts d'une qualité déplorable, routes campagnardes fertiles en fondrières – plus trouées encore que la lune! – corsets et autres haillons féminins

entravant les mouvements, sans oublier les regards indiscrets jetés par des valets rigolards – et malgré tout, l'homme triomphe en quelques minutes!

Sans doute les femmes de ce temps se montraient-elles plus consentantes (tout au moins dans les *Mémoires*), voire plus viriles quant aux choses de la chair. Le seul critère de la sensualité? Même dans les postures les plus grotesques, le corps est susceptible de s'adonner aux joies les plus graves – et ceci sans le moindre souci esthétique.

Fussent-elles sublimes, les femmes qui exigent un environnement approprié – couleurs, parfums, préliminaires, *Abschaukelung* (« ralentissement ») – devraient laisser l'amour à d'autres. L'« ambiance » constitue sans doute la vermine la plus sournoise que l'impuissance se soit jamais inventée! Il n'est qu'une seule chose authentique : servir le corps dans ses ébats les plus burlesques avec le même pathos que mettait Orphée à servir son luth infernal!

32. Certaines pages, marquées au sceau d'une naïveté toute scolaire, prétendent montrer simplement le chatoiement multiple de la vie. Faut-il s'en plaindre quand on sait que Casanova est l'abstraction même, pure mathésis, ultime fleur aérienne de l'hystérie florentine vouée à la forme? Au cours d'une de ces pages-antidotes, Giacomo, épris d'une danseuse nommée Tintoretta – et qui doit encore attendre six mois l'arrivée d'un évêque salvateur – se voit contraint de vendre toutes ses affaires à un juif. Tiraillé entre le brocanteur israélite et la première ballerine vénitienne, il rêve de la tiare papale : « ...me voir lancé peut-être vers le pontificat ».

Ce qui relève tout autant du pittoresque vulgaire que de l'enfantillage ravissant. L'image que les gens se forgent de Casanova interdit de concevoir cette songerie pontificale autrement que comme un blasphème à bon marché – alors que dans la bouche d'un Italien naïf de son espèce, il ne s'agit tout au plus que d'un demi-sacrilège.

33. En amour, seuls s'avèrent décisifs le corps et le vêtement. N'offre-t-il pas un spectacle à vous glacer le sang, ce
spectre au visage bruni, perruqué de noir et capé d'écarlate?
Au regard de cette théâtralité chatoyante, l'étude psycho-
physiologique des portraits apparaît comme un vulgaire jeu
de patience. Renoncer à la pseudo-élégance outrecuidante de
l'analyse – voilà une autre thèse casanovienne, et non des
moindres!

Abandonnons-nous aux suggestions élémentaires du rouge,
du noir et du jaune, drapons-nous du sombre domino de la
mort et disparaissons au fond des tombes athées! Bien plus
tard, Casanova – hasard fort piquant, dont il rira lui-même
– choisira pour confectionner ses costumes un tailleur du
nom de Morte...


34. A mes yeux, Venise sera toujours pure liquidité! En
entendant ici des mots tels que « ballet » ou « orchestre », je
ne manque pas de m'interroger : les ballerines en tutu par-
venaient-elles à flotter? Les violons ne sombraient-ils pas au
fond des lagunes? Danse et cordes semblent appartenir à un
monde sec, évoquant la terre cuite. Or, je ne puis imaginer
un violoncelle sur une gondole sans voir aussitôt des légions
de sardines jaillir de ses ouïes! Et même si – paraît-il – les
choses ne se passent pas tout à fait ainsi, l'opéra marin
comporte toujours pour moi une petite contradiction cryptée,
qui s'intègre fort bien au « staffage » casanovien.


35. Amateur, voire apologiste d'associations aberrantes, je
crus en percevoir une en débusquant au détour d'une page
le nom de la famille *Liu*. Liu? Huen Liu, Kwang Liu, Pu Liu
– quels superbes noms chinois! Et pourtant si italiens!
*I* maigre de Brunelleschi, parfaite concision classique de la

syllabe! L'histoire dans son ensemble – ou, si vous voulez, la vie – apparaît comme un tissu d'« associations aberrantes ». Toute vérité entretient le même rapport au vrai que ce Liu avec la Chine. Le Reich allemand n'est pas plus *römisch* que ce vieillard n'est asiatique – et même la monarchie absolue selon Hobbes ou la démocratie œcuménique rêvée par Rousseau semblent plaisanteries frivoles – un peu comme si nous accrochions au cou de ce brave Vénitien de Liu vases, coolies, mandarins et autres bouddhas. Ainsi les jeux et travestissements de l'imaginaire se révèlent-ils infiniment supérieurs à toutes les « philosophies de l'histoire »...

36. Il faut rendre grâce à Giacomo d'avoir écrit des phrases telles que celle-ci : « ...wie immer meinem sokratischen Dämon [1] ». La chose tient à la fois de l'humour délicieux et de la vérité involontaire. Humour, sans doute – le « démon socratique » est un concept par trop livresque ou mythique (les deux ne faisant plus qu'un dans notre civilisation européenne) pour se révéler digne de l'intelligente passion casanovienne. Humour encore, parce qu'il en fait un usage quelque peu naïf, à la façon des parvenus. Mais pourtant vérité, car à cette ligne pure, il fallait du démoniaque – celui, aride et dénudé, qui silhouette les contours froids du monde latin (saint Thomas d'Aquin ne naquit-il point à Roccasicca ?). Seule la pensée, au contraire du sentiment, peut s'avérer démoniaque – si toutefois cette distinction vaut quelque chose, tant le sentiment n'est que pensée dramatisée par le truchement d'une logique active.

37. Il note, à propos d'une femme de quatre-vingt-dix ans, qu'elle vit toujours et se porte comme un charme. Le monde de Casanova est celui de l'éternelle jeunesse – et nous savons que les maigres, les secs, les efflanqués et autres dégingandés

1. « ...mais toujours socratique et ne me sentant aucune aversion ».

se montrent plus résistants que les obèses, censés jouir d'une santé « robuste ». L'homme vit de ses os et non de son sang – de manies desséchantes et non de quiétudes paresseuses! Voici l'univers des squelettes et des ascètes à la vie infinie – laquelle n'a rien à voir avec l'« éternel printemps » ou la « plénitude florissante » (seuls les pleutres moribonds s'attardent à de telles consolations!) Non, cette vieille dame est tout simplement tenace; elle existe pleinement dans la continuité du temps – et au diable les fanfreluches métaphysiques! Nonagénaire, elle se passionne pour les mêmes commérages qu'à dix-neuf ans – et ceci, rassurez-vous, sans le plus petit soupçon de sagesse faustienne. C'est avec de tels acteurs que Casanova joue la comédie du monde. Outre son hédonisme abstrait, il lui faut esquiver la mort trivialement – avec un parfait « mauvais goût ». Une approche rigoureuse de l'existence, certes, mais sans le moindre optimisme décoratif ou ostentatoire.

38. N'est-elle pas touchante, cette façon de relater la crise de vomissements qui le surprend au fond de la gondole? Seuls sont capables de telles confidences enfantines (habituellement réservées aux mères) et d'aussi charmants raisonnements sur la nature les auteurs qui n'ont jamais connu le naturalisme – à savoir l'ordure la plus répugnante de la création (qu'elle sévisse dans les sciences ou en histoire de l'art!). Ce faisant, Casanova ne vise nullement à produire un choc esthétique, non plus qu'à dénigrer – au moyen d'un geste naïvement luciférien – quelque « idéal » (il faut être naturaliste pour s'imaginer que les non-naturalistes se vautrent à longueur de jour dans les idéaux!). Non, ses manchettes blanches ne sauraient être salies par un quelconque programme littéraire.

39. Lorsqu'il évoque son ami au visage si fin, nous baignons dans une atmosphère tout à fait keatsienne. Sans doute le jeune Milton plane-t-il lui-même en ces lieux, petite fille pâle échappée d'un collège christique. Est-il chose plus émouvante que notre désir pour le premier garçon au visage avenant ? Quelle femme pourrait rivaliser avec ce condisciple bleu et rêveur ? Jalousies et promenades au jardin – le monde selon l'Arioste !

Voilà bien l'auteur favori du Vénitien – et pour cause ! *Doctor lunaticus* égaré dans le calendrier de la rigueur tragique, Casanova est le *furioso* de la raison, l'Orlando des amours logiques. Nul ne s'émeut de la beauté comme ce gigolo – avec ce parfait mélange de réserve et de frémissement (c'est à croquer !) Nul ne se révèle aussi sensible à l'esprit et à la culture que ce bavard qui y croit avec une foi adolescente (et peu importe si celle-ci n'est que rétrojection mensongère due à un vieillard perclus – seul le livre compte !). Si tout son être n'était fraternellement imprégné de cette poésie vibrante chère à l'esprit d'enfance, nous ne saurions éprouver pour lui la même amitié – il ne nous apparaîtrait pas aussi intime, aussi aimable ! Saluons le miracle : ce « Brunelleschi » morose, héroïquement nihiliste, est encore un homme chaleureux, amical, qui inspire la confiance jusque dans les plus suaves excès de son rigoureux sadisme. Et avec ça, charmant comme un enfant gâté. « ...*flösste* mir eine Freundschaft ein [1] ». *Flösste* – ou *Flöte* (flûte) ? Lors de ces soirées au jardin où bleuit l'amitié des jeunes écoliers, durant ces promenades dignes de l'Arioste, au cours de ses retrouvailles nocturnes dans le lit de l'autre, je crois entendre la flûte hésitante, mais éternelle, de l'enfance inaccessible.

1. « Il m'inspira une vive amitié... »

40. Je me dois ici de consacrer un chapitre spécial à la lanterne qui, au collège, éclairait cette amitié ouverte à la poésie mélancolique et marquée d'une sensualité à plumes de corbeau (n'ai-je pas au reste consacré déjà quelque notule à ce carnaval de lampes qui ponctua soixante-douze années durant l'existence casanovienne?). Lune domestique adolescente, fruit d'Isis au secret mûrissant, ladite lampe était suspendue entre les deux lits qu'occupaient ces enfants. Lumière unique, lumière sacrée entre toutes les autres − candélabres versaillais, lampions vénitiens et flambeaux francs-maçons. Voici le doux frémissement de la jeunesse, aux phobies songeuses et aux révoltes engourdies. C'est à l'ombre de tels palmiers que s'assoupissait Giacomo, pourchassant dans ses rêves Horace, Orlando, quelque beau garçon aux yeux de prune ou même le trône du saint pontife − soit un monde *exempt* de femmes. Lanterne magique!

41. Je pourrais imaginer, pour être pédant, quatre grandes variantes amoureuses : un état anté-archaïque, totalement asexué, où la vie hésite entre l'homme et la femme, qui ne sait encore rien de leurs joies communes; les errements et tâtonnements de l'enfance au milieu des corps, des objets, des bêtes et des maladies; les affaires galantes « normales » de l'âge adulte et enfin, les perversités conscientes. La première est hélas! inaccessible (en témoigne assez le nostalgique *St. Mawr* de Lawrence) − la dernière par trop romantique (en principe seulement, car dans la pratique, elle s'avère si naturelle qu'on peut s'y habituer jusqu'à l'indifférence). Les femmes? Il arrive qu'elles nous lassent. Demeure ce qui fut et qui n'est plus − la pénombre enfantine, où va notre préférence.

Toute cette furtive excitation imprègne les nuits de l'internat, dont les minuscules perversités d'amateur évoquent

violettes ou perce-neige. Empire des peurs mortelles, certes
– mais où règnent aussi joies profondes et vitalité authentique ! La chair de l'enfant est encore homogène, que l'onde
du plaisir parcourt tout entier ; mais dans le corps des adultes,
celle-ci se heurte à mille obstacles – intestins durcis, valvules
dilatées, poumons récalcitrants, estomac décomposé... C'est
miracle de Dieu qu'un corps pareil, quasiment réduit à d'ines-
thétiques fonctions administratives, soit encore capable
d'amour ! Au-delà de vingt-cinq ans, le nu (masculin ou féminin) n'est plus que médecine interne, sinistre bureau d'hy-
pothèques ! Quand je vois des adultes s'embrasser, j'ai toujours
l'impression d'assister au dernier acte des abominations sodo-
mites. L'*ultima ratio? Infans infantilis!*

42. La langue n'est-elle pas une fameuse institution, qui
permet de transmettre des choses comme : « Der Docht
schwimmt in Öl [1] » ? *Docht* et *Öl :* la consonance de tels mots
les rend plus réels que la réalité !

43. Des années durant, la vie de Giacomo se déroule au
Palazzo Grimani. Et ce qu'un tel palais signifie au regard de
mes *Notes,* on pourra le lire bientôt dans une fantaisie vénitienne consacrée à Monteverdi.

44. L'apparition de cette superbe Grecque constitue un
moment capital des *Mémoires.* La belle requiert la protection
du Vénitien pour une affaire des plus officielles – et s'offre
aussitôt à lui en guise de reconnaissance. Abordés sous un
angle casanovien, les Grecs apparaissent comme les déchets
combinés de Byzance et des Balkans. N'est-ce pas une joie
historique rassurante que d'associer constamment le nom

1. « Le lumignon est noyé... »

d'Hellas à des catins gonorrhéiques et le charme stambouliote
à des tonneliers truqueurs? Ici s'inaugure le « classicisme
balkanique » de Casanova, géométrie ondoyante où s'équilibrent grandes visées historiques et petites combines louches.

Moitié Venise, moitié Byzance, Raguse incarne à merveille
cette fusion entre le Nord et les Balkans. La leçon à retenir?
Plutôt que des poètes ou des lexicographes mythisants, nous
préférons voir des voyous traîner dans l'ombre des Mille et
Une Nuits, de l'Olympe ou de Hagia Sophia! La parole de
Shéhérazade finit par s'éteindre; Aphrodite et Déméter ont
perdu tout pouvoir et Byzance n'est plus que lampion de
carnaval abandonné sur une tombe. Mieux vaut quelques
parasites végétatifs plutôt qu'une armée d'herméneutes et de
« ressusciteurs » stériles! En route vers l'Archipel, Casanova
– tel un jeune dieu pénétrant dans une Europe en boutons –
découvre un nouveau classicisme de la pourriture. Dans ce
marché aux puces de l'*Untergang* façon XVIIIᵉ, la vase balkanique du relativisme commence à dissoudre les rigoureux
contours du Vénitien. Après l'homogénéité propre à la culture
italienne, voici venir le bric-à-brac de l'Histoire, les folles
entreprises communes à l'Est et à l'Ouest ainsi que les mystérieuses parties de cache-cache entre la barbarie bestiale et
la « spiritualité » hellénique!

Ou l'histoire même saisie dans son épouvantable nudité –
confusion de la grandeur exaltée et de la petitesse écœurante,
identité énigmatique de l'agonie et de la renaissance, irres-
ponsabilité nomade de toutes les valeurs! Au fond de sa mare
balkanique, Giacomo apparaît plus majestueux – et combien
plus suggestif – qu'un Goethe égaré dans la Rome des philologues. L'Italien baignant dans un Islam caricatural pour
épigones de tout poil face à l'Allemand que tient prisonnier
la mensongère bulle de savon du *Divan occidental-oriental!*

Seuls les Balkans possèdent l'art subtil de la « dissolution »!
Notre belle Grecque ne constitue-t-elle pas le phénomène le
plus absurde qui soit? A la fois floue et tangible, elle évoque
pêle-mêle Cattaro, Corfou et la Crète. Ensemble catin accom-

plie et « Française éclairée », cette esclave levantine victime
d'une passion celtique apparaît pourvue de toutes les grâces
de Mercure! Voici bien le suprême accomplissement culturel
des Balkans – et celui qui le refuse végétera idiot jusque dans
la tombe!


45. Vengeance nocturne à Venise – c'est là partie intégrante de l'amour au même titre que les enfants keatsiens
ou les muettes du sérail. Ténèbre vénitienne! Comme si,
s'élevant sur le piédestal des pénombres marines, sourdait
une autre obscurité : celles des ruelles, opaques même en plein
jour d'été.

Gondoles, rames, pilotis, portails de bronze – c'est le règne
du noir que tempèrent toutefois les coupoles de San Marco,
sérosité verdâtre rappelant quelque jeune lune moscovite –
neige à l'aube couleur de bourgeon! L'aventure, le sang, le
combat et la vengeance sont les vrais blasons du corps féminin
– ou si l'on veut, une seconde forme d'étreinte. Pont minuscule enjambant la lagune entre deux bâtisses penchées, pavés
rouges aux bords blanchis semblables à des tranches de bacon,
grillages tordus comme tiges de coquelicot après la tempête...
– dois-je crier ici que ce n'est pas « description », ou que celle-
ci constitue au contraire le seul mode de vie possible? Domino
noir, Giacomo surgit à l'angle d'une venelle, parmi volets,
lunes dégoulinantes, étoiles aux langues de vipère et colonnes
virginales à la Minelli. L'objet de sa vengeance avance sans
méfiance sur les dalles sonores – scintillement d'un poignard
suivi de la chute sourde d'un corps chaud dans la lagune,
exhalaison fétide des eaux troublées tourbillonnant comme
les émanations phosphoreuses d'une allumette éteinte, déto-
nation de fenêtres qui s'ouvrent! Chemises de nuit, chandelles
et lanternes glissent dans la nuit comme ducats ou graines
de courge tombant d'une poche trouée... Casanova court à
perdre haleine, traverse des placettes vides au parfum d'outre-
tombe, saute dans une barque aux voiles rapiécées, cornemuse

où le vent s'engouffre. Minuit juste! La cloche du Campanile recouvre toute cette comédie à la façon d'une voûte de bronze. Voilà le classicisme de l'amour : assumer jusque dans leurs excès victorieux le chatoiement romantique et le sang nocturne de Venise!

Celui qui craint le romantisme ne pourra jamais devenir un classique! Celui qui n'a jamais tenu dans sa main un poignard assassin ne saurait être amoureux — et encore moins homme! Une fois encore, la mort n'emprunte pas le masque du snobisme thanaturge — fût-il orné de délicatesses poétiques! Non, bassesse abstraite et punctiforme, elle surgit sous l'aspect d'un crime *vulgaire*.

Notez ici l'essentielle division! Le décor, lui, apparaît plus haut en couleur que jamais — reliques byzantines, coquillages du Lido, galères ottomanes et lune échouée tel Absalon sur les rivages de Murano participent dans une bousculade exaltée à cette authentique nuit de noces que fonde le meurtre par vengeance. Au regard de quoi le corps n'est qu'algèbre *morale*, méchanceté *formelle* occupée à nier Satan plutôt que Dieu. Nous avons défini ci-avant l'amour comme un mariage du corps et du vêtement — mais il faut y ajouter la vengeance... Sans l'urgence du meurtre, la « souffrance » ne serait que le masque hypocrite de la lâcheté.

46. Et l'instant d'après : « Telle était alors ma délicatesse. » Quelle science de l'à-propos! Le meurtre? Il eût pu le définir ainsi, si la chose ne lui était apparue aussi évidente... Mais il préfère commenter quelque intermède enfantin. Se promenant en compagnie d'une fillette, Giacomo constate son propre émoi — d'où joie, embarras, poésie et chaos. Il abandonne alors l'étiquette pour passer aussitôt, trébuchant et pirouettant, à une liberté de singes — retrouvant ainsi cette harmonie entre raffinement et néandertalisme qui fonde la civilisation! Chacun sait que les êtres capables de tendresse se livrent lors de leurs moments sensuels aux plus singuliers

épanchements éthiques. Le tremblant sacrifice de soi est une sécrétion du *corps*, et non de l'âme. Quant à la douceur de Charis – prétendument « psychique » –, elle apparaît plutôt comme une sorte d'affection larmoyante, suite d'arpèges que jouent les nerfs lorsqu'ils sont chatouillés au moyen d'une technique arétine – ce qui bien entendu ne diminue en rien la tendresse et ne grandit pas le corps pour autant. Cette modeste aventure n'exprime-t-elle pas de façon fort charmante l'interdépendance de la « délicatesse » et de la pulsion brute au rythme auroral ?

47. Malgré la splendeur de son livre, Casanova est vie – et non point littérature –, qui choisit l'être au lieu du fantasme. Ne dit-il pas pourtant : « C'est toujours de [l'imagination] que la réalité dépend » ? Oui, notre homme sait à quoi s'en tenir quant à l'essence passionnelle.

L'amour met en scène deux éléments fondateurs : un instinct végétatif et une curiosité exploratrice à l'endroit des femmes – quel être se dissimule donc derrière ce nouveau portrait ? Bouillonnement viscéral et quête gourmande constituent ensemble la totalité de l'amour. L'intelligence casanovienne sait que la passion ne comporte aucun mystère religieux ou rationaliste. Ne s'agit-il pas au fond de la chose la plus simple du monde ? – ce que constate du reste tout grand amoureux après son premier baiser. Seuls les eunuques continuent d'agiter leurs « problèmes existentiels » comme les mendiants les faux sous de leurs sébiles. La plupart des gens refusent d'admettre – naïveté charmante ! – que l'amour, « ce n'est que ça » : une pulsion aveugle doublée d'une avidité inquisitrice pour l'autre sexe. Sans doute pensent-ils que le démon du cynisme rôde alentour...

Plus on brûle éperdument jusqu'au suicide, plus cette combustion nous apparaît évidente, exempte de tout parasitage psychologique; et plus nous devenons malades des femmes, irrémédiablement possédés par elles ! Cet éternel lien entre le prétendu « cynisme amoureux » et l'autodestruction consentie – cela ne vous rappelle-t-il rien ?

Casanova illustre la fusion du grand intellect et de la passion totale. La méthode ? Découvrir le principe de toutes choses (ce qui, vu notre humaine condition, aboutit toujours à débusquer un non-sens fondamental ou, à défaut, quelque structure d'un primitivisme grotesque) ; puis, ce geste intellectuel une fois accompli – avec tout l'héroïsme léger qui caractérise le Vénitien –, s'abandonner aux désirs du corps et de l'imaginaire (c'est d'ailleurs la même chose !) ; autrement dit, se livrer par la foi, le somnambulisme, la maladie, le suicide – en un mot : avec bonheur – à l'absurdité ainsi mise à nu. Le seul critère de l'intellect ? Savoir mourir pour un non-sens ! Comme nous l'avions dit lors de nos prolégomènes conciliaires à un dogme de la nuit vénitienne, le classicisme consiste à faire irruption en plein cœur du romantisme – mais ceci sans la moindre touche d'hypocondrie, à la façon brutale d'une balle de fusil qui fend les eaux d'un lac.

48. Afin sans doute de reposer son lecteur, Giacomo lui propose un tableau des plus bariolés : la rencontre de l'évêque et de Casanova au petit jour. L'aurore apparaît bien comme le secret le plus mystérieux de la nature – et, à plus forte raison, de Venise. Nous sommes trop habitués à rendre nos devoirs le midi ou l'après-midi – bref, aux « heures de visite ». N'est-il pas réjouissant de voir Giacomo partir avant l'aube comme le dernier des écoliers ? Geste splendidement enfantin, mais encore ascétique, puisqu'il se met en route avant la messe, et enfin romanesque – car il part « pour l'incertitude ».

Après la messe ? Un bon chocolat chaud suivi de trois heures de prières ! Trois heures – ou, si l'on préfère, une vie ou bien l'éternité... Petit déjeuner élégant et génuflexion intensive – ne retrouvons-nous point là l'essence du « catholicisme dilettante » ?

49. La Piazzetta constitue le point de départ de son voyage pour Naples. S'agit-il « seulement » d'une antithèse bouleversante – d'une part, la profondeur nocturne d'une Venise vengeresse, et de l'autre l'embellie transparente de la placette ? A cette Venise-soleil se rattache sans doute cette déclaration quasi blasphématoire : « Aussi je partis la joie dans l'âme et sans rien regretter. » C'est là agir en renégat ! C'est du schisme, que dis-je ! de l'athéisme – mais depuis longtemps assumés par celui qui a choisi la vie et l'amour. Nous avons, ne l'oublions pas, identifié Casanova à Venise. Mieux ! Venise fut pour nous le visage, et Casanova le masque. Et le voici qui délaisse la cité, comme l'arbre quittant son ombre lorsque le soleil soudain se voile – l'esprit vide et joyeux ! Geste d'une majesté si effrayante que nous avons quelque peine à nous le représenter... Pourtant – et nous le savons fort bien – seuls sont à même de connaître le bonheur ceux qui ont abandonné patrie, famille, foyer (et tous les dieux avec !) – soit les êtres sans racines, échappant à l'histoire comme à la géographie.

Nous sommes incapables de nous séparer des plus petites choses – fleur séchée, gant, carte de visite ou note griffonnée sur la table d'un café. Or, dans la nudité phrynéenne de la Piazzetta, Giacomo se débarrasse de lui-même, se déleste de cette abstraction nommée Casanova afin d'atteindre un néant que l'algèbre comme le langage échouent à exprimer, une sorte d'absolu minimal – autrement dit, le seul possible de l'amour.


50. Hors les circonstances, l'homme n'existe pas. La quarantaine pratiquée à Ancône ne fournit-elle pas une démonstration éclatante de cette vérité ? Voyez ces êtres obligés de croupir sur place quarante jours durant ! Imaginez l'exubérance mentale à laquelle donnait lieu cet intermède monastique – songes luxuriants, ébauches relationnelles, misères

narcissiques, projets balbutiants... Certes, les gens de cette époque n'étaient pas (simplifions un peu) aussi nerveux ou sensibles que ceux d'aujourd'hui. A leurs yeux, quarante jours d'oisiveté équivalaient tout au plus à un après-midi vide — soit, d'un point de vue romantique, à une éternité...

51. Quelques années plus tard, il écrit un pamphlet contre la prescience. Où il ne dénigre que les présages favorables — toujours suggérés par un cœur fou –, et jamais les mauvais pressentiments qui, eux, dérivent de la raison pure. C'est là l'atmosphère typique de la plus haute civilisation — où s'identifient logique et malheur, connaissance ultime et pessimisme absolu !

52. Il est des situations où le refus d'observer — la non-réaction — exige une plus grande culture que le vouloir-connaître ou la plongée analytique au sein des choses. Casanova passe quelques petites heures à Pola pour visiter les ruines romaines ; à Ancône, il mentionne tout juste le nom de Trajan.

Ici la ruine relève simplement du mobilier conventionnel européen : ni symbole triomphant d'un art éternel, ni incarnation mélancolique du flux temporel, ni histoire ni lyrisme — non, elle est ruine comme la cuiller est cuiller, et la chaussette chaussette ! Transformer le passé en objet de culte tient de la pire barbarie ! Un professeur d'histoire, qu'on le veuille ou non, sera toujours plus vulgaire, voire plus absurde, qu'un pirate polynésien ou un gigolo voué à la tendresse.

53. Une fois accompli « l'impromptu des Balkans », tous les détails s'embobinent à merveille — et survient la jeune captive grecque... Songez qu'au XVIIIᵉ siècle il y avait encore des esclaves ! Si la soubrette est ciel, l'esclave n'est-elle point

paradis! Le grand amoureux se reconnaît toujours à sa parfaite insensibilité, qui ne tient aucunement compte de la personnalité ou du libre arbitre féminins – seuls des pleutres abrutis peuvent respecter de telles choses! Il arrive pourtant que la lie des femmes se laisse attendrir par une telle « loyauté » – assurément le terme le plus plat du vocabulaire galant. Le grand amoureux traite les femmes comme les fleurs ou les livres : il les plante dans tel ou tel jardin avant de choisir avec soin les vases qui les mettront en valeur; il les relie de maroquin ou de basane avant de les parcourir au fond d'une barque... Seul l'*objet* atteint à la passion divine! L'homme est si éternellement singulier – toujours un, et déjà en lui-même de trop! Lui adjoindre quelque semblable relève à la fois de l'utopie humaniste et de l'impossibilité biologique – et si les femmes sont prêtes à gober pareils bobards, tant pis pour elles. L'ultime visée? Une esclave dont je puisse disposer comme d'un objet. Dire que les hommes abusent de cet état de fait est un mythe tout juste bon à attendrir les filles de cuisine! Plus les femmes sont « autonomes », plus nous sommes disposés à les maltraiter – alors que nous témoignerons toujours la plus humble reconnaissance à notre douce esclave – jusqu'à la défendre devant Dieu et l'humanité tout entière! A l'époque de Casanova, il ne s'agissait ni d'un rêve ni d'un vœu pieux – mais d'un simple article de tourisme pour voyageurs balkaniques. Phénomène en voie de disparition, certes, mais typiquement XVIIIᵉ siècle : il suffit en effet d'ôter la dentelle et de souffler sur la fleur du pissenlit pour retrouver non seulement le Moyen Age, mais aussi l'Antiquité des mers du Sud.

54. Ainsi, lorsque Casanova écrit à la belle : « Ange de l'Orient », ce n'est point ironie, mais profession de foi.

Après l'ascétisme de la Renaissance italienne et la lente désagrégation des Balkans ghettoïdes, surgissent Constantinople, Smyrne et Bagdad : l'Orient féerique, ou le rêve d'une Europe adolescente !

Dans certaine pièce de Ben Johnson, des marionnettes rejouent l'intrigue au cours du dernier acte – pure contrainte logique, puisque le pantin l'emporte à la fois sur l'homme et sur l'ange. Et Giacomo obéit à une même rigueur lorsqu'il se rend à Constantinople – il fallait en effet que cette perfection atteignît son point culminant, s'exaltât et se colorât de rêves opiacés dignes d'une opérette de poupées !

Il passe ses quarante nuits sur un balcon ! Sans doute serait-il maladroit d'improviser ici quelque mythologie, mais... le balcon n'est-il pas la plus belle trouvaille de la civilisation ? Entre chambre et jardin, voilà le lieu symbolique de l'humain !

Immenses terrasses auxquelles conduisent de vastes escaliers tortueux et s'entrecroisant comme des revues de mode disposées artistiquement sur quelque divan féminin, minuscules quasi-saillies, portes-fenêtres réduites à des grillages dentelés, colonnes dont les hanches se noircissent au clair de lune, telles ces lampes anciennes aux corolles jaillissant d'un même « fond » (peut-être le balcon se résume-t-il tout entier à cette balustrade...), vérandas abritées par d'immenses verrières, balconnets-chaires d'église échoués sur de hauts murs... – voilà les véritables chapelles de la culture européenne !

Du reste, depuis que le commentateur sait que son existence s'apparente à un balcon, il ne vit plus ! Et puisque nous abordons l'Orient, permettez-moi encore deux remarques. En juxtaposant des mots tels que « Orient », « nuit » ou « balcon », j'éprouve avec une force élémentaire ce même désir qui me saisit jadis pour la première fois en apprenant le français : écrire un livre intitulé *Il y a* – lequel ne serait autre que le catalogue « sec » de tous les objets, sentiments, phénomènes et fables logiques composant le monde. A cette aspiration, répond du reste un autre vœu (formé quelques années plus tard, bien entendu) : reconsidérer toute la raison d'être de l'Europe au regard de *l'Enlèvement au sérail* – autrement dit, faire de l'opéra rococo le fondement même de l'Histoire !

55. « Qui mange du pape en meurt » – plutôt que d'un principe historique, il s'agit là d'un effet de style. Les orgues de Barbarie anticléricaux constituent sans doute le point le plus faible des *Mémoires*.

Même « subtile » – ce qu'elle n'est jamais chez le Vénitien – la satire reste une perversion échappant à l'intelligence comme à l'art. La scène consacrée au moine ivrogne et illettré – qui du reste suinte l'ennui – ne vise qu'à un seul objectif : confirmer la thèse casanovienne selon laquelle « celui qui se révèle incapable de blasphémer de sang-froid ignore tout de l'amour ». Giacomo sait en effet que l'apparition d'une femme et, simultanément, son anéantissement divinissime forment des phénomènes chimiquement inséparables.

De même que Venise doit abandonner sa propre essence, les dieux doivent se volatiliser sous les effets conjugués du sacrilège et de l'imprécation afin que la femme s'imprègne de leur transcendance. Non point à cause d'une passion à la Iseult, à même d'incendier les forêts ou d'assécher les océans, mais d'un vulgaire flacon de parfum ou d'une chanson mal accompagnée sur un mauvais piano.

Voici la règle (qui ne connaît ni compromis ni exception) : en amour, il faut pour une chose infime – ombre, mensonge, pseudo-possibilité – abandonner sur-le-champ l'Olympe, Rome, Dieu et toutes ses Églises !

Entrer en pleine solitude, se dépouiller de son ombre, anéantir toute mémoire, renier les vivants comme les morts – car telle est l'exigence de l'amour – et son dernier prix ! Et ce ne furent point les hétaïres qui fixèrent le montant de cette obole christique, mais bien de tendres dévotes douces et langoureuses.

Quel adolescent n'a jamais senti le souffle fétide de l'Antéchrist en se précipitant furtivement à son premier rendez-vous? Nos parents n'existaient plus, et de nos mains moites de Judas, nous comptions fébrilement les trente derniers sans lesquels la pudique et lyrique Verginella ne nous eût point admis en son havre bordellissime. Sans doute inexistantes d'un point de vue littéraire, les apostasies casanoviennes se lisent comme des syllogismes amoureux. Le sacrilège? Une forme de vie!

56. Un soir, Giacomo et son compagnon débarquent dans une ferme. A peine se jettent-ils dans les bras de Morphée qu'ils sont assaillis par deux diablesses chenues en mal d'amour. Et les deux voyageurs de rosser aussitôt tout ce qui se présente – barbons, chiens et valetaille – avant de prendre la poudre d'escampette. Le *demos* obtient ici le seul rôle que lui attribue le catéchisme amoureux : horreur céleste ou burlesque infernal. Aux yeux de Casanova, le paysan a la même vertu que le sens moral pour un croyant : il témoigne des monstrueuses difformités qu'engendre la passion. Et quoique notre héros s'affirme « scientifique » et « démocrate », force est de reconnaître que le peuple se voit ici doté de la même fonction que l'enfer au Moyen Age.

La première fleur odorante de l'amour? Un anti-humanisme viscéral et quasi superstitieux. Si le *demos* n'apparaissait à la fois comme Charon et Polichinelle, comment pourrions-nous approcher ses adolescentes? Du point de vue démocratique, la chose présente du reste bien des avantages. En effet, les grandes conquêtes destinées à améliorer le sort des esclaves, serfs et autres taupes furent menées non point par des âmes-Charis, mais par des contempteurs hystériques qui ne supportaient pas l'idée de côtoyer la populace.

Brueghel? Les frères Le Nain? Ils ne sauraient voir ce qui se joue ici d'essentiel : la plénitude de la « purification »! De même que Venise et l'Église se voient réduites à néant, il faut que le « pauvre attaché à la glèbe » demeure éternellement infirmité répugnante ou blague méphitique – sans quoi le leurre de l'*affection* voilerait le miroir scintillant de l'amour.

57. De nouveau jaillit le thème de l'automne : Casanova arrive à Rome un 1er septembre. Éternel automne ! ou, pour parodier le titre d'une revue allemande, « Die Welt als September-Werdung » (« Le monde en tant que devenir-septembre »). Mais ce n'est que goutte de mercure détachée de l'ensemble : le grand jeu va prendre place autour d'un embrasement matinal !

Ne faut-il pas féliciter le destin pour son inimitable sens de l'humour ? Lorsque Giacomo entre dans la Ville, le ciel tout entier se zèbre d'aurores boréales, d'*Irrlicht* et de feux errants, comme si quelque démon malin échappé des marais tibériens entendait agacer les Lumières ! Lorsque l'on fait face à la grandeur – et le Vénitien se tient devant Rome, latinité contre latinité, avec le regard étincelant et l'élan agressif qui caractérisent l'homme affronté à sa propre essence –, la lumière mystique, la symétrie superstitieuse et le hasard des astres sont toujours au rendez-vous. Ce qui n'empêche pas le bonhomme de déclarer benoîtement : « Rien enfin (...) ne me fit d'impression. » La cité antique et même cet impromptu céleste – scintillement de lueurs démoniaques couronnant la tête du négateur de Satan ! – ne signifient rien pour lui – tant il incarne la Rome absolue ! Ne retrouvons-nous point ici les deux traits conjoints qui fondent toute culture – d'une part, l'éternel météore de l'irrationalité (sa dévorante flamme marécageuse !) et de l'autre – constat trivial – une saine et absolue indifférence à l'égard de ladite culture ?

58. « Ici-bas » ? « Argent » ? Une seule et même chose ! « Le printemps » ? Pure imprécision. « Espèces sonnantes » ? Parfaite exactitude ! « La lune » ? Vague hypothèse. « Un sac rempli de ducats » ? Ultime rigueur ! Le duo « Marie-or levantin » ? Rêve incomparable ! Quelque « héritage inattendu » ? Voici le savoir le plus savant de toute la terre, où fusionnent dans

une seule et même compréhension le printemps, la lune et la fraîcheur adolescente ! Comme pour tout militant résolu de l'ici-bas, femme et amour aux yeux de Giacomo ne sont plus qu'épisodes insignifiants. Seul demeure l'argent, abstraction des abstractions ! – laquelle suit toutefois une courbe graduelle. A Rome, la fortune se compte encore en « carolins » ou en « paulins » – alors qu'à Paris, tout cela ne sera plus que mathématiques... Ces pièces – chose splendide ! – sont frappées à l'effigie de personnages historiques ou légendaires. « Carolins »! Songez donc à la gamme que composent tous les Charles : le Carolingien, paysan français mythique et matois; le Habsbourg, témoin d'une Espagne au noir-jaune pourrissant; le Stuart, voué aux jeux tragiques et romanesques de l'étiquette – et tout ce beau monde de se métamorphoser en monnaie, à l'instar de la Sainte Vierge et de ses papes extatiques! N'est-ce pas plus beau que n'importe quel poème – plus intelligent même que l'Histoire tout entière!

Ces portraits dorés ne constituent naturellement qu'un prélude naïf aux fantastiques manipulations boursières qui vont suivre – mais, ôtant leurs masques, ils nous donnent l'éveil : sans argent, inutile d'entreprendre quoi que ce soit avec les femmes! Ce serait pire que le plus lent des suicides!

59. En citant quelques appellations contrôlées, Casanova ressuscite tout l'empire romain d'Orient; le voilà qui marchande muscat du Levant, nectar de Samos, rosé de Cerigo ou blanc de Céphalonie. Que ne trouvait-on sur cet archipel! – Apocalypse, mystères hellènes, héraldique française, juifs bavards, déchets de Slaves, Turcs dégénérés et par-dessus tout... des océans de vin! En leur bouquet généreux, en leur miroir resplendissant d'un feu profond, apparaissent les sourires des personnages les plus naïfs, les plus sincères – les plus européens! – de l'histoire humaine : Plaisance de Chypre, Mélisande de Tripoli, Catherine de Lesbos, Théodore Tocca de Céphalonie et de Zanté, qu'accompagnent pêle-mêle rois

de Jérusalem, princes d'Athènes, ducs de Chio et d'Antioche, comtes de Tessos, de Scyros ou de Mykonos!

Ne sommes-nous pas bien loin des relations − dignes d'un bal masqué! − qu'entretenaient l'aristocratie gothique et la Grèce défunte? Les Balkans sont ce qu'ils sont de toute éternité − symbole historique et opium des plus vénéneux! Ici s'agitent Turcs et juifs; ici les sénateurs se métamorphosent en fervents johanniques, et les rabbins en inquisiteurs musulmans. Sur l'île de Naxos, un élève de l'école talmudique porte le titre de prince, lequel lui fut conféré − selon la plus stricte tradition mérovingienne − par le sultan Sélim II. Après des noms tels que Moréa, Mistra, Cléopéa ou Malatesta, il n'est plus qu'un pas à franchir pour atteindre l'essence des vins − s'y désaltérant, le Vénitien absorbe les sécrétions les plus enivrantes de l'Histoire.

S'il me fallait offrir un cadeau à Casanova, je choisirais sans nul doute cette coupe byzantine exhumée à Abbazia il y a quelque quarante ans, où figurent les bustes des saintes patronnes qui présidaient jadis à la destinée de quatre villes : Constantinople, Chypre, Rome et Alexandrie. Déployé sur un seul et même calice, cet ensemble pictural atteint à la grandeur religieuse et constitue peut-être la seule mystique qui vaille − à savoir l'Histoire! Constantinople : porte de l'Orient, mystères, sensuel trépas persan, anéantissement bouddhique, croisades des éternelles nostalgies européennes, décors de papier mâché et fiascos divers. Chypre : Méditerranée primitive, Vénus antédiluvienne, amour archaïque, plus rêveur encore que la vase! Rome : secret de la Renaissance, rigueur surgie de l'insouciance italienne, formes plus violentes que la mort même, Brunelleschi, Casanova − aimant de l'abstraction qui surpasse tout Éros! Alexandrie, enfin : paradis des commentateurs relativistes, éblouissante structure de la plus haute décadence, parfait pseudonyme de l'Europe! Que sont du reste ces notes marginales, sinon une « Alexandrie » absolue?

60. Dans certaine chambre quelques bouteilles de muscat côtoient des flacons de mercure – pertinente juxtaposition! Les amphores de l'ivresse rejoignent le somnambulisme de l'alchimie – évanescence, ténèbre, mensonge, fantôme d'Hermès! Casanova est homme-mercure – abstrait, blanc, toxique et volatile –, éternel parent de toutes les sorcières! Ne lit-on pas sur son passeport allemand : « Muskateller und Quecksilber » (« Muscadet et Mercure »)?

61. « Torre del Greco » – ce nom, trouvé dans quelque gazette, sonne comme le plus grossier des jeux de mots! Le peintre de Tolède ne relève-t-il pas typiquement du balkanisme post-impérial? Son maniérisme sulfureux ne reflète-t-il pas à merveille l'histoire de cette région clownesque? « Le Grec »! Grec à deux sous, oui, comme le Juif errant est juif de bas étage! Non, celui qui reçut ce nom ne fut ni néoclassique ni pseudo-olympien, mais Slave exilé! S'il n'en allait ainsi, l'histoire ne pourrait être notre religion.

62. Snob autant qu'éclairé, il salue la terre desséchée du Sud italien comme l'empire de Pythagore. Voilà donc Martorano – Magna Graecia, Sahara, Gobi, Karst! Et après ces quatre noms, pourquoi pas un cinquième? Casanova! qui s'enfuit éperdument, tant ce désert lui fait horreur... Il est vrai que les plus grands n'ont pas la moindre idée de leur propre essence – et encore moins des paysages susceptibles de l'incarner.

Plus tard, tout particulièrement dans le troisième volume, il s'extasie devant Paris. Or ce Paris-là n'est autre que Martorano, nid de misère aride niché en Calabre – soit le symbole même de la rigueur et du fakirisme latins. Si Pythagore est homme-chiffre, les Arabes relèvent de l'algèbre pure. Quant

aux Sémites, ils se laissent parfois emporter par le rationalisme le plus sauvage (quoiqu'ils soient capables de se vautrer
avec la même facilité naïve dans la mystique la plus marécageuse – mais les nombres les sauvent!). Ce que salue Casanova en Pythagore, ce n'est pas la spiritualité, mais la géométrie de l'ascèse!

63. Voyez au fond de sa chambre dénudée, perché sur son
méchant fauteuil-escabeau, l'évêque de Martorano dans son
habit en loques, avec son pain sec et son troupeau de paysans
sourds-muets! Casanova ne comprend-il pas qu'il s'agit là de
ses frères physiques et spirituels? Non la Rome maladive et
ouatée de baroque, mais cette tête d'argile lézardée sous le
soleil – ce Toscanini squelettique de la raison champêtre! J'ai
connu moi aussi mon *Voyage en Italie* – et voici la leçon que
j'en ai tirée : seule l'aridité est rédemptrice! Casanova ne voit-
il pas qu'il est à l'amour ce que ce puritain de Martorano est
à la religion? Nudité abyssale, logique sicilienne de l'impudeur! Il a rejeté âme, Dieu, terre natale, affection, morale, que
sais-je encore! Dans sa maigreur agonisante, il se tient devant
les femmes comme cet évêque aux pieds de son Christ. Mais
peut-être sommes-nous seuls à voir cela, nous pour qui Alexandrie constitue l'ultime prison – et non, comme la voyait le
XVIIIᵉ siècle, quelque jeu égrillard de contours côtiers.

64. Lorsque cet italianissime homme de Dieu cherche à
définir Casanova (l'enfant n'a toujours que dix-huit ans), il
le qualifie d'« excellent poète ». Oui, le jeune Giacomo apparaît
si universel qu'il peut se permettre ce luxe compromettant.
La chose du reste n'est pas anodine, puisque cette tonitruante
anti-littérature nous est demeurée sous la forme d'un livre.
En outre, le mot *poète* évoque ici quelque « fabrique » celli-
nienne – autrement dit, la poésie est affaire de salons et de
perruques, parfum rococo destiné à des fleurs artificielles.

65. Eh bien! la Rome de ce temps s'y prête admirablement, où cardinaux et duchesses se piquent de littérature — laquelle ne tient nullement ici de l'exercice romantico-esthétique, mais d'un jeu de société improvisé où se déploie librement la plus sèche des cultures (ce qui ne saurait déplaire à Giacomo!). La Renaissance, époque fertile en chefs-d'œuvre, n'avait pas la moindre idée du concept actuel de « beauté » (feu follet issu du système nerveux où se pressent pêle-mêle Éros, âme, rêves nostalgiques et solitude native). Aux yeux d'un Alberti, par exemple, l'architecture ne relève pas de l'art, mais tout simplement de la *res*. Loin de figurer à la première place, la beauté surgit dans le livre VI comme simple épiphénomène décoratif sous la dénomination de *venustas*. L'architecture n'est pas affaire de pierres, mais de fontaines et de labyrinthes aquatiques. L'art? Un instrument luxueux promis au confort des princes...

Sur la toile de fond casanovienne (purement Renaissance, bien que nous soyons au XVIII^e siècle), se détachent deux éléments majeurs : d'une part le yoga philologique, l'effrayante sécheresse des lexicographes bornés — et de l'autre, la pompe seigneuriale, les jeux de salons où fusent les bons mots. Le poète favori de cette caste? Horace, perçu ici en tant que « sage » (en réalité, ce nihiliste était plus romantique encore que trois Bouddhas perchés sur un trône de lotus dubitatifs!). Son acte fondateur? « ...un vrai plaisir toutes les fois que je voudrais aller prendre le chocolat dans sa bibliothèque... »

66. Giacomo choisit avec soin ses résidences : le Grimani à Venise, le Palazzo di Spagna à Rome. En Italie du Sud, les cultures arabe, grecque et normande émettent inlassablement via la Sicile leurs rayons de feu — et la synthèse européenne de tout cela est précisément l'Espagne... Si déjà il n'a pu

supporter la rigueur stylite de Martorano, qu'en sera-t-il du Spagna?

En cette demeure privilégiée de la folie pontificale, logeait l'ambassadeur d'Espagne – lequel traitait l'évêque de Rome comme l'eût fait un empereur byzantin (précisons que ce ministre castillan régnait sur quelque dix mille personnes!). Jamais la vérité papale ne franchissait les parois de cette bâtisse, devenue un îlot barbare réservé aux assassins et aux catins.

Dans ce palais – qui passait pour un bordel ou un asile d'aliénés volontaires – grands saints espagnols, fanatiques, scholiastes aux milliers de volumes, religieuses visionnaires, rois pourfendeurs de papes, fondateurs d'églises nouvelles et autres va-nu-pieds démagogiques rédigeaient leurs missives. Ici descend Casanova, flèche d'argent parmi les feuillages parasitaires de l'automne. Peut-être s'agit-il de son essence, mais il n'entretient – pour cette raison même – nul rapport avec elle... (Saint Thomas n'écrit-il pas : *Essentia Socratis non est Socrates?*)

67. Le fait qu'en ce siècle galères turques et opéras italiens aient été peuplés d'eunuques présente une double significa-tion : d'une part, voix superbes, absolue pureté musicale, mathématiques susceptibles d'aimanter les sens – de l'autre, incertitude amoureuse, embarras, cache-cache – bref, cette subtile ambiance hermaphrodite qui remplace ici les conflits moraux chers au roman français. Casanova doit l'une de ses plus fascinantes expériences – d'un tragique que n'eût point renié la Princesse de Clèves – au fait qu'il ignore la nature de Bellino : garçon ou fille?

Paillardise de haute volée où résonnent les plus suaves nuances de Sodome et Gomorrhe? Peut-être... mais avant tout lutte spirituelle incomparable, souffrance, désespoir, ascèse et philosophie de la nature! C'est bien ce jeu hermaphrodite qui a trempé Casanova, jusqu'à le métamorphoser en héros promis à la douleur – Lucrèce à la noire rhétorique! Cela n'a-t-il pas un lien intime avec la *pensée?* Salimbeni, célèbre castrat et chanteur d'opéra, mourut *philosophe.* Lisant les *Mémoires,* entendons toujours la voix de la castration, soprano palestrinien surgi comme un lierre laïc recouvrant le Vatican, sonorités chaudes d'un violon berçant Venise! Ce n'est plus musique, mais pharynx pur et cordes bestialo-célestes, un anti-romantisme sensuel et virtuose qui se moque de la « psyché » comme du « vécu »! Dieu, cette voix pour laquelle on se tuerait, cette voix qui dépouille l'homme de sa propre humanité afin de le transformer en mort-vivant, en caricature maladive! Ne retrouvons-nous pas ici le sadisme brunelleschien au service de l'art, ce précieux mépris de l'existence – que seules les époques édéniques ont su magnifier – où s'alimente l'amour, incarnation parfaite de l'anti-humanisme?

S'il me fallait traduire Casanova en musique, je délaisserais tous les instruments pour me consacrer à la polyphonie pharyngale des Palestrina, Ingegneri et autres Vittoria – pure matérialité des voix italiennes! En notre époque de vauriens, les critiques musicaux ont coutume d'opposer « virtuosité superficielle » et « vécu profond », ce qui montre assez qu'ils n'entendent rien ni à l'une ni à l'autre. Les castrats, clowns-ascètes épris de grand art, échappent naturellement à de telles dualités. A l'instar de n'importe quel jongleur de village, ces saints musiciens partent effectivement de la technique, mais portent celle-ci à un tel point d'incandescence, en exploitent la matérialité avec un tel raffinement qu'en comparaison notre « univers poético-sentimental », notre « âme fleur bleue » ne sont qu'orgues de barbarie manipulés par des ânes!

Le castrat paraît bien l'ombre symbolique de Casanova. Ce dernier part des sens et y retourne, mais ce périple absolu autant qu'absurde lui inspire des passions plus profondes, des larmes plus brûlantes et des secrets plus vastes que toute « âme-alibi ». Comme l'art exige une technique parfaite, l'amour ne saurait sans virtuosité accéder au bonheur divin.

68. Ainsi, loin de compromettre, la technique exalte. Si l'amour est affaire de corps, il faut connaître intimement cet outil – autrement dit, lire les anatomistes et non les poètes, fréquenter les cliniques et non les théâtres. De quoi se constitue le dialogue casanovien? On échange quelques blagues frivoles, on se demande si le plaisir féminin exerce un effet quelconque sur la peau du fœtus... Si ce naturalisme n'était qu'une « vision du monde », il serait plus insignifiant qu'une feuille de papier. Mais il a trait ici à l'apprentissage de l'amour – soit l'unique sagesse qui vaille. La chose est toutefois délicate comme en témoigne la fameuse scène consacrée à la livre de chair d'Antonio : s'il s'y mêle la moindre goutte de sang, Shylock doit mourir. Autrement dit, si la virtuosité se voit contaminée par la moindre pose intellectuelle ou quelque désir de connaissance d'un ordre prétendument élevé, le charme s'évanouit aussitôt. Mieux vaut alors la sensiblerie!


69. L'homélie casanovienne semble régie tout entière par la non-dualité : ce qui nous apparaît sous le signe du « deux » (voire du « cent ») se résume toujours pour lui à l'Un. Au risque de vous lasser, je dois rappeler une fois encore que la vérité ne constitue pas une catégorie esthétique – sauf par le plus grand des hasards. Ainsi, chez Giacomo, « aventurette fugitive » et « grande passion » sont une seule et même chose – comment les distinguerait-il, lui qui ne saurait les séparer?

Sujettes à un dogmatisme aveugle ou victimes d'un égoïsme tordu, la plupart des femmes tiennent pourtant à cette distinction (laquelle fonde du reste tout le tragi-comique de la modernité amoureuse). A leurs yeux, l'aventure se réduit toujours à un « ce n'est que... », alors que la grande passion relève de l'institution sacrée. Inutile de combattre cette dernière, qui exige toujours un anéantissement total. En pareil domaine, toute velléité pédagogique ou réformatrice sombre dans le ridicule – et l'héroïsme semble voué à l'échec. Chaque conquête voit Casanova éperdument amoureux! Lorsqu'il évoque les flammes qui le consument, les nuits folles, les léthargies meurtrières du chagrin ou les *furioso* de la joie, le lecteur comprend bien qu'il ne s'agit pas d'une quelconque recette littéraire. Non, c'est l'expression même de son cœur-kitsch! Ne se révèle-t-il pas profondément Italien lorsque, récitant de l'Arioste devant Voltaire, il se met à sangloter d'abondance, au point d'avoir toutes les peines du monde à sécher ses larmes?

Nombre de femmes rechignent pourtant devant cette loi de la nature, incapables qu'elles sont d'accepter que celui qui les idolâtre selon leurs rêves puisse dans le même temps aimer ailleurs! Car la faculté d'amour est inséparable du donjuanisme. Celui qui aime dans le confort monogamique de la fidélité éternelle, celui-là ignorera toujours les flammes pourpres de la passion – soit le seul sens de l'amour! Si Casanova s'avance parfois sous le masque de Brunelleschi, il emprunte aussi celui de l'Arioste. Comment pourrait-il se lasser de ce romantique absolu, lui qui le connaît par cœur? Seul le corps est à même de vous rendre fou – l'âme, elle, vous plonge irrémédiablement dans l'imbécillité (au sens amoureux du terme). Si Toscanini se révèle un musicien hors pair, c'est vraisemblablement parce qu'il n'a pas la moindre idée de ce que certains appellent le « contenu » des œuvres.

70. Pour les fervents de Don Juan, la dix-millième conquête garde la saveur du « premier amour ». Lucrezia apparaît certes comme la magicienne des « véritables mystères », mais toutes les autres auront droit au même titre! Le casanovien découvre dans chaque femme nouvelle non pas la « vraie femme » (concept réservé aux naïfs) mais la nature de la réalité. Son trait caractéristique? Il ne cherche rien, mais trouve tout! Il débusque toujours de l'affolant, parce qu'il considère la rencontre comme un hasard mystique ou un miracle divin. Sans

se vouloir le moins du monde un fanatique de la connaissance, il a l'impression que chaque « éternelle première » le
rapproche de toutes les facettes du réel. En quittant son
nouvel amour, il apostrophe les oiseaux avec plus d'intimité
et affronte avec plus d'assurance le regard des autres. N'est-
il pas émouvant de voir une loi simplissime s'appliquer aux
plus grands? Le passage consacré à Lucrezia ne manque pas
de charme, où Giacomo et sa jeune compagne affirment tous
deux sur un ton pathétique que jusque-là ils ignoraient la
nature de l'amour. Cette illusion de la « réalité totale », de la
« nature même », est toujours provoquée – chose divine! –
par une caractéristique ultra-individuelle, exception infime si
personnelle qu'elle exclut en quelque manière l'être aimé du
monde : inflexion de la voix, façon toute particulière de fermer
un sac, préférence pour telle fleur, cillement des yeux ou
singularité morale.

Nous connaissons deux approches de la nature : les lois
physiques et la curiosité amoureuse (laquelle englobe également la passion pour les arts), avec ses excès individuels et
son impressionnisme analytique. Deux registres qui procurent
assurément un haut plaisir intellectuel – mais nous devinons
immanquablement que ces jeux privés entretiennent avec la
réalité le rapport le plus ténu qui soit.

71. Au fond du jardin Casanova retrouve Lucrezia « in der
entzückendsten Unordnung » [1]. Nulle époque n'a marié à ce
point plaisir amoureux et désordre vestimentaire. Ce concept
rococo de « désordre » s'avère si doucereusement complexe
qu'on sait à peine comment l'aborder. Quoi qu'il en soit, il
s'agit d'un équilibre culturel typique – croisement virtuose
de l'étiquette et du chaos.

*Unordnung!* Ce mot exerce sur le lecteur contemporain un
effet d'une sensualité plus noire qu'une tonne de photos por-

1. « dans le plus ravissant des désordres ».

nographiques. Ainsi, chez Mozart, un staccato de basson judicieusement placé évoque autrement mieux la mort que toute la chromatique criarde et mille fois instrumentée d'un compositeur « moderne ». Nous découvrirons bientôt d'autres exemples du caractère démoniaque de ces *petits* écarts, notamment dans la vie des salons romains. L'analogie musicale se révèle toujours d'une effrayante plasticité – songez à ces dissonances de seconde si caractéristiques de la musique du XVIIIe siècle – tout à la fois sataniques et « entzückend ». (Un exemple entre mille : dans le premier mouvement du trio en sol majeur K.564 de Mozart, écoutez le surgissement des deux accords *ré-si* après la période de stagnation qui introduit le développement.)

72. Ce que représente cette seconde par rapport aux effets grossiers d'un tas de pseudo-musiques, le minuscule serpent – qui, dans le parc, jette en un éclair son regard sur Casanova – le magnifie au regard de tous les reptiles mytho-analytiques voués au sexe, au diable, à la puissance dénaturée et à la mystérieuse alchimie. Nous abandonnons ici pêle-mêle les ophites – ces hérétiques squameux – Ève, Moïse, Blake et toutes les enseignes de pharmacies! « Vois ce *petit* démon », murmure la femme – et depuis je ne saurais croire en Satan. Non, ma foi va aux diablotins rococos!

Peut-être cette idylle du parc (la compagne de Casanova se répand en « mystères de la nature » et autres « esprits protecteurs », tant et si bien qu'il la croit devenue folle) oppose-t-elle le démenti le plus stylé, le plus poétique et le plus convaincant qui soit à tous les mythes – en vue, naturellement, d'un mythe encore plus grand, et non d'une démythification. Les dieux comme les « profondeurs de la nature » ne sont tolérables que sous cette forme : décor fugitif, excitation éphémère, « petit démon », rêveries féminines (« cette idole n'a de serpent que la forme ») et zoologisations salonnardes. Nous avons vu, de nos yeux vu, que les dieux-serpents

constituaient une race dégénérée – il y a des millénaires déjà
qu'ils sont inaptes à la poésie! L'approche fausto-reptilienne
du monde, instrument vide de sens, ne peut conduire qu'à
une seule alternative : vraie préhension ou pseudo-positivisme
de spécialistes aveugles. Où se tient donc l'éternité? En l'idylle
mystico-ludique qu'entretiennent Casanova et Lucrezia avec
cet orvet égaré! Il y a là comme une massivité interne, un
extrême possible qui jamais ne se démentent. Voici la forme
ultime de la pirouette, le renoncement au mythe et au savoir,
le commencement et la fin! Le reste? Divagations de boni-
menteur!


73. « ... Und dann drangen wir in die Labyrinthe der Villa
Aldobrandini ein [1]. » Déjà les effets élémentaires des associations se bousculent avec une impatience impossible à contenir. « Wir drangen ein » : il ne s'agit plus ici d'étiquette ou
de poésie, mais d'une conquête brutale, provocante, satanique
même – dérobons, volons et profanons! La vie est si gran-
diosement inutile que seule la bestialité la plus irresponsable
mérite le nom de style! Un labyrinthe au cœur d'un jardin :
c'est là l'unique complexité – le serpent des choses, et non
celui de l'âme!
Équilibre de pastorales mignardes à la Zipoli et de mons-
truosités dignes du Minotaure, ce labyrinthe incarne la totalité du XVIIIe siècle. Aldobrandini : magie des noms – la seule
qui soit encore raison et non mystique! Si j'en crois ma
lecture de Valéry, les plus grands rationalistes, à savoir les
adeptes latins de la « pensée pure », sont précisément ceux qui
débusquent l'*eurêka* dans les constellations rythmiques de la
langue et autres sorcelleries vouées au « temple des mots »
(faut-il préciser qu'un tel enseignement m'a profondément
rassuré?...). Durant certaines périodes adolescentoïdes, nous

1. « ...Et nous allâmes nous enfoncer dans les labyrinthes de la
Villa Aldobrandini. »

aurions tendance à considérer la musique verbale comme une
fioriture romantique indigne du cerveau, avant de comprendre
que ce que nous prenions pour un vulgaire charabia *sing-
song* l'emporte sur toutes les définitions! Un nom comme
Aldobrandini s'avère d'une précision plus cruelle que n'importe quel concept mathématique. N'est-il pas cohérent d'approcher Casanova, destructeur virtuose de toutes les dualités
inutiles, comme la synthèse même du chant lexical et de la
raison pure, le symbole de l'indistinction – toujours pressentie mais ici définitivement comprise – entre rigueur et sentiment!

Aldobrandini, Falconieri, Mondragone, Torlonia, Ruffi-
nella... : ces noms propres, Casanova le sait pertinemment,
ne signifient pas « beaucoup », mais tout! Voltaire, D'Alem-
bert, Métastase, Melanchthon, Beauharnais, Bourbon... – ce
ne sont pas là souverains ou réformateurs (fiction histo-
ricisante digne de cuistres!) mais purs emblèmes, éternelles mélodies, miroirs symphoniques de tous les aspects
de l'existence. Les os de Melanchthon furent absorbés par
la terre et son âme ravie par d'angéliques thèses barbares
– mais la seule réalité pour laquelle il dut vivre et mourir
ne fut autre que la saveur musicale qui émane infiniment
de son nom-mascarade! Ce sont les véritables rationalistes
– insistons bien sur ce fait – qui pensent ainsi en ces
instants parfaits où ils se montrent les plus exigeants à
l'endroit d'eux-mêmes et du monde. Il suffirait de gratter
superficiellement toutes nos sympathies historiques pour
tomber aussitôt sur des sonates de noms propres! Notre
savoir le plus scrupuleusement positiviste se verrait alors
déterminé par la subtile manipulation de la délicate syllabe
*Cléo* et de la brutale coda – quasi tigroïde! – *patre*. Ainsi
le goût, la dogmatique et les frivolités insurrectionnelles
d'époques entières dépendent-elles de voyelles, de labiales
et d'aspirées inattendues. Mais les gens se sont forgé une
conception si naïve du caractère intellectuel de l'intellect
qu'ils rechignent devant de telles évidences – jusqu'à croire

qu'il s'agit là d'hystéries vulgaires réservées aux poètes mineurs...

Quelle est donc l'essence du jardin baroque ? Quelle histoire dissimule l'ingénierie des villas romaines ? Tivoli, où le somptueux quatuor fit son apparition, existait, dit-on, quatre cents ans avant la fondation de Rome. Ainsi la villa, chose par excellence mondaine, fugitive et frivole, entretient un rapport intime avec les Étrusques, les Pélasges ou les Sicules. Cette préhistoire, oscillant sans cesse entre l'horrible et le burlesque, n'agit-elle pas ici comme le plus suave des condiments ?

Mais voici venir d'autres noix muscades et clous de girofle : divinités archaïques, temple de Sybille échoué sur le sable, sanctuaires d'Hercule pour pharmacies clandestines à l'usage d'impuissants, galeries lesbiennes ouvrant sur quelque palmarium consacré à Vesta, que sais-je encore ? Préhistoire et dieux ! Une nation débordante d'historicité ou une religion particulièrement avide peuvent certes s'en passer, mais ils se révèlent indispensables pour une villa, un parasol à rayures rouge et blanc claquant au vent ou une chaise de rotin plus légère que fleur au coin de la terrasse. N'est-il pas typique – jusqu'au démoniaque ! – le cas d'Hadrien qui, à Tivoli, fit rebâtir les plus beaux palais, les plus somptueuses cryptes de Grèce, d'Égypte et de Perse pour mieux se délecter des bigarrures de l'Histoire ?

Voilà les seuls lieux sacrés de la planète – où Clio n'est que décor, épice, idée lampionesque égarée dans le jardin d'une résidence d'été. Blasphémer l'histoire – Casanova le sait – constitue la voie royale de la liberté amoureuse ! « Enstehung des Historismus » (genèse de l'historicisme) ou balbutiantes impuissances passionnelles relèvent du même fatras ! L'amour veut le présent, que dis-je ? il est le présent même – et cette exigence inouïe confine le passé dans un rôle de clown éternel. Voyez Horace en personne, avec son nihilisme bouddhisé, rôder dans ces villas sceptiques où dieux et préhistoire se voient en quelque sorte relégués à la cuisine. Son *aurea mediocritas* a perdu toute brillance – c'est le glapissement plaintif d'un animal piégé par le plus colossal désenchantement, auquel le virus de la raison poétique interdisait de devenir Casanova (et pourtant tous deux jouissaient du même climat historique...). Réunis dans le cynisme échu aux villas, Horace et Casanova semblent Orphée et Apollon au dernier acte de l'opéra : tandis que le poète se lamente en bas, parmi les pierres de Thrace, le dieu (symbole par excellence de la non-poésie) minaude sur un rocher dans sa nudité poudrée.

Casanova, nous l'avons souligné à plusieurs reprises, convient aussi bien à Venise qu'à Rome, à l'éternel carnaval anonymo-historique comme au baroque ultra-localisé d'un catholicisme tardif (femme mûre plutôt que jeune fille, cette fois n'évoque-t-elle pas toujours l'automne?) Bornons-nous à citer deux aspects de la Rome casanovienne : les ruines de l'Empire et les palais, églises et villas du baroque ultime. Symboles de la plus parfaite nécrose, pourriture même! Au fond, le Vénitien connaissait déjà pareil chaos – puisque l'Histoire, dès qu'elle manifeste le moindre signe de décomposition, dégage une forte exhalaison balkanique – ce qui n'est pas à la gloire des Balkans, mais ce dont Rome s'accommode. Le Forum surgit comme la compagne mortifère à qui Casanova offre galamment son bras gauche alors que les villas de Mondragore semblent les compagnes parvenues qui s'accrochent à son bras droit. L'amour veut le fumier – et cet engrais n'est autre que l'Histoire en état de putréfaction qu'accompagnent un épigonisme criard et une décadence fertile en poses. Au regard de Rome, admettons-le, nous resterons éternellement des parvenus – et la moindre de nos respirations apparaîtra toujours comme une redondance parasitaire, symptôme d'une maladie secrète que certains médecins ont étiquetée sous le nom d'Europe. Peut-être le savions-nous sans vouloir nous l'avouer : voici une ville dont la dimension fantastique relève soit de la mort, soit du masque; une ville où la seule alternative culturelle est entre la nonexistence ou le mensonge. Mais derrière l'écume de cette ultime vague se profile déjà Vénus...

Le raffinement baroque? A la fois souple et lourd comme plomb – impossible de le concilier avec l'élégance ludique d'aujourd'hui, tout en aphorismes et en algèbre. Les villas elles-mêmes surgissent comme des forteresses : si le cerveau frivole se promène en tulles transparents, le décor qui l'entoure tient de la citadelle. La villa d'Este? Plus morne encore que l'hôpital Saint-Roch de Budapest, plus dépouillée que l'architecture cyclopéenne – d'où sans doute son extrême désinvolture... Malgré son escalier et ses terrasses serpentiformes, le palais Farnese à Capravola vibre d'une pesanteur infernale. Et que dire des murs aux niches bulbeuses qui abritent les jardins d'Aldobrandini ou de Torlonia? Nous ne songeons point ici au musicien dont la lyre fit danser les rochers, mais bien à l'impuissant Sisyphe. Souvent – et nous nous aventurons là sur un terrain particulièrement gratifiant – le sens commun d'un mot subit une légère modification : ici, l'aérien du substantif « villa » se double du poids étouffant des pavillons baroques. Et de même que la villa évoque la meule, voire la pierre tombale, le jardin qui l'entoure sourd d'un désespoir égaré qui échappe à la nature (mais celle-ci exista-t-elle jamais en Italie?).

Que la construction des résidences de campagne soit étrangère à l'art et l'aménagement des parcs indifférent à la nature – voilà qui se révèle de la plus haute importance quant aux amours casanoviennes. « Beauté » et « nature » nous sont inaccessibles – seul existe le luxe rédempteur! La « jungle calculée » l'emporte à la fois sur l'exubérance et la géométrie – c'est pourquoi les plus beaux jardins sont ceux d'autrefois. Juxtaposons pêle-mêle ces éléments, sans nous préoccuper de savoir si notre cataloguage sombrera dans l'analyse. Que trouve-t-on donc en de tels lieux?

Alignements de cyprès, escaliers interminables, terrasses de pierre, tertres gazonnants, minuscules étangs muets, modestes mares au nombril jaillissant, zigzags de balustrades, immenses fontaines ornées de statues, arbustes libres ou empotés, parois semi-circulaires ponctuées de renfoncements, cascades rondes ou anguleuses, étendues lacustres où semblent surnager quelques méandres enrubannés, îlots, lacs suspendus aux bassins étagés, pans de mur cubistes recouverts d'une végétation vivace et luxuriante, quoique taillée en rectangles fantomatiques, arcs de triomphe, péristyles découpés au ciseau, étangs phrasés de même façon, comme bris de verre chantournés, une seule fougère en liberté sur des kilomètres, puis, au sein d'un minuscule carré, quelques centaines de curiosités florales disséminées, dont la bigarrure laisse toutefois une impression de grisaille – ce *pessimisme* insatiable réservé aux terres *abstraites* ne vous rappelle-t-il pas les jardins mauresques?

Mes trois lieux rédempteurs? La Villa di Samberia, au flanc de la colline de Settignano, le kaléidoscope lacustre, près de Viterbe et enfin le Piazzale dell'Isolotto régnant sur le jardin Boboli à Florence. Je commencerai par ce dernier, esquissant à grands traits la matière première de la méditation et laissant aux épigones ou aux maîtres fleuristes le dénouement mélismatique, mon texte – ou prétendu texte – se voulant ici semblable aux anciennes partitions, lesquelles n'indiquaient que l'essentiel, abandonnant aux interprètes la tâche de l'exécution.

Cette énorme citadelle feuillue – premier miracle! – apparaît plus large en haut qu'en bas. Nous sommes ainsi transportés d'emblée dans l'univers riche et maléfique échu au raffinement, à la fiction, au décor – plus sanglant que tout martyre – et à l'impudeur monumentale de l'artifice – plus vraie que toute vérité. Ce flottement violent quoique inébranlable n'est autre que le triomphe gracieux du mensonge. Le tout évoque quelque muraille guerrière, à l'imitation des sombres bastions de Frédéric II, et pourtant touffue, poreuse, croulante même, avec ces chenilles de lumière, ces onctuosités fleuries, ces infimes poudroiements tissés par l'ombre et la poussière, par le vent et les bruits qui y poursuivent inlassablement leurs jeux espiègles. Donjon Stauffer de Capoue et éponge automnale désagrégée sous l'effet de mille voix et lueurs mêlées se rassemblent ici – incomparable exercice spirituel! – en une masse univoque. Malgré leur élégance rococo, ces parois de luxe, cette pièce montée végétale renvoient immanquablement au deuil. Les sombres feuillages taillés, d'un vert nocturne, évoquent quelque royal enterrement – nulle part ailleurs qu'ici la nature ne sut réunir une telle pesanteur mortifère! Cependant, lorsqu'au détour d'une allée nous débouchons dans cet anneau de catafalques, nous avons le sentiment de pénétrer au sein de quelque halo doté d'un charme idyllique – but-en-soi infernalement narcisséen – où l'accent est mis sur le rêve, la paix et la narcose béate. Tragique pourtant – et c'est là le secret cosmétique du baroque tardif! Un chapitre à part de cette méditation hortico-loyolesque devrait sans doute se consacrer au vécu de l'ellipse, ivre circularité vouée à sa forme, sphère malade, dégénérée ou lesbienne, voluptueuse difformité, glissement et reflet oblique. L'ovale, ce frémissement léger et contradictoire entre le cercle et l'à-peine cercle, forme la moitié du rococo! C'est cette ligne ovoïde qui confère à l'espace du Boboli un soupçon de subtile décadence, un presque-délire – tout ensemble géométrie grecque et délicieuse faute de goût, comme si le luxe avait libéré l'anarchie éternellement tapie au cœur de la géométrie, la nostalgie des hyperboles élégantes promises au Néant. Voilà qui est digne de Casanova : l'ellipse – à la fois cercle clos et courbe glissant vers l'irréel! A contempler cette épure, on éprouve ce même sentiment qui, aux alentours de la trentaine, nous prend à l'endroit des femmes. Après des années consacrées au fumier grotesque de la psychologie – mensonges, tortures et misères en tout genre – on apprend enfin à faire coïncider la franchise triviale et le désir démasqué : « Vous me plaisez, *donc* je vous veux! »

Combien d'élucubrations dignes d'un gnome, combien de fioritures stupides avant d'accéder à cette noire nudité! Quelle loi passionnante et mystérieuse de la nature veut que la simplicité n'apparaisse qu'à l'horizon d'un chemin pénible et tortueux! Après des millénaires de complexités inutiles, cet énorme ovale feuillu surgit comme un dénouement victorieux autant que résigné. L'homme éprouve cette couronne cycloïde comme la forme naturelle du silence. Abandonné à lui-même au sein du vide, le mutisme des choses se métamorphose en ellipse. De même que le temps s'exhale des objets, le silence, en tant que phénomène chimique, s'identifie à certaines structures. Et nous venons de débusquer là sa forme scolastiquement éternelle : l'ellipse de l'étang, en son cadre de noirs feuillages taillés. Cet espace est *vaste*, au sens égyptien, palmyréen, non-sophistique de la parole – tel que l'imaginèrent ces anciens peuples voués à l'intelligence monumentale (autrement dit, la beauté!). Il incarne le triomphe primitif du Quantum antédiluvien sur de ridicules sensibleries ultérieures! Mais la complexité prend également sa part dans cette oasis harmonique : les fugues flétrissantes de l'automne traversent ramées et nymphéas, les phalanges de la frondaison se voient colorées d'intrigues proustiennes et nerveuses – bruns, jaunes, rouges et mauves! et la pyramide végétale s'atomise! Est-il chose plus belle que le somnambulisme géométrique d'un parc ébouriffé d'automne? Voyez ces feuilles mortes jonchant le chemin – larmes fraîches coulant sur le visage d'une momie! –, ces colonnes solitaires qui ne supportent rien sinon leur propre reflet rayonnant – qu'elles attirent comme l'aimant captive par la pointe quelque plume sergent-major.

Plus pornographiques que les Vénus ornant les fontaines, plus solitaires encore que les ermites de Syrie, plus élégants même que les souverains qui à leurs pieds échangèrent autrefois des politesses, ces piliers aventureux l'emportent en mélancolie sur tous les chromatismes de l'automne. Sans doute furent-ils créés à seule fin de projeter une ombre – tant leur être autonome apparaît inexistant au regard des proliférations visionnaires qu'ils suscitent. Copies d'originaux oubliés, les statues solitaires jouent, elles, un tout autre rôle.

Perçus comme des dieux, les Adonis, Aphrodite, dauphins et autres tritons ne furent que mensonges stériles – mais vécus comme de pures contrefaçons, ils semblent dotés d'une puissance éternelle. Le blanc (que pollue un léger gris) surgissant parmi le vert modulé selon l'étang ou les feuillages est la marque quasi transparente du divin mécréant, de l'Éros sans Éros – le cliché en tant que sortilège absolu! Mais ces nus le sont-ils vraiment? Au fond de leurs orbites vides, dans les plis de leurs toges et les courbes singulières que dessinent leurs genoux, ils recèlent plus d'automne que des monceaux de feuilles mortes! Et les coquillages? Quel rapport entretiennent leurs plis zestés et le vertigineux diadème de l'ellipse? Que font ces boucles marbrées et ces bobines de pierre ornant les fontaines ou le socle des statues? Et le fin réseau des grillages au bord de l'étang – au regard de l'eau « immense », cette minuscule hypothèse de scie à chantourner?

La vision s'accomplit selon trois espaliers : le pur dessin des clôtures si proches, la coalescence, au tournant, des lignes d'en deçà et de l'esquisse d'au-delà, puis une fois franchi le modeste chaos du virage, le renouveau du motif, mais comme réduit à une miniature. Aux côtés de cette broderie métallique, les balustrades de pierre aux épais mollets baroques planent au-dessus des eaux – vases de Pandore scellés au plomb du silence! Et tout cela puise, jaillit et retourne à l'étang!

Miroir verdâtre, muet, luisant, marécageux et lourd de millions d'automnes! (Faut-il préciser que l'étang rejette toutes ces épithètes comme autant de poissons morts?) Au sein de cette étendue liquide, flotte un îlot – est-il chose plus mystérieuse qu'un muret de pierre affleurant à la surface des eaux, comme si une crue minuscule – à peine un millimètre de hauteur! – inondait le plancher d'une salle? A la fin, cet espace est-il ouvert ou fermé? Sommes-nous au cœur de la vie, ou projetés à même le ciel? Serons-nous définitivement saisis par ce vortex paralysant – ou gagnerons-nous la paix,

la terre promise du « sleep and poetry » ? Accès à la perfection
– ou attente fébrile ?

Si le lichen harmonique du Boboli brille comme le noir
arc-en-ciel de la simplicité à travers mon ciel stérile (car il
est certain qu'en soumettant pareille vision à de telles
contraintes stylistiques, je ne puis être que stérile !) – le jardin
Gamberaia, lui, incarne à merveille la complexité dissidente
chère au monde arabe. Buissons, pots de fleurs, allées de
gravier, labyrinthe destiné aux enfants, eaux aveugles et grises,
mousses colorées de bulles d'air zébrant quelque cruche, cyprès
et sureaux, frondaison baroque et arbres fruitiers aux nodules
quasimodesques – tout cela condensé sur une minuscule terrasse, jeté entre un paysage morne et un ciel abattu ! Four-
milière ou scherzo pour gardénias ? Et enfin la Villa Lante,
dont le lac, la pinède et les collines fermant l'horizon semblent
passés au vif-argent – voici la poésie paludéenne échappée du
marais d'Oberon !

Au cours d'une parenthèse, j'ai tout à l'heure qualifié mon
destin de stérile – ce qui montre assez que le problème de
la « description » constitue l'une de mes interrogations pas-
sionnées (et combien désespérantes !). En faisant usage de ce
terme, je ne vise nullement à satisfaire quelque vain et immoral penchant adolescent pour l'autoflagellation publique –
non, je recherche comme toujours la plus extrême objectivité.
En quoi la description se révèle-t-elle impuissante ? Et quelles
violences dois-je lui faire subir pour la rendre méritoire ? A
parcourir les *Mémoires,* me fascine avant tout cet ensemble
d'usages et de règles qui fait que le XVIIIᵉ siècle est ce qu'il
est. Si je voulais le commenter « pour de vrai », je ne devrais
pas m'adonner à des ébauches horticoles, mais au contraire
insister sur les conventions, les coutumes qui régnaient dans
les salons, les formes de contact social et la structure des
institutions.

Je viens de poser le doigt sur l'un des conflits les plus
violents de ma vie : celui qui oppose la coulée romantique
statico-proliférante au style rigide et « français » cher à La

Bruyère ou à La Rochefoucauld. Je pourrais naturellement désigner par d'autres termes ces pôles opposés : d'une part, l'intellect, la contrainte obsessionnelle, la poésie – bref, le non-sens voué au sens –, et de l'autre, le commérage, l'aphorisme tous azimuts, la morale – soit le sens dévolu au non-sens. Comment expliquer alors cette fascination pour la description? Par le simple fait qu'un objet comme l'étang ovoïde du Boboli contient plus d'éléments et de variantes que n'importe quelle pensée dite « intelligente ». La logique la plus complexe, la sensibilité poétique et même les approches félines réservées aux sophistes ne sont qu'épouvantables platitudes, pesantes et stupides homogénéisations au regard de l'infini contenu dans un seul et unique objet. Mais le penser exige la nuance, la folie du microscope, où l'insatiabilité atomique se donne libre cours. Or, mieux que tout rapport humain, l'objet répond à cette exigence! Bien entendu, la description se heurte d'emblée à un terrible paradoxe : si l'objet, en l'occurrence le jardin Boboli, peut se lire comme un infini réseau d'infinis face à la lourdeur schématique de la pensée, je ne saurais disposer des mots adéquats pour en restituer toute l'amplitude. Quel que soit son registre – poésie, science, surréalisme ou photographie –, la description apparaît toujours « intellectuelle », c'est-à-dire primitive et convenue. Soit l'émotion demeure sur le plan authentique du frémissement nerveux, soit elle se met à « décrire » et s'égare alors sans le vouloir dans la monotonie propre aux épithètes conventionnelles. L'objet relève à la fois de l'inaccessible et de l'innommé (saint Thomas encore : *individuum ineffabile est*). Seule une impulsion naïve ou comique nous pousse à relever pareil défi. Le style? Pleine acceptation de l'absurde. La pensée? Pure impossibilité, mensonge et castration!

Que dit devant mes yeux cette carte postale adressée autrefois à un ami? « Inexistence du style, inexistence de la pensée », avais-je écrit en français (précisons que je me trouvais ce jour-là au jardin Boboli en compagnie d'une jeune Parisienne). A creuser ces deux absences, voici ce que j'ai décou-

vert : la chose la plus excitante pour un cerveau est la rencontre *instantanée* d'éléments *hétérogènes* au sein d'une
constellation *fortuite*. Feuillages, statues, eaux, souvenirs,
compagnes et projets s'assemblent en un point unique et non
reproductible de l'espace-temps. Bien entendu, cet agglomérat
hétéromorphe et radicalement inattendu ne peut et ne saurait
avoir de nom. Ainsi l'excitation intellectuelle se voit provoquée ou bien par un élément inopiné surgi d'une chose que
l'on croyait connue, ou bien par quelque sporade résolument
nouvelle, un système contingent que composent des milliers
de variantes imprévisibles. Bref, seule une nuance nuancée
jusqu'à l'absurde ou quelque galaxie entièrement inédite peut
produire en moi l'impression d'une pensée véritable !

Car voici la *crux* sanglante du paradoxe : ce jardin Boboli,
je ne saurais l'éprouver comme image (au diable les « visions
colorées » !) – mais comme pensée, vérité ou geste intellectuel.

Serait-ce par lâcheté (et les rationalistes d'opiner aussitôt
du chef) que j'applique le masque prestigieux de l'intellect à
ma sensiblerie romantico-végétative, cherchant ainsi quelque
alibi à mon impuissance picturale ? La chose n'est pas impossible. Saurons-nous jamais si nos vérités puisent à notre
humeur agressive ou s'enracinent au contraire dans nos
mécanismes de défense ?

La question demeure : ai-je le droit de qualifier ce jardin
Boboli de *pensée,* lors même que son parfait « mauvais style »
le rend informulable ? Sans doute... Mais il faut pour cela
redéfinir le concept : est pensée tout ce qui provoque une
excitation physiologique peu ou prou indépendante de la
conservation de soi ou de l'espèce. Or de tels frémissements
obéissent toujours soit à « l'absolue nuance », soit à une
myriade phénoménale, ensemble de relations indéchiffrables
mais propres à susciter les plus extrêmes passions. D'où ma
manie « stérile » pour les descriptions, que guident toutefois
la fureur inquisitrice et l'optimisme désespéré !

Malgré son échec natif – et si monotone soit-elle – une
description de paysage nous fait mieux saisir l'essence de la

logique et de la vérité que toute la philosophie depuis Platon jusqu'à Kant! Si la vie intellectuelle n'est autre qu'une composition des nuances de la réalité, alors toute chose — structure, espace naturel, madone de Raphaël ou figure géométrique — se révèle mille fois plus « intellectuelle » que la « pensée » — telle que la conçoit du moins la définition livresque. Seul le décor peut prétendre à la logique!

Échappant au cérébral comme à l'humain, la « pensée » n'existe qu'au sein de la nature — d'où elle surgit comme une combinaison des objets du monde. Ce qui se meut en nous n'est que frémissement, excitation provoquée par cet élément informulable — adhésion lyrique à l'innommé! L'ancienne « pensée » a vécu — seule demeure la « logique » des nuances et constellations que nous offrent les choses. C'est elle que cherche à cerner désespérément la « description » — seule philosophie possible des temps nouveaux, unique réaction passionnelle que nous ait laissée l'immanence raisonnable du monde — vaguement perçue ou pressentie, mais peut-être à jamais indicible. Résumons-nous : la « pensée » est l'addition d'une *description* absolue et d'un *frémissement* parfait. En d'autres termes, le sommet de l'esprit se constitue désormais de ce qui fut considéré autrefois comme son secret inavouable : la copie servile et la communion lyrique. Lorsque nous comprendrons enfin que ces deux mérites suprêmes éclipsent toute autre possibilité, nous accomplirons sans doute une véritable révolution copernicienne dans l'histoire des idées, semblable à celle de Kant autrefois. Voilà pourquoi il n'était pas inutile de délaisser provisoirement Casanova afin de nous plonger dans les ombres arcanes du Labirinto Aldobrandini.

Même si le destin de la pensée en général me laissait indifférent, cette conclusion-là ne manquerait pas de m'intéresser quant à ma vie. Elle me permettrait entre autres de justifier (masquer, dirait naturellement la mauvaise foi) ma nostalgie pour un infini journal intime — laquelle fonde et parcourt toute mon œuvre. Comportement névrotique? Je vous l'accorde... Mais la maladie peut engendrer des miracles – et, comme on le sait, tel père ne donne jamais tel fils.

Pourquoi le journal intime devrait-il se substituer à l'« opus objectif » traditionnel – superstition des plus respectables! – en tant qu'idéal littéraire? Puisque la *pensée* m'apparaît comme la galaxie éternelle et toujours neuve des myriades de nuances que présente le monde, et puisqu'en premier et dernier lieu, je suis un *penseur* (et non un être vivant), il me faut fixer tant bien que mal cet amas stellaire, en le déformant certes, et en assumant pleinement les paradoxes et les vides stylistiques inhérents à toute description. La *vraie* réponse intellectuelle au monde ne saurait être mythe ou philosophie, roman ou essai; ce sont là fictions isolées, narcissismes irrationnels, jeux ou – dans le meilleur des cas – « tendres langueurs » selon l'expression propre à l'un des fils du vieux Bach. Non, la seule réponse, c'est la restitution pleine et entière de la vie, avec tous ses phénomènes vibratiles, ses chaînes d'associations infinies et ses millions de variantes mentales! Qu'une telle approche puisse être taxée de « rêve romantique de la totalité » en dit long sur le mépris de nos contemporains...

Par le truchement de cette écriture intime, le romantisme peut enfin retrouver son essence. Paysages, amours, livres, amis, concepts – oui, l'intellect intégral rencontre l'existence illimitée!

Quels sont donc les mots qui inaugurent ma confession? Je puis désormais les citer – car ce serait péché capital que de séparer « œuvre » et « journal intime » (à supposer que l'inspiratrice de ma vie soit la vérité, et non la beauté...). « Sentiment et image » – ce sont là des réalités, au regard de quoi la prétendue pensée n'est que halo redondant ou surplus lunatique! Le fait que tout ce qui existe soit tel qu'il est – voilà la seule pensée! Non le thème ou la mélodie, mais l'exacte *tonalité* d'un réel formé par la constellation de millions d'éléments! Ce n'est pas la pensée qui s'entoure d'un halo sentimental, mais au contraire la réalité du sentiment qui s'accompagne des feux follets de la pensée. Et l'on ne saurait être philosophe si l'on n'accepte ce caractère informe – comme extérieur à soi – de l'intellect, plus capricieux encore que la pire des hystéries...

Voilà bien l'écart mélancolique qui sépare Casanova d'avec son commentateur. Quand le premier débusque l'amour au fond du labirinto Aldobrandini (« Deux heures entières se passèrent dans les plus doux transports... »), le second, lui, y découvre l'apologue alangui de la malédiction intellectuelle.

74. Casanova et Benoît XIV ! On hésite quelque peu à énumérer les innombrables points de vue qui font de cette rencontre un acte symbolique majeur. Le pape représente la Rome baroque – précisons toutefois que l'homme relevait déjà du plus strict rococo à l'époque de la chrétienté primitive ou au temps patriarcal des Mérovingiens... Éternel dieu de l'*Histoire* régnant sur le démon éphémère de la *vérité* abstraite, il ressemble à cet égard aux statues nymphales du Boboli après la chute définitive de l'univers hellénique. Il se peut que, par un effet du hasard, il incarne – distraction ou rigueur *ex cathedra* – la vérité, mais celle-ci ne constitue aucunement son essence. Non, sa raison d'être consiste à élever l'inconséquence de l'Histoire au rang de la sainteté, s'opposant ainsi à la frilosité catacombale des absolutismes naïfs. Mieux que toute autre variante chrétienne, il magnifie une forme de vérité plus profonde, plus humaine, plus végétative pour tout dire. En lui, relativisme et Dieu se rencontrent en un point métaphysique – ce qui suffit à notre bonheur... Les adeptes de la nudité protestante qui revendiquent, larges gestes et grimaces logiques à l'appui, la « pure certitude » ou la « constance inexorable » ne sauraient même rêver de la vérité, situation complexe autant qu'informulable, quête stratégique du juste milieu – laissons-les donc à leurs tables de multiplication !

En sa sereine hypocrisie, ce pape souriant anéantit toutes

les boulimies d'évidences chères aux simili-révolutionnaires. La vérité ne tient ni de la logique, ni de la fidélité à quelque éternelle détermination – jamais le Christ ou Platon n'eussent toléré de telles impuissances philologiques ! non, elle apparaît comme un feu follet ironique aux frontières de notre destinée, tantôt démonisme noir, tantôt papillon brésilien en voyage de noces ! Voici la sagesse que dissimule le sourire de Benoît XIV (qui mériterait sans doute un nom bien plus mythique – plus maniéré même – que celui de Saint-Père...). Après tout, il peut atteindre au pathétique, si toutefois l'exige le concert vulgaire de la stupidité européenne – mais son essence est sérénité, foi en l'incertitude, science du compromis (laquelle, hors de tout renoncement, vibre comme la plénitude opalisante d'une sensibilité sismographique !). Le pape est à la logique ce que Casanova est à l'amour – d'où la nécessité implacable de leur rencontre.

Le vicaire de Dieu aime à faire salon. Si le hasard vous conduit dans le quartier du Vatican, vous pouvez lui rendre vos devoirs sans même vous faire annoncer. Imaginez toutes ces portes ouvertes, depuis l'urinoir du coin jusqu'à la plus intime cellule pontificale, en passant par l'échoppe de la marchande de cerises – ici, on traverse les pièces comme n'importe quelle rue des faubourgs. Que demande Giacomo au pape ? L'autorisation de lire des grimoires interdits et de manger de la viande les jours de jeûne. Avouons que la scène ne manque pas de charme... Mais ce n'est point pour la forme que le grand libertin suscite le saint consentement – non, Casanova est catholique jusqu'à la moelle ! Sans quoi il ne pourrait incarner l'Europe, ce mélange de compromission exotique et d'humanisme décomposé. Voilà bien notre destin : « abstraction sauvage plus bonne conscience de pacotille » ! Le grand humanisme, lui, s'avance toujours sous le masque froid et mécanique d'un clown noir. A cet égard, le fait que Giacomo eût pu rêver d'occuper le trône pontifical relève de la plus élémentaire logique...

75. Nombre de ses aventures (encore que ce mot puisse induire en erreur – chez Casanova, il s'agit toujours d'autre chose) s'accomplissent comme des rêves, mais affranchis en quelque sorte des émanations morbides et fiévreuses qui les gouvernent et délivrés des fantasmes multicolores et inféconds de l'homme solitaire. Tivoli apparaît bien comme un tel rêve dépourvu de toute fantaisie, échappant à Narcisse comme à la poésie : bougie, trou de serrure, lanterne nocturne, candélabre, déshabillage vespéral, chambres communicantes, climat méridional, orangers scintillant comme des ducats, vierge et femme mûre s'offrant simultanément – le décor est en place, auquel tout ajout serait superflu. Casanova fut seul à décrire le féerique laisser-aller du bonheur, en évitant à la fois l'« apologie de la vie » – ce répugnant cliché nietzschéen ! – et la langueur noire du désir. Son bonheur à lui brille des excès sensuels les plus thraces (que de fois dut-il abandonner l'étreinte pour cause d'hémorragie !) – mais son approche de la volupté demeure toujours charmante, lyrique, sucrée même, et comme allant de soi. Nul n'a encore saisi dans toute son ampleur le miracle stylistique – au sens plein du terme – qui se joue ici. Si le rêve et la sensualité chatoient de leurs plus anarchiques coloris, l'ensemble frémit pourtant comme une anémone ! Écoutons bruire le cache-cache phonico-ludique du mot *Tivoli* pour nous en convaincre...


76. Casanova met sa science du quiproquo au service du bonheur. L'âme, en effet, est le luxe de la psychologie – parade baroque, toge de statue plus bouffante encore que les nuages, masque mondain du maniérisme, parfum, stimulant... On comprend que le gommeux Giacomo aime à s'enduire d'une pareille pommade ! A la confusion des sentiments (*Verwirrung der Gefühle*, comme le clament ceux qui se nourrissent

d'« âme » au lieu de pain), se substitue l'art des minuscules raffinements. Le cardinal et la marquise s'adressent des sonnets. Le prélat prie Casanova d'écrire en son nom quelques poèmes susceptibles de rivaliser avec ces très aristocratiques productions. Également amoureux de la *marchesa*, Giacomo doit résoudre ce charmant dilemme : pondre des vers suffisamment maladroits pour que la belle les croie jaillis de la plume cardinalice − et suffisamment délicats pour que sa passion y transparaisse. Peut-on rêver plus exacte constellation ? Le clergé et la noblesse; les fils enchevêtrés de la passion errante, de la réserve religieuse et de l'étiquette; la poésie conçue à la fois comme exercice mondain et yoga antique; et enfin ce mélange proprement casanovien de franchise et d'hypocrisie − une telle scène ne représente-t-elle pas l'univers amoureux par excellence ? Voyez la maladresse mythique du divin que tempère la finesse de la pourpre! Admirez comme de simples jeux de salon dissimulent les tumeurs solitaires du poète! Au lieu de la passion qui abolit les frontières (rêve tout juste bon à attendrir les concierges!), voici la grande liberté morphinique de la réserve et du secret! Le cardinal éclipse Dieu lui-même, la marquise snobinette dépasse les « profondeurs de l'humain », et ces sonnets de boudoir se révèlent infiniment supérieurs à toutes les fièvres cauchemardesques inspirées par le « vécu » − tant ils servent mieux le bonheur que ces dernières... Aussi l'âme ne se sent-elle à l'aise qu'à fluctuer parmi les zigzags mensongers que décrivent les relations humaines − ou, plus exactement, ces zigzags ne sont autres que l'âme tout entière!

77. Avec des moyens fort modestes, Casanova parvient à créer une atmosphère plus sensuelle que toutes les mythologies pornographiques accumulées depuis des millénaires. Un seul exemple ? La marquise, qui rend une visite impromptue au cardinal, est vêtue d'un élégant négligé!

Négligé! Pour celui dont l'imagination a accompagné Giacomo parmi les bals vénitiens et les baroques déjeuners romains de pur style « contre-réforme », cette apparition en « robe de chambre » apparaît plus évocatrice que ne le seraient dix étreintes arétines. C'est le surgissement même de l'Antéchrist, la parfaite décadence, l'anéantissement de toute pudeur! Qui plus est, la belle surgit sans se faire annoncer – Greta Garbo, abandonnant brusquement son rôle et jaillissant hors de l'écran pour embrasser amoureusement le préposé aux vestiaires, ne constituerait pas péripétie plus dramatique que cette arrivée intempestive de l'aristocrate sans son escorte de valets. Toute culture doit protéger farouchement la complexité de ses rituels quasi mandarins – ne serait-ce que pour préserver la possibilité de tels coups de théâtre. Une autre fleur décadente? Pénétrant dans la chambre, la marquise constate que la table destinée aux repas du cardinal est placée à côté du lit! Entendez-vous résonner cet accent sodomique d'une intimité quasi infernale!

78. Le trio que composent Giacomo, le cardinal et la marquise atteint son point culminant avec l'improvisation de quelques poèmes. (Ceux qui, à l'époque, commençaient de défendre le baroque provisoirement méprisé devaient naturellement tenir compte de la prodigieuse spontanéité qui fondait pareille culture...)
Cette coutume esthétique resplendit d'un éclat digne de Casanova – venant de lui, peut-on du reste imaginer autre chose? Ce n'est pas dans la solitude que naît l'inspiration mais près d'une table mise, entre une marquise en négligé et un cardinal sirotant son café – librement, à l'improviste, au cœur de la réalité. Prétexte pour les yeux et les mains d'entonner une farandole endiablée... « The proper study of mankind is man » : voilà l'essentiel – les mains et les yeux vivants de l'homme vivant! Que la poésie serve le bonheur du geste – et non l'inverse! Cette table apparaît plus comique encore qu'un bidet égaré au fond du Walhalla. Le papier?

Le texte? Pure minimalité. Les plus belles variations de Mozart ne sont pas nées d'un saisissement *(Ergreifung!)* de l'âme par le destin, mais d'un environnement propice à même de faire danser l'esprit du maître. *Geburt der Tragödie aus dem Geiste der Plauderei* (« Naissance de la tragédie issue de l'esprit de conversation »)!

Nous ne voulons ni livres ni dieux; nous sommes vierges de tout émoi métaphysique; l'avenir comme le passé nous sont indifférents; nous tympanisons les arts et la vérité! La seule chose qui nous excite – et cela jusqu'à la tombe – c'est l'ivresse dévolue aux situations parfaites – une harmonie onirique faite de femmes, d'espaces idoines et de santé florissante!

De telles « situations rédemptrices » (le seul thème inspiré par la réalité du désir qu'il convient d'opposer au verbiage que vous venez de lire), les *Mémoires* en regorgent. Et l'une des plus splendides clôt précisément la scène décrite plus haut. Une fois le cardinal assoupi, Giacomo et la marquise restent en tête à tête. « Assoupi! » Nul besoin ici de ligoter le bonhomme ou de lui faire la peau! Non, toutes les composantes du trio se sentent aussi bien que possible! Ces hasards sont plus singuliers encore que des comètes coiffées de chapeaux haut-de-forme! – vrais miracles dont nous devons rendre grâce au destin. La marquise gagne la terrasse. Existe-t-il bonheur plus profond, mieux enfoui dans les couches démoniaques, qu'une sortie à l'air libre après un déjeuner exquis arrosé des plus fins nectars? Demeurer au-dehors, en une chambre-jardin; se laisser bercer entre la touffeur du lit et la liberté de la forêt – oui, précisément « entre ». Elle s'assied sur la balustrade – légèreté plus familière, plus vertigineuse que tout l'attirail pathétique de la sensualité. Sa jambe frôle le corps de Giacomo. Rimes ivres de vers improvisés, souffle silencieux du cardinal, pesanteur chaude de la digestion, atmosphère propre aux terrasses, balustrade et fontaines noyées dans le lointain, négligé aristocratique et contact discret d'une peau étrangère... c'est à juste titre que notre lyrique s'écrit: « Quel poste! » Et de déclarer aussitôt sa flamme! Écoutez

cette délicate volupté qui vibre entre salon et nature, à l'heure
où les mots d'amour se font paysage murmurant : voilà le
jardin, voilà la terrasse, voilà Rome – et le vin était excellent !


79. Le bien-être qui accompagne la digestion, les « aises
petites-bourgeoises » si dédaignées – telle est la seule façon
d'interpréter l'*appassionnata* sans fausses notes. Cette mélancolie de parc à la Watteau fait surgir une douceur plus noire
que tous les deuils maniérés chers à Rembrandt. La digestion
libère des abîmes spleenétiques et des amours abyssales ! Voyez
le léger recul de la marquise devant les mains par trop auda-
cieuses de Giacomo – ce froufroutement pudique de la robe
et ce regard trahissant un consentement non moins impu-
dique évoquent quelque tendresse léthéenne. Retrouverons-
nous un jour la pleine saveur de ce mysticisme mondain ?
Avec quelle dévotion Casanova goûte-t-il cette molle sensiblerie que déclenchent le vin et la sensualité inassouvie
(« trouvant une nouvelle volupté à lui obéir »)! L'ethos amoureux, on le sait, relève soit du kitsch juridique, soit de cette
musique discrète qui émane de toute volupté contenue. Quoique
Giacomo connaisse l'instrument (il pourrait en jouer un après-
midi durant !), il ne risque pas toutefois d'accorder une quelconque valeur absolue à ce charisme digestif – et encore
moins de le transformer en règle morale ! « Je restai avec eux
jusqu'à la brune, après quoi je me retirai très content. » On
voudrait ici le dissuader : « Pour l'amour du ciel, restez donc !
C'est au crépuscule que vous abandonnez ce parc, ces fontaines, ces étangs au reflet de lune, ces blanches balustrades
ponctuant l'ombre noire des cyprès ? Mais vous baignez là au
cœur de la vie ! Comment pouvez-vous commettre pareille
folie ? » « Après quoi je me retirai... » – Imprégné d'une telle
vision, le lecteur se doit impérativement de fermer sa porte
à tout ce qui ne serait point marquise alanguie sur un parapet !
Se risquerait-il encore à quelque promenade – si ce n'était
pour aller contempler les roses vitreuses de ce pavillon

baroque, transparences qui brouillent les rayons de la lune montante, comme fils tissés par les Parques? Déjeunerait-il encore avec son meilleur ami? Non – à moins qu'il ne fût cardinal ronronnant sous un bonnet. Priera-t-il, lira-t-il et réfléchira-t-il jusqu'à la tombe? Oui – si son dieu est escalier romain, son codex fontaine et sa pensée « poste » absolu!


80. Casanova est tout ce qu'on veut – sauf un roué, une araignée famélique guettant la jouissance. Si la compassion le saisit devant un corps nu plongé dans le sommeil, il se couche à ses côtés tout habillé. C'est là simplement une convention de l'époque – somme toute, une façon fort XVIIIe de se souhaiter bonne nuit... Car, ne l'oublions pas, ce qui nous apparaît ici sous le signe de l'érotisme fantasque relevait en ce temps de la plus extrême banalité. L'essence de Casanova, elle, n'a rien d'anonyme! Ceci dit pour ceux qui se demanderaient encore si de telles aventures sont propres au Vénitien ou à son siècle...


81. Casanova est inconcevable sans l'opéra – lequel ne serait que galimatias sans le XVIIIe siècle! L'opéra du XIXe siècle? Foutaises! Ce style n'exista qu'une seule fois au cours de l'histoire – ici même!

Imaginez une sorte de gigantesque salon aux couloirs regorgeant de tables de jeux – Giacomo gagna et perdit des millions en ces lieux où des partitions italiennes et françaises annonçaient Mozart avec une fatale proximité. Ici déambulent des entremetteuses; ici des ambassadeurs font la retape – occupation ouvertement admise. A Augsbourg, il s'en fallut de peu que le Vénitien, tout juste sorti des Plombs, ne devînt officieusement ministre du roi de France ou consul du Portugal. L'opéra apparaît comme le plus brillant accessoire de ce nihilisme politique mâtiné de suave nonchalance. Mais, par-delà les fausses cartes et la diplomatie salonnarde, il est

pur ballet et vocalise infinie – ultime étape du mythe grec
élevé au saint rang de poudrier ! Beethoven lui-même, ce
monstrueux « bull in the chinashop », compose un *ballet* pour
Prométhée, et non quelque musique de martyre célébrant les
vertus du libéralisme à grand renfort de tambours et de
cymbales. Tout comme le masque, l'opéra fait partie intégrante du Carnaval. Le XIX$^e$ siècle a connu d'une part les
ballets autonomes et de l'autre les *Musik-drama* mytho-buf-
flesques – ainsi séparés, les premiers comme les seconds se
voient réduits à des divertissements oiseux. Pour ce qui est
du matériel féminin (et même de la musique), les dancing-
girls des théâtres de variété l'emportent aisément sur toutes
les ballerines. Quant au *Musik-drama*, oscillant entre le mythe
et la vérité, il ne saurait rivaliser avec le roman à quatre
sous ou même la philosophie brute de l'histoire.

Il n'est d'opéra que mozartien ! Don Juan, frère musical
de Casanova (duquel il se révèle inséparable), Don Juan, dis-
je, équilibre à merveille la stylisation du ballet, l'irréalité
dévolue aux pantins et les tréfonds de la tragédie humaine.
Même chez les compositeurs mineurs, l'opéra de ce temps
surgit comme le domino noir cher aux bals masqués – à la
fois nécrologie et galipette de carnaval ! Celui qui n'a pas
compris que la moitié du cerveau casanovien est remplie de
soirées lyriques, celui-là ignore tout de Giacomo. Le concile
de Trèves vibre comme un récitatif – et *l'Enlèvement au sérail*
semble plus noir qu'*Antigone !*


82. Et après toutes ces partitions et autres villas Borghese
ou Negroni ? « Je dois aller à Constantinople » ! – sentence
prononcée avec le naturel d'une fleur qui éclôt ou d'une
conclusion jaillissant de prémisses logiques ! En Casanova,
qui n'a pas encore vingt ans, se rencontrent l'éternelle nostalgie orientale de l'Europe et le goût adolescent à l'endroit
des contes. Le classicisme qu'il incarne – composé à parts
égales d'amour, de vie et de joie – exige un mythique fortis-

simo : Constantinople! Merveilleuse dualité casanovienne : il sourd comme l'ascète racinien du bonheur, sur le modèle de quelque formule arabe épurée, mais réussie avec une telle perfection, une rigueur si vertigineuse, qu'il en jaillit d'enivrantes lumières et de légendaires arômes! C'est Io s'envolant des bas-fonds de Sindbad! L'algèbre paroxystique, la logique portée à son point d'incandescence se résolvent nécessairement en fables ou danses oniriques. Le Vénitien capte la puissance magique du miracle! Sa trivialité monstre s'accompagne toujours d'une dimension obéronnesque – et c'est bien celle-ci qui s'exprime *obsessionnellement* dans le périple byzantin...

La nature de Constantinople au XVIII$^e$ siècle? Elle surgit dans toute sa plénitude à travers le premier nom propre que cite le Vénitien : Osman Bonneval (à qui se destine la lettre de recommandation pour Casanova). Devant ce fort parfum de Turquie décadente, on comprend que Giacomo puisse faire usage de mots tels que « superstition » ou « destin » à propos de son inéluctable voyage...


83. Le songe stambouliote s'accompagne d'un singulier fantasme amoureux : Casanova s'éprend de Bellino dont il ignore la nature – homme, femme ou castrat d'opéra? D'évidence, il doit sa folle élévation morale autant que ses plus subtiles nuances sophistiques à cette incertitude qui se prolonge des semaines durant. Mais ce chaos hermaphrodite délivre un enseignement majeur – l'amour ne peut être que luxe, folie, anarchie, fioriture vitale, absolue perversité, *ab ovo*, au sens le plus noble du terme, c'est-à-dire unique et transcendant!

Homme ou femme? Morale ou délectation? Autant de questions vaines quand fusent par-delà toute essence les méandres désespérés du bonheur, l'éternelle crise qu'est la vie, promesse et tromperie infinies, pur cirque de Janus. Ainsi Casanova s'élève jusqu'aux hauteurs rhétoriques de la passion et de la vertu les plus noires – ce qu'il affronte ici, c'est le noyau même de l'existence, l'amour en tant que paradoxe assassin ou bluff divin. Ce que la grossière métaphysique des temps ultérieurs ne sut représenter que par les *Mütter* de Faust, fut exprimé là par l'idée fixe de Constantinople et l'énigme volatile d'Aphrodite. « Réalité ou fiction ? » – la vieille question n'est plus de mise, car l'irréalité elle-même devient réelle (le « plus oultre » lancé jadis par Charles Quint appartient pleinement à ce monde...). Lorsque l'on se promène à Constantinople, les contradictions internes, le sens aléatoire, l'indétermination primitive et l'absence de finalité dévolues aux choses naturelles ne constituent nullement des extravagances littéraires, mais des figures familières de la société – vrai ou faux castrat, homme ou femme déguisés... Ce Bellino est assurément la première et l'ultime nymphe victorieuse de la métaphysique européenne !


84. A la même catégorie amoureuse appartiennent les compagnes de Bellino, deux fillettes âgées respectivement de douze et onze ans. Étrangère à la morale comme au biologique, la « perversité » obéit à la plus extrême raison. Crabes-vitraux, poissons-papillons, phoques-faisans, grenouilles-chenilles n'apparaîtraient pas plus « absurdes » que ces enfantines catins ! Autrement dit, toute prolifération relève du sophisme ! Valeur, but, contenu sont ici privés de sens – seule domine l'infinie plaisanterie ! Si l'intellectuel du XXᵉ siècle entend vivre de près ce dogme-caprice, qu'il aille donc dans un jardin zoologique – et qu'il observe là les poumons diaprés et arborescents des polypes hydroïdes, ou encore l'admirable contrepoint que forment les anneaux du saménis gémonique avec les fragments spiraloïdes de la peau qu'il vient d'abandonner au cours de la mue. Oui, qu'il examine ces deux structures s'enroulant autour d'un maigre buisson – d'une part le fourreau vide et transparent, préservatif réservé aux rayons stériles de l'Olympe, et de l'autre, la circonvolution reptilienne des Cyclades qui vous saute à la figure ! Lorsque Casanova

trouve tout cela non pas au fond de quelque cirque honteux mais au sein de deux gamines vagabondes, ne faut-il point considérer la science (en l'occurrence, la biologie) comme la plus extrême caricature de la dignité humaine? L'amour semble ici partition baroque – que l'on interprétera, selon son bon plaisir, à l'orgue, au cymbalum ou au violon. Oui, le choix de l'instrument – gamines immatures ou sexagénaires peinturlurées et spongieuses – ne dépend que de moi! Si l'enfant se voit tant apprécié, c'est qu'il réunit en lui les pôles de la vitalité et de l'onirisme – « morceau de choix », friandise (cuisse de grenouille, soupe d'escargot, voire fiente de bécasse), ultime Thulé, fable, étoile errante!

85. Un galant lyrique et passionné – les femmes du XVIIIᵉ siècle le savaient et l'acceptaient – se révèle toujours « homme de plaisir » et jamais « homme d'amour », comme le constatait le héros de certain roman français.

Voici bien l'un des miracles les plus incompréhensibles de l'œuvre casanovienne : des femmes éperdument amoureuses tolèrent, voire demandent – avec la tendresse la plus compréhensive, l'élégance la plus intelligente! – que Giacomo accorde ses hommages à d'autres qu'elles-mêmes. L'homme d'aujourd'hui s'est habitué aux proustiades jalouses de la moindre des putains – ici, des belles éprises comme Iseut ne se sentent comblées que si Casanova applique sur-le-champ le même traitement à leurs deux sœurs, à trois autres parentes et à quatre de leurs amies! Il s'avère une fois encore que cette liberté des sens provoque des élans lyriques bien plus fougueux que telle flamme « privée » étouffée sous la cloche d'une jalousie aveugle. Quand une femme a le courage d'accepter que l'homme est né pour le plaisir et non pour l'amour – et ne craint pas de le perdre pour autant – elle obtient alors ce que toute femme veut au tréfonds d'elle-même – non pas le corps, mais l'hommage exalté du lyrisme!

En compagnie de Bellino, il se promène sur les quais d'Istanbul. Et visite quelques navires, dont une goélette turque. A bord, il rencontre une esclave grecque qu'il connaît depuis fort longtemps – et qui serait devenue sa maîtresse si les circonstances ne s'y étaient opposées. Et voici que la belle lui lance : « Voilà le moment de la fortune ! » – avant que la chose ne s'accomplisse pratiquement sur le pont ! Certes, le spectacle excite Bellino au plus haut point (jusqu'à le terrifier !). Nulle jalousie pourtant... Casanova est à mille lieues de penser qu'en agissant ainsi il offense le grand amour de sa vie. Ce sont bien de telles situations qui font de l'étude historique une suprême délectation ! Pareille scène qui nous apparaît comme le comble de l'absurdité était au XVIIIe siècle la chose la plus naturelle du monde. Ne faut-il pas voir ici le degré le plus extrême du tout-autre ? « Homme » ? « Femme » ? « Amour » ? « Volupté » ? « Âme » ? Autant de concepts inutilisables – puisque de tels intermèdes portuaires se déploient naturellement dans le cadre même de la vie, avec un confort étranger à tout romantisme. Saisis d'une incroyable cuistrerie de rongeurs, nous avons découpé l'amour en tranches sensuelles, psychologiques et morales. Aujourd'hui, nous passons cahin-caha de la morale au corps et du corps à l'âme, avec les secousses du tortillard cahotant sur des bouts de rail mal ajustés. Chez Casanova, nous ne trouvons pas la moindre trace de cette tripartition; les situations amoureuses ne connaissent ni classes préétablies (ardeur physique ! entente spirituelle ! accord moral !) ni définitions (flirt ! amitié ! grande passion !). L'amour ? Un ensemble de mille choses différentes qui se savoure comme un charme indivis – et non comme une complication littéraire... Répéterons-nous assez la vieille leçon : seuls les faquins définissent, seuls les maquignons raisonnent ! Casanova, lui, baigne dans une intelligence seigneuriale !

86. Les plus belles pages des *Mémoires?* Celles où il étale son optimisme – il se révèle alors superbe comme... mais la comparaison ici échoue, tant il est plus superbe que n'importe qui! Loin de toute avidité gourmande, Giacomo apparaît là comme un nouvel Élie, aussi ardent que le prophète sur son char céleste. Sa voix est dure, solennelle comme les cris d'aigle d'un Bossuet lancés sur les dépouilles des rois – il s'exprime *ex cathedra!* Au cours des chapitres, ces péroraisons printanières à la noire sérénité reviendront sans cesse comme autant de refrains *désespérément* heureux.

Loin de moi l'idée de recourir à quelque astuce littéraire bon marché en voulant donner une dimension tragique à ce bonheur : les mots « noire » et « désespérément » ne sont destinés qu'à signaler avec une intensité grossière l'extrême plénitude de cet optimisme. Si Casanova méprise le pessimisme, ce n'est point d'instinct, mais par exaltation intellectuelle. Selon lui, les esprits chagrins appartiennent à la classe des « bettelhafte Philosophen », ces misérables poux de la logique. Le pessimisme, vil fantasme nerveux issu d'un cerveau en triste état, n'a rien à voir avec la vie ni avec la raison. La vie veut le bonheur – et le bonheur c'est Dieu, c'est le corps, c'est la fleur et c'est (naturellement et avant tout) la *pensée.* Le bonheur est l'unique *fait* de la vie – et l'établir constitue notre seule étude (l'Église elle-même a-t-elle jamais dit autre chose?). Dans les sciences comme dans les arts, Casanova ne voit – à juste titre – qu'échec, quête maladroite, « bettelhaft » de ce bonheur-là. Au regard de sa dogmatique jubilatoire, la « vérité » n'est plus que phénomène périphérique – et la « beauté » apparaît comme un masque posé sur la lâcheté des nerfs, clinquant fugitif digne des cirques! Bach, le Vénitien le sait, n'est nécessaire qu'à trois catégories d'individus : Jean-Sébastien, les fous et les snobs. C'est pourquoi il plaide – avec un geste d'une amplitude tout italienne, mâtiné d'un humanisme d'autant plus religieux – pour les non-génies, les non-

fous et les non-snobs − en faveur d'une joie « primitive » et
« saine », en faveur des femmes, des déjeuners, de la bière et
du vin ! Mais il n'a nul besoin de les nommer ; il ne voit dans
la profondeur du vin ni Dionysos ni « dimanche petit-bour-
geois ». Non, le bonheur surgit comme un vécu élémentaire
et anonyme − « immense horizon » !

87. Soit pour Giacomo l'Achéron sensuel du ténébreux Bellino... Devant l'hermaphrodite, il risque la question :
« Naturspiel [1] ? » Les langues ont sans doute engendré peu de
mots capables de nous bouleverser aussi radicalement ! Faut-
il voir dans la nature fatalité et jeu ? Quelque jeu fatal ? Une
fatalité ludique ? Le bonheur, c'est ça : la concrétude vertigineuse des réalités corporelles jointe au scepticisme multicolore de l'interprétation. Les nuances romantiques de la
glose confèrent au corps sa plasticité − car, en dernière analyse, celui-ci aspire à l'Eldorado du doute !

En son errance amoureuse, Casanova se tient devant Bellino
comme Isaac devant Abraham auprès de l'autel du sacrifice
− d'une main, le père caresse la tête de son fils (réalité !) ; de
l'autre, il lui met le couteau sous la gorge (jeu sceptique des
interprétations !). Et même si le destin vous conduit à rencontrer des femmes ordinaires plutôt que des Bellino, vous
ne manquerez point de découvrir le bonheur en ce tourbillon
indécis de la fatalité et du jeu.

88. Si nous avons pu parler tout à l'heure d'optimisme
majestueux, que dire alors de ce qui suit la sombre joie
bellinienne − que Casanova résume en dogme divin ! « Quand
nous jouissons, la réflexion que notre joie sera suivie de peines
ne vient jamais nous troubler. » Connaissons-nous, nous autres,
pareille jouissance ? Non. Or, la chose est simple : ou bien

1. « Jeu de la nature ? »

nous vivons et pensons – avec une inexorabilité toute latine – la jouissance jusqu'au bout, ou bien elle demeure à l'état de loque!

La penser jusqu'au bout, cela implique l'oubli total de la douleur – son évacuation de la conscience, de la mémoire et du monde! Car le bonheur, qui ne connaît ni passé ni avenir, rejette et anéantit naturellement tout ce qui lui est étranger. « Dogme divin »? L'expression est sans doute excessive, étant par trop lumineuse, mais encore pertinente, puisqu'elle vibre d'une abstraction parfaitement scolastique, homogène et immatérielle. Nous rencontrons déjà ici l'idée platonicienne du bonheur : ce n'est plus l'homme amoureux, ce n'est plus un lit, ce n'est même plus le XVIIIᵉ siècle, mais une intensité logique, une méthode rigoureuse que seules les pages blanches de Sterne pourraient restituer en toute justesse. Ou faut-il s'écrier avec Shelley vers l'alouette *abstraite :* « What ignorance of pain... »

89. Ainsi il vogue vers Curzola, Raguse et Corfou. Vers la Dalmatie, la terre et la mer les plus européennes qui soient, où Rome et Byzance, Nordreich et tropicalité s'unissent dans une émerveillante chaleur de serre : le vrai « Pays du milieu »! La végétation? Trèfles frais côtoyant des cactus d'un gris asphalteux, roses sauvages des Alpes ornant des cyprès de Chypre... Est-il plus doux vertige que cet airain des verts persistants mêlé à la soie de l'herbe éphémère? Ici, le Slave et le Latin se réconcilient dans la plus tendre quiétude.

Ce qui en Sicile surgit comme contraste d'enfer se fait à Raguse harmonie de miel. Saveur de l'air, couleur du soleil! Se poursuivent, s'intriquent et s'enchevêtrent le vif-argent des oliviers grecs et les fruits en œufs de poisson suspendus aux verts acacias hongrois. Et c'est cela, la pastorale casanovienne : planer dans un doux compromis doré au-dessus des combats de l'histoire et de la nature. La population? En lieu et place des héros ou des dieux, Giacomo ne voit que

magiciens et brocanteurs, « des Grecs, des juifs, des astro-
logues et des exorcistes ». Bref, Hellas n'est qu'une fiction –
et seule la Dalmatie ouvre le champ du possible.

90. Aussi ses premiers mots, lorsqu'il débarque à Cerigo,
reflètent-ils une attitude parfaitement naturelle : « La curiosité de voir cette antique Cythère. » Simple curiosité, sans
plus... Casanova n'a rien à voir avec l'Hellade, seulement avec
Watteau ! Il se promène à Cythère, mais ne sait rien en dire :
les légendes d'autrefois n'intéressent que ceux qui souffrent,
morts plus passés encore que le passé, et que le Vénitien a
une fois pour toutes rayés de sa mémoire.

91. Lorsque son navire s'approche de Byzance, la magni-
ficence du spectacle le paralyse ! « Dieser prachtvolle *Anblick*
war auch der Grund des *Unterganges* des Römischen
Reiches [1]. » Qui formula jamais avec autant de puritaine
rigueur cette évidence terrible : les grands tournants de l'histoire mondiale et de la théologie, le destin des dieux et des
empires sont éternellement suspendus à l'apparence impressionniste de l'instant ? Que le catholicisme existe ou non, que
l'éthique romaine l'emporte sur la morale asiatique, tout cela
dépend de choses aussi subtiles qu'une esquisse de Manet ou
qu'un accord de Debussy ! Prétentieuses théories de la géné-
tique ou de la pragmatique de l'Histoire cèdent la place au
« prachtvoller *Anblick* », seul élément décisif en amour comme
en politique ! Qui, pour se rendre compte enfin de la grandiose
futilité du destin, de cette puissance infinie de l'instant capable
d'engendrer des Byzances et d'anéantir des dieux ? Voici le
règne sans partage du détail éphémère et de la vision fugitive
sur tous les millénaires noèmes et autres murailles de Chine !

1. « C'est cette superbe *vue* qui fut la cause du *déclin* de l'empire
romain. »

C'est le matin. Bleu singulier des flots, parallélisme inouï de ridules blanches dont l'extrême fraîcheur rappelle quelque dentifrice, sportive limpidité de l'air, mélancolie prononcée des mouettes, toujours plus semblables à des feuilles d'automne... Yachts grecs, russes ou persans vibrent à l'horizon plus haut que de coutume! Et c'est en raison de cette modeste composition printanière – qui n'existait pas une demi-seconde plus tôt et qui, une demi-seconde plus tard, aura perdu son charme frissonnant de bal champêtre avec mâts de Cocagne – oui, c'est à cause de *cela* que Rome sombra dans le néant, qu'au concile de Nicée l'homme-Christ fut élu Dieu, que les Turcs envahirent l'Europe et que la Russie connut un bouleversement sans précédent! « Les petites choses déterminent les grandes » – ou, plus exactement, ces deux registres se révèlent inséparables. Ceux qui en tiennent pour les valeurs auraient beau s'égosiller des heures durant, ils ne parviendraient pas à prouver le contraire!

Pour le pur contemplateur, pour l'intellect radical, il n'existe nulle différence entre l'ombre d'une mouette et la campagne culturelle de Mohammad à Grenade – l'instant est la seule réalité, et dans l'instant, le bruissement de l'agave des Dardanelles sous le vent est tout aussi monumental, tout aussi « éternel » que Dieu lui-même. Le sort apparaît comme un jeu privé dont les infimes nuances sont porteuses de destinées – voilà le relativisme qu'exprime Casanova pressentant dans les contours luxueux et féeriques de Constantinople une force plus gigantesque que celle d'immenses empires.

En reprenant le classique de Gibbon afin d'y décortiquer quelques « grands » événements byzantins, j'imaginai les yeux écarquillés de Constantin le Grand apercevant pour la première fois cette ville ailée d'Orient.

Au détour d'une page, je débusquai un vieil évêque de Séville nommé Leander, sorte de triple saint réunissant tout à la fois Paul, Pierre et Augustin, le visage recouvert d'une barbe énorme, et tenant d'immenses clés croisées destinées à protéger les fidèles contre les hérétiques en leur ouvrant

les portails blindés de l'antre divin qu'est la cathédrale sévil-
lane; il serre sous chacun de ses bras une multitude de livres
contenant le vin européen et combien hétérogène de la
« vérité », que composent à parts égales – et sous forme de
déchets – rationalisme grec, mathématiques arabes, morale
talmudique et droit romain (ceci pour notre mort spirituelle
et notre absurdité infinie!); dans ses yeux brillent l'ardeur
paulinienne, la sincérité mise au désespoir et la juvénile bonté
chère aux prosélytes; surmontant sa tête, la mitre, un peu de
guingois, rappelle les coiffes turriculées des Parisiennes bous-
culées par la foule au champ de courses – bref, l'ensemble
du personnage apparaît comme une triomphale mascarade de
la « valeur », de la « vérité » et du « sacrifice » au sein du plein
air théâtralement verdoyant de la fatalité.

L'homme voit bien que de Carthage à Paris l'arianisme
semble tout engloutir. Or, si ne s'avère point l'essence divine
du Christ, le monde restera éternellement privé de Dieu;
lézards de Séville, fontaines de Tolède, saisons, océans et
jusqu'à la chevalière du roi – bossue comme une patate –
demeureront à jamais solitaires; le coquet printemps de Grenade s'abîmera dans un pessimisme antéchristique, bref, l'Europe tout entière s'adonnera à l'anarchie! Mais si le Christ
n'est autre que Dieu en personne, comme le veulent quelques
milliers de diplomates (les théologiens de gauche du temps),
l'impératrice elle-même et toute la plèbe caucasienne du
concile, alors une ivresse panthéiste, que dis-je? un bonheur
à la fois plus universel et plus panique que tous les mystères
hellènes portés à leur paroxysme, envahira ce continent noirci
par Arius. « Catholicisme » et « arianisme » ne sont ici que
des métaphores mineures, fugitives et locales au regard du
combat que se livrent ces deux pôles spirituels décisifs : un
monde nihilistique et un univers gonflé de dieux.

Ce vicaire au poil vert, sorte de courtisan érémitique,
pressent la portée de cette lutte gigantesque et s'emploie par
tous les moyens imaginables à faire triompher la seconde
« disposition d'esprit », à savoir l'univers perçu comme un

pur concentré divin. C'est pourquoi il entreprend le périple
du Levant. De Byzance, en effet, dépendent la naissance ou
la mort des dieux, l'existence ou le néant d'Europe. Mais cette
Byzance même, où se joue la question infinie : Arius ou non-
Arius, à quoi doit-elle le jour ? Au petit déjeuner d'un empereur en week-end... Six heures du matin. Las de contempler
la brigantine, le souverain esthético-décadent tourne son
regard vers le foc. Dans sa tente dressée entre cordages et
bouées, sa maîtresse somnole encore, et ne se réveillera qu'un
quart d'heure plus tard. L'homme a donc tout le temps de
surprendre le subtil dessin des baies stambouliotes...

C'est cette dangereuse proximité, voire cette identité du
dogme-roc et de la mollesse anéantie chère à Corot, qui vibre
au plus haut point baroque dans le phrasé tragique de Casanova. Déclin et beauté sont éternellement mêmes − et les
baies jaunes du plus printanier buisson nippon ouvrent infailliblement sur la mort! Le rococo − évidence des évidences!
− doit plus à Spengler qu'à Schopenhauer.

Pourtant, ce Leander croit dur comme fer que l'Histoire
se nourrit de valeurs et d'objectifs, et c'est pour cela même
qu'il faut impérativement réunir synode sur synode, et marier
le prince d'Espagne à une Mérovingienne. La grande alternative (ce monde est-il Dieu ou Néant ?) se profile aussi bien
dans les formes nubiles, les parures et les nasales sucrées des
jeunes princesses que dans les barbes-feuillages de chêne
ornant les visages des « sages » vandales. Voilà la question
absolue − alors que nous savons, avec Casanova et aux côtés
de Constantin contemplant la cité, qu'elle n'offre aucun sens...
Le prince, donc, est arien : sans doute cette vision pessimiste
du monde convenait-elle mieux aux aristocrates perturbés que
l'orthodoxie ultra-hellénique avec son cortège de dieux hin-
douisés et ses rêves persécutés quant à l'Orient et au *demos*.
La jeune Mérovingienne, elle, souscrit au catholicisme, vient
à la cour d'Espagne et y gagne le prince à sa foi. Dans cet
amour des plus romantiques, le chenu Leander voit un concile
plus nicéen même que celui de Nicée : l'ultime bourgeon-

nement du dogme! Pouvait-il en être autrement quand Byzance et toutes ses succursales accordaient une importance quasi démentielle à l'intellectualité de la foi et autres arguties dogmatiques? La reine mère jette la princesse française au sein de ce vivier : éclair blanc parmi les poissons rouges, tableau splendide, ornemental, digne en tout point du Capri selon Tibère. Mais celui qui le contemple, ce n'est ni Constantin, ni Tibère, ni même Casanova – non, celui qui trace la partition de cet impromptu aquatique, ce n'est point Debussy mais Leander, ce négateur de l'instant, cet ours suspendu à la vérité, ce sac à missions! N'aimerait-on pas trouver (d'où ma plongée à travers le Gibbon) la formule définitive, image ou drame, en mesure d'exprimer l'apparente contradiction aussi bien que la réelle unité entre « l'instant futile et décoratif » et « le destin ivre de certitudes »?

N'est-il pas magnifique, ce parallélisme des noces et du concile qu'opère Leander par le truchement d'une avide maturation dogmatique? – coopération *nolens volens* entre péronnelles et barbons fantaisistes voués au Logos! Et le complot réussit : la forêt tolédienne des mitres exécutant leur danse extatique et les chemises de nuit mérovingiennes remportent la victoire. Tant et si bien qu'une fois l'arianisme exterminé, les Espagnols de Leander, mus d'un élan quichottesque, deviennent naturellement plus orthodoxes que les orthodoxes eux-mêmes, allant jusqu'à se permettre, sur la genèse du Saint-Esprit, quelques escapades rationnelles un tantinet excessives.

Tout cela – comme l'Europe elle-même – relève de la bravoure byzantine – unique week-end, « prachtvoller Anblick » prolongés à l'infini. On dérobe des reliques et on importe des dogmes, on procède savamment à des échanges d'abstractions dont l'enjeu se limite à un cheveu ou à une rognure d'ongle... Sans Byzance, l'humanité aurait-elle jamais su jouir à la fois de cette terrifiante matérialité de la matière, si triomphalement exprimée dans la sensualité du reliquaire, et de ces acrobaties sophistiques exhibées dans les salons pointilleux des diplomates ou des dignes académies destinées à torpiller les conciles ?

Jamais pensée ne fut si logique – jusqu'au délire ! – et si fidèle à sa nature. Jamais matière ne fut elle-même *(Sache)* à ce point, comme empoisonnée continûment par l'Éros. Et, chose capitale, jamais ces deux registres ne furent aussi proches, aussi naturellement complémentaires. Mais ce sont là les affaires de Leander – qui s'anéantissent elles aussi dans l'instant ! Ainsi Casanova définit-il à maintes reprises l'amour : un portrait instantané, un *Blick* et rien d'autre. Il sait toutefois l'orner de quelque vie ; le commentateur, lui, a perdu cet équilibre... Il laisse l'instant à l'instant, et fuit éperdument une « Byzance » qui risque de naître.

92. Quelle différence, pourtant, entre la Byzance conciliaire et celle du XVIII$^e$ siècle ! Les Turcs engagent des cuisiniers français, les confidents attachés aux cardinaux se recrutent parmi des philosophes soufis qui alternent, avec une nonchalance rêveuse et élégante, harem, monogamie et pédérastie somnifère – le tout sans la moindre garniture religieuse, moralisante ou esthétique. Quant aux débats théologiques, ils ne servent qu'à pimenter l'ordinaire...

Toute la Turquie apparaît comme un univers de « pavillons » où coexistent sereinement turbans et jabots, fatalisme et négligé, Mohammad et Marivaux. Le premier compagnon de Giacomo est un stoïque ; avec un calme souverain, mélange de compréhension et de doute inconnu en Europe, il promène dans son jardin imprégné de lassitude optimisme chrétien et pessimisme ottoman. Chez nous, le sectarisme paraît posséder plus de panache que la largeur d'esprit, alors que ce Turc rococo parmi ses fleurs sait conférer du style même à la tolérance. « Parmi ses fleurs » : car ici la côte est fleurie, comme si dans l'extrême attention portée à la vie végétale (à l'instar des soins donnés aux malades ?) on retrouvait, en suspension, ce même fanatisme dubitatif qui sied aux pavillons. Dans ces jardins exténués des Dardanelles et de la Corne d'Or, nous respirons un air à la fois plus enivrant et plus soporifique que dans les parcs d'Europe. Nulle part ne s'éprouve mieux qu'ici le spleen de l'après-midi d'un faune jouant paresseusement de la flûte. Ce n'est plus du compromis mais un marécage aux lueurs dorées, où stagnent infiniment l'amour et la religion.

93. C'est ici que Casanova, alors âgé de dix-neuf ans, devient pur théologien. Derrière les nuées qui, sous le calme soleil de midi, émanent de ces jardins, apparaît la plus belle des fêtes champêtres. Non point une danse d'obélisques au milieu de buissons tremblants, mais un débat, ou plutôt un bourdonnement mystique parmi les volutes des narguilés. Alors que le XVIIe siècle avait vu s'affronter, dans les cours mogholes fort excitées, jésuites forcenés et musulmans irréductibles, un gamin aventurier remplace les fanatiques portugais et quelques intellectuels somnambules et pédophiles les derviches scholiastes. Durant quelque temps, certains ne virent là que décadence, mais depuis Casanova, nous savons que ce fut la cime, l'unique apogée de l'histoire et de la pensée!

Certes, le rôle de notre éphèbe théologien ne manque pas de piquant. L'homme, on le sait, se veut à la fois parfait chrétien et apologiste des sens – deux positions fort conciliables quant aux principes, mais diamétralement opposées pour ce qui est du style comme du comportement. Contrairement aux fatalistes turcs et aux fervents du sérail, Casanova réunit en lui christianisme et Lumières – et c'est là sans doute l'accomplissement le plus inattendu de l'expédition byzantine. Le Turc pèche par excès de croyance et de volupté. Chez notre adolescent européen, au contraire, l'« âme » équivaut à une lucidité fraîche, dont la précision nerveuse n'a rien à envier à celle des chiens de chasse – et le « corps » est tout simplement « contact univoque avec le monde », fondement de la raison et mécanique rigoureuse du plaisir à l'imitation des géométries arétines.

L'effendi, lui, voit les choses autrement. A ses yeux, l'âme sourd comme mystère, fatalité, ténèbre, immonde destin et malédiction hébétée. Le « corps » ? Sombre engourdissement morbide, bave mythique opiacée, au regard desquels l'opposition entre « mariage sacré » et « arétinisme » est tenue pour quantité négligeable.

Le point où culmine la grande nostalgie de l'Orient ? Devant son auditoire turc, Casanova élève les Lumières au rang de la théologie ! Si son voyage présente quelque parfum romantique (ridiculement minimaliste, pour tout dire), c'est là l'effet du hasard. Retenons la leçon une fois pour toutes : Constantinople ne se présenta pas pour Giacomo comme villégiature parmi les harems, mais comme odyssée intellectuelle ! En témoignent assez ces longs dialogues philosophiques qui n'ont aucun équivalent dans son « roman intime ».

Au regard de la théologie médiévale, tout cela peut sembler jeu de patience rococo (« tout ce que Joussouff m'avait dit sur l'essence de Dieu »), mais par rapport aux futurs épigones de l'amour, c'est tout bonnement sublime ! Pour un tel homme, il apparaît plus naturel d'évoquer Dieu, la morale ou la confession que les femmes. Si Casanova se révèle un authentique Arétin, c'est parce que sa métaphysique est plus vraie encore que celle du divin Toscan. Toute sa vie – comme du reste celle de Kant – fut le fruit d'une *pensée*.

94. « Sur cela prenant un violon... » : que Giacomo se saisisse d'un violon au cœur des Mille et Une Nuits revêt la même importance symbolique que ses discours théologiques. Non qu'il goûte particulièrement la musique, mais il raffole de bal et d'opéra. Or, à cette époque, impossible de réussir en société sans gigues, chaconnes, contredanses et autres *furlane* ? Que vaudrait ce siècle sans sa musique ? Sans Bach, ce parfait compromis entre saint Thomas et Paganini ! *Il faut*

que Casanova joue du violon, comme il fallait qu'il allât à Byzance – ainsi l'exige son essence italienne, amoureuse, d'homme du XVIIIᵉ siècle (bref, casanovienne!). Et gardons-nous d'oublier la splendeur synthétique de ces airs, oscillant entre virtuosité et lyrisme, entre fugues cérébrales et danses de salon. Où et quand un équilibre si enchanteur fut-il atteint entre chanson populaire italienne et folie privée germanique, entre barcarolle et métaphysique? Où et quand un unique air de violon sut-il réunir ainsi le classicisme acéré de la forme florentine et l'écœurement sirupeux des bastringues?

De telles musiques marient, en une douceur naturalissime, l'aristocratique et le vulgaire, la solitude luthérienne et la convivialité toscane, l'abstraction et la sensiblerie! Oui, il fallait que Giacomo empoignât le violon et en jouât, avec une folie des plus vénitiennes, jusqu'à l'aube! Cette splendeur chromatique du baroque tardif constitue aussi l'expression la plus fraternelle de sa propre vie, et mes propres commentaires, suites ou sonates, devraient se déchiffrer comme de pures partitions casanoviennes. Admirez encore les circonstances théâtrales : Giacomo cède son violon à un musicien professionnel déniché – cela va de soi – au consulat vénitien (Venise à Byzance! parfaite tautologie, aussi haute en couleur que si l'on disait : Venise à Venise); puis surgit une femme masquée d'un loup de soie, que Casanova baptise aussitôt « nymphe » (nulle convention triviale ne saura jamais ternir l'aérienne beauté de ce mot!); enfin commence la fougueuse danse nationale dont l'un des mouvements s'appelle – en dépit de toute sa barbarie vénitienne – « ronde du *ballet* ». Masque, éclat nymphal, danse folklorique de salon – soit l'essence zigzagante de l'Europe dans une luxueuse villa turque autour d'un *théologue* voltairien orthodoxe de dix-neuf ans! Mensonge pittoresque? Bien au contraire, cette scène apparemment tirée par les cheveux surgit aussi naturellement que la trajectoire d'une hirondelle dans le ciel. C'est ici que le jeune Casanova s'identifie pleinement au Mozart de *l'Enlèvement...*

95.  Mais, comme pour couronner ces deux rôles inattendus – celui du théologien et celui du violoniste – par une troisième surprise, Giacomo vit à Byzance (et nulle part ailleurs, ni avant ni après) une forme passionnelle que seuls les siècles à venir devaient intégralement adopter : l'amour ouvert à toutes les nostalgies poétiques, onirique jusque dans ses moindres articulations, narcissiquement solitaire – bref, l'apogée du romantisme « fleur bleue ».

Nuit d'été. Dans le jardin obscur du harem, près d'un étang éclairé par la lune, Casanova surprend quelques odalisques au bain nageant entre poissons et marches d'escalier, parmi les vaguelettes, les ombres et les feuilles mortes. Cette « partie au clair de lune », ainsi qu'il la nomme, n'est-elle pas merveilleusement préparée ? Il vient, dans un recoin du parc-labyrinthe, de briser le sceau d'une lettre. Le sceau ! Rouge, héraldique, fondant et mystérieux – soit l'éternel symbole de l'amour, où tourbillonnent baisers, rites, secrets, végétation, formes et non-formes. Nul art, nulle philosophie, ces aveugles, n'ont jamais enfanté analyse ni monumentalité amoureuses aussi parfaites que ne le fit l'inventeur de la cire ! L'allumage de la baguette à la flamme d'une chandelle, la première mousse précédant la flammèche et la fumée, l'odeur de l'encens, la goutte qui tombe, le papier qui grésille, le geste destiné à étaler la cire, la chevalière, l'empreinte en négatif du blason, le dessin figé, la cire débordant du tracé – tout cela est mythe, un mythe qui tient à la fois de Proust et de Paracelse !

Quelque autre objet-prélude à ce jeu divino-vulgaire (tautologie ?), à cette partie de plage au clair de lune ? Voici les volets verts, jurant sur la blancheur toute musulmane des murs de la villa. Qui ne s'enfiévrerait en surprenant la légèreté sonore de leur bois, le crépitement sec des minces lamelles fendillées sous l'effet de la pluie et du soleil, et fleurant bon la peinture à l'huile, le grincement sourd des crochets, leur vague frottement en quête de l'anneau, rituel matinal, éternelle et gazouillante villégiature! Oui, ces lames que l'on peut à loisir écarter ou rapprocher les unes des autres : lorsqu'elles adoptent une position horizontale, on aime à y glisser la main (« Faites attention, c'est plein de poussière! – Oh! cela ne fait rien »); mais, superposées en oblique à la façon des tuiles, elles plongent la pièce dans une pénombre transparente, fluide et aérienne, plus belle que toutes les nuits. Et ces jalousies, plus sûres encore que n'importe quel cadenas, qui évoquent à merveille l'atmosphère des chambres à coucher! Est-il vision plus émouvante qu'un château français aux murs grisâtres avec tous ses volets fermés? Mystère des mystères, où se rencontrent fantaisies bergères, salon et pavillon de campagne. Les zébrures que projettent sur ces parois les ombres des persiennes ne constituent-elles pas la seule tapisserie digne de ce nom?

Troisième thème-prélude? Lors d'une partie de pêche, Giacomo et ses amis turcs attrapent quantité de poissons qu'ils font frire sur les marches d'un « kiosque » et dévorent « à la rustique ». Poissons! *Beta splendens,* bris de miroir flottants, étoiles en gelée, fleurs au sang de glace – blasons d'amour plus puissants encore que le sceau ou les persiennes de boudoir...

Quatrième thème? Le maître de céans est en proie à de forts penchants homosexuels – et ce dérèglement de salon apparaît comme un prélude indispensable à la vision romantique. Casanova, bien entendu, l'ignore tout autant que la rêverie; il n'a nul besoin d'homosexualité, lui qui pratique à un degré pervers le culte du rêve pour le rêve et l'esthétique vouée aux femmes. Cet épisode consacré aux odalisques – chose frappante – détonne sur les autres « aventures » – il s'agit d'images et de tableaux oniriques si étrangers à l'œuvre que nous finissons par croire que Casanova n'en fut point l'auteur.

C'est ici que nous découvrons avec stupeur l'abîme qui sépare la passion en tant que « songe lyrique » d'avec l'amour en tant que geste, *actus purus* d'une rapidité dramatique –

c'est ici que l'intellect septembrisant et le cœur plus automnal encore d'« Alexandrie » comprennent à quel point la rêverie sophiste, la poésie nostalgique et le symbolisme forcené ont occulté l'acte des sens. Ici enfin, geste et pensée, histoire et métaphysique, fuite esthétisante et *dolce vita* se livrent le plus farouche des combats – comment l'exégète « alexandrin », saisi d'un crispement nerveux, ne répondrait-il point là à Giacomo, lui, dont l'essence – comme celle de tous les citoyens appartenant à toutes les « Alexandries » – se constitue précisément de ce dilemme tragique dévolu aux épigones : acte ou philosophie, création aveugle ou interprétation perspicace?

Qu'est-ce que l'amour? Guetter, la nuit, ces nymphes interdites, c'est-à-dire fuir l'existence, abandonner épouse, enfants, étreinte procréatrice, liaison, dialogue – et vivre uniquement pour les méandres romantiques du concept, dans une indépendance radicale à l'endroit de ces nus apparus un instant sous la lune? Ou bien délaisser cette lumière cendrée, refuser le parfum, l'éclosion divine et la musique des vers (autrement dit, ne jamais se laisser effleurer par l'ombre de l'analyse, du mythe ou de la beauté) pour aller au contact de ces femmes – choisir, en lieu et place de la tautologie narcissique, le puritanisme froid et dément du dialogue? Une réponse légère consisterait à affirmer que la vie ne sépare pas aussi nettement la liaison prosaïque et la rêverie chère à Novalis, le fait d'épier et celui de posséder Suzanne – le mythe et la pratique.

Mais celui qui s'exprime ainsi ne connaît pas encore la malédiction d'Alexandrie, laquelle se fonde précisément sur l'échec de toute transition. Entraperçue dans une atmosphère de songes, la femme restera pour lui à jamais enfermée dans la cage-mythe de l'irréalité – rencontrée au cours d'un jeu mondain ou dans l'humeur culbuteuse de la vitalité, elle n'accédera jamais à la pénombre morphinique et dorée que chante la métaphysique holderlinienne. Pour l'Alexandrin, l'amour est brisé en deux – et on ne saurait, même à coups de marteau, réunir ici le mythe et la physique. (Faut-il préciser qu'il ne peut « croire » ni à l'un ni à l'autre – et encore moins en jouir ?) Dégoûté de la pensée par la prolifération aveugle et stérile du rêve — par l'équivalence torturante, baroque et mensongère de toute chose –, il repousse aussi l'amour, que toujours soumettent la muette irrationalité et la myopie immanente de la vie.

Le commentateur, qui connaît son Rousseau, a vu en action l'amour-acte pur et l'amour-poésie pure. Sa disposition d'esprit, aussi bien que l'écart historique, le situe à égale distance de ces deux registres. Avec une gaucherie épouvantable — et combien effrayante aux yeux des femmes –, il trébuche en dilettante parmi déchets mythiques et résidus gestuels; accompagné du ricanement des nymphes, il gagnera la tombe en costume de polichinelle, et s'étendra dans un cercueil rendu visqueux par les crachats des femmes insatisfaites!

Casanova occupé à contempler ces truites lunaires dans la nuit cypriote! Il y a là quelque chose de théâtral, une sorte de signal d'alarme, comme si le Vénitien se transformait pour un instant en Lucifer, annonçant avec une sombre malignité la décadence amoureuse des siècles à venir — qu'amorça précisément cette vision excessive de la femme...

Comment manquerais-je ici d'évoquer deux des plus vifs blasons de ma jeunesse : les *Sophismata erotica,* dus à Petrus Abelardus, et qui furent récemment retrouvés dans la bibliothèque régionale du Roussillon, et la *Suzanne* du Tintoret, symbole accusateur de tous les voyeurismes et autres impuissances amoureuses? Les *Sophismata,* introduction toute subjective à l'opus classique des *Problemata Hæloissae,* traitent principalement de cette mortelle contradiction entre « amour-vision » et « amour-possession ». Revenant sur sa première rencontre avec Héloïse, Abélard y exprime le même vertige du regard que Giacomo au fond des harems : « ... J'ai aperçu Héloïse à deux reprises. La première fois sur une scène devant la cathédrale, alors qu'elle interprétait Madeleine, la pécheresse, dans une passion écrite par l'un de mes frères moines — et la seconde dans la bibliothèque du chanoine, où elle était allée quérir à ma demande les œuvres complètes de

Roscelin. Il s'agissait là, à n'en pas douter, de deux Héloïse fort différentes – mais que j'aimais l'une comme l'autre par-dessus tout! En outre, je savais que ces images hétéroclites, étrangères l'une à l'autre, voire s'excluant mutuellement, n'existaient pas – tant elles apparaissaient comme deux illusions optiques dues à une infinie subjectivité, et privées de toute certitude à même de renvoyer au réel (or, seule la réalité constitue l'objet pervers du désir pervers de l'homme philosophant). Pis, ces visions se voyaient dépourvues de causes et d'effets (que ce fût dans le domaine des actes ou celui des pensées), si solitaires et closes au regard qu'il eût été folie d'en imaginer quelque écho *(imagines solivagae oculi nostri et clausae per aeternum contra syllogismum absurdum, ainsi qu'il l'exprime dans son latin délicat). Images!* – donc situées par-delà toute pensée et tout acte, à savoir inaccessibles non seulement à l'esprit divin ou séculier, mais encore à tout geste. Voilà ton amour! me dis-je à voix haute, en riant à gorge déployée comme le cygne dont les cris, selon la légende, se moquent de la mort *(voce cygni ridente)*. Pourquoi s'attacher à saisir un *seul* être, quand tu disposes d'ores et déjà de deux images indépendantes, lesquelles seront sans doute suivies de milliers d'autres? Or la possession, toujours à sens unique, ne saurait atteindre à cet infini qui relève de la pure contemplation... Mais adieu, douce contemplation, car ton objet est une *image*, soit un irrationalisme indéfini qui, par le biais de son anonymat chromatique, est à la pensée ce que le mal est au bien, *quasi Satanas...* »

Qui, mieux que cet aventurier scolastique avec sa subordonnée « quasi Satanas », sut exprimer la stérilité romantique dévolue à l'image de la femme – ce mystère douloureux de l'amour, inaccessible au corps comme à l'esprit dès sa première apparition? Car l'image absolue ne se prête ni à la possession, ni à la traduction en pensée. Impossible de copuler avec elle, impossible de l'assimiler en tant que vérité! – et nous ne disposons jusqu'à ce jour d'aucune technique de rechange... Or, selon les *sophismata,* la femme, en son origine comme en ses fins, n'est que pure vision.

Si encore elle ne se réduisait qu'à cela... Voyons un peu la suite de cette introduction :

« ... En cherchant à débusquer la cause enfouie de mon amour, je m'efforçai de rendre quelque semblant de sens à mon attrait pour cette vision conquérante *(simulacrum desideravi sensus).* Je trouvai alors que j'adorais en elle ce qui précisément aurait dû me répugner, comme il répugne au vautour gourmet de se repaître de viscères infestés par la peste – oui, j'adorais en elle ce qui aurait dû m'anéantir, comme la tête de la Méduse anéantit le hoplite! Par tous ses pores et toutes ses articulations, par son corps et son âme, par sa vie et ses vêtements, par ses aspirations et ses dieux, Héloïse apparaissait comme mon absolu *non-moi (et numina in visceribus eis exultantes in* non *esse Abelardus)* – elle était l'ennemie naturelle d'Abélard!

» Ainsi seul le non-moi est à même d'exercer quelque attrait – mais si Héloïse s'avère essentiellement anti-Abélard *(substantialiter contra me, selon son expression baroque),* comment puis-je entretenir le moindre commerce avec elle? C'est donc avec bonheur que j'assumai cet amour où je croyais avoir découvert l'étrangeté absolue, le *proton paradoxon* qui est aux travailleurs de la vérité ce qu'est la pierre philosophale aux alchimistes – car avant que de connaître la rationalité suprême, il nous importe de saisir l'antiraison, que dis-je! la non-raison la plus grande et la plus pure au monde, laquelle précède toujours et immanquablement la raison *(nonsens semper primordialis et quasi radix arboris veritatis).* Sans doute pensez-vous que je n'ai pour seul souhait ici que d'étaler mon luxe méditatif *(luxuriam pseudomeditationis)* au lieu d'admettre tout bonnement que mon amour procède des mêmes sources que les autres attachements – mais il n'en est rien! Non, rien dans mon sang ne me poussait vers Héloïse, son corps me laissait froid et ma pensée ne trouvait nul sens en elle – j'étais entièrement soumis au jeu des *modulationes naturales irrationalitatis!*

» Une immense tristesse m'envahit alors, car jamais philosophe ne trouva consolation dans sa propre philosophie : pourquoi entendais-je de toutes mes forces atteindre une chose dont je pouvais dire – sans la moindre exagération – que je ne la voulais point ? Pourquoi désirais-je le multiple au lieu de l'Un, l'image au lieu de la raison, le non-moi et l'anti-moi au lieu de la sœur et de l'ombre chaude ?

» La morale n'ayant jamais nui à la pensée, toutes deux étant nées de la même violence mystique *(eodem gemitu noctis nati sunt...)*, je cherchai quelque secours éthique afin d'expliquer ce miracle amusant et fort laïque. Était-ce l'abnégation ou un puissant désir masochiste qui me poussait vers Héloïse ? Et puisque – que l'on soit être de morale ou de raison – l'idée de vertu s'accompagne toujours dans notre esprit de celle de péché, je fus saisi d'interrogation : n'était-ce point le serpent acéphale et sans queue de la vanité qui lentement m'étouffait en ses verdâtres anneaux d'alrunes ? Serais-je désireux de conquérir pour Abélard l'anti-Abélard absolu ? Et, s'il en est ainsi, dois-je me considérer comme un héros, comme un être futile ou tout simplement comme un fou ? Certes, le philosophe accorde peu de crédit à l'ouï-dire, mais comme, à mon humble connaissance, l'amour se déploie mieux à l'extérieur qu'à l'intérieur des murs d'une bibliothèque, je décidai de tenir compte de certaines rumeurs selon lesquelles la passion féminine s'accompagne d'un sentiment de bonheur, à tout le moins d'une prétendue joie; toutefois, de cette hypothétique fleur divine, je n'ai surpris nulle part les boutons, l'ombre, le parfum ou la fameuse couleur d'or *(aurum floris defluxit).*

» *Sum maniacus ?* me demandai-je, soudain livré à la crainte, et je sentis brutalement pâlir et s'anéantir ces deux images somptueuses qui se réfugièrent aussitôt au fond de ma poitrine – intruses qui continuent aujourd'hui de battre en moi comme un second cœur sous la forme d'un attachement obsessionnel à la femme!

» Je jetai un coup d'œil sur le jardin attenant à la bibliothèque et, admirant les moineaux qui sautaient lestement de branche en branche, contemplant la lune qui, impatiente, déployait en plein jour son unique pétale blanc, je compris que le bonheur était *semper alienum corpus!* Je savais qu'ici la superstition se métamorphosait en sagesse et que si l'amour n'accompagnait pas la geste des rameaux, des oiseaux et de la lune fiévreuse *(miracula laïca)*, il échouerait à devenir lui-même, se réduisant au mieux à une *variatio Abaelardica thematis ignoti.*

» Où cette quête m'a-t-elle conduit? Parmi des *images* auxquelles m'attachent idées fixes et obsessions somnambulesques! Mes amis, j'ignore si vous connaissez ce sentiment d'horreur pure qui nous dénude jusqu'en notre tréfonds, là où ne subsiste plus nulle trace de spontanéité. Ce que je veux, c'est le Non absolu – et je ne puis l'accomplir que par le truchement d'une idée lancinante!

» Quel est celui d'entre vous (mais j'ai l'amer pressentiment que nombre d'humains sont ainsi faits) qui désire selon la nature, à la façon de la corolle héliotropique fidèle à la course de son soleil, et non comme un corps mort anéanti sur un sol hostile et froid? En comprenant la nature non naturelle de mon amour (choisissant délibérément le parti de la superstition, je vous épargne ici, à vous autant qu'à moi-même, toute dissertation philosophique quant à ce qui relève ou non de la nature), je glissai dans l'ivresse bien connue des analogies : non seulement ma passion pour Héloïse, mais encore tous mes *actes* (y compris les moindres ébauches gestuelles ignorées de moi-même), mes repas, mon sommeil même, m'apparurent tout à coup arbitraires, superficiels et dépourvus de toute vigueur – comme si Abélard n'eût jamais existé, comme si je n'avais été qu'un caprice répréhensible issu de l'utérus maternel.

» Pourquoi Abélard apparaît-il comme l'être de tous les

désirs? Précisément parce qu'il en fut dépourvu toute sa vie!
L'homme se contentait d'épier avidement le monde extérieur,
depuis les herbes jusqu'aux philosophes. Les unes veulent de
l'oxygène, les autres des théorèmes! Et comme Abélard ne
quêta jamais ni le premier ni les seconds, il en éprouva
quelque honte et commença à mimer *sciemment* le désir, avec
cette sécheresse arbitraire réservée habituellement aux Arabes
ou aux stylites. Interprétant toutes les pulsions, il joua à
l'homme, de peur de passer pour un mort dont l'horizontalité
n'exige rien d'autre qu'elle-même *(horizontaliter iocos asce-*
*tatum murmurant).* Lors même que sur le parvis de la cathédrale les spectateurs croyaient que mon corps frémissait (?)
à la vue de l'actrice sacrée, moi, je revêtais les signes exté-
rieurs de la volupté, pensum autrement plus pénible que celui
d'Héloïse sur son estrade ludique – ce désir, comment eussé-
je pu l'accomplir alors que sa contrefaçon m'avait complètement exténué! Livré à de suicidaires tourments, j'avais tout
juste la force de prier et de dormir. C'est cela, le sommet
noir de la perversité : jouer le désir natif par conviction
intellectuelle et non copuler avec des animaux ou des cadavres
– innocents maniérismes au regard de ce vice suprême!

» Héloïse vivait parmi grimoires et codex! Ainsi n'eus-je
point de honte à trouver au fond des livres la fin et l'essence
de ma vie – et pourtant! jamais Pierre ne renia le Christ
comme moi j'abandonnai ma nature de poète philosophe à
l'instant même où je la surpris pour la première fois dans
la bibliothèque du chapelain. Las! Nous ne faisons qu'apercevoir les femmes – vierges de toutes prémisses, elles ne
découlent de rien *(mulieres non sunt conclusiones).* Par quel
miracle nous attisent-elles ainsi? C'est que, depuis que le
monde est monde, les seuls thèmes dignes d'un métaphysicien
sont la non-philosophie et le monde inconscient – non pas
le recteur ou le doyen de l'Université, ni le *systema mundi*
ou la *scala scientiarum,* mais l'appariteur ou la femme de
ménage occupée à récurer les planchers. Nul autre professeur
que moi ne prit autant au sérieux l'ensemble de la réalité –

homme de la rue, animaux, paysans illettrés, soldats intempérants, femmes ivres de désir, que sais-je encore... Oui, nul autre n'observa avec autant d'enthousiasme la magie fatale du monde! Abélard ne fut qu'intermède – je le savais depuis mon plus jeune âge – et le grand jeu voit toujours la victoire des Héloïses! Ainsi me suis-je dépouillé de tous les haillons-Narcisse de la philosophie et des arts pour faire pénitence devant une réalité plus grande encore, que je n'ai su que mimer désespérément, victime au moment suprême de mes lâchetés grotesques et de mon manque de spontanéité!

» Mais le comique, savez-vous, ne connaît point de limites... J'ai sacrifié sur l'autel d'Héloïse ce qu'elle-même recherchait : la poésie et l'intellect. Combien de fois n'ai-je pas crié à l'adresse de ce que j'appelais – non sans une absence totale de philosophie – « réalité », la maudissant et l'adorant tout à la fois : mais que m'offres-tu donc en échange de ce que j'ai renié pour toi? Moins que rien – faut-il le dire? Ayant arraché jusqu'au dernier lambeau de la logique et du rêve, je me retrouve devant l'homme de la rue, comme un mendiant suppliant et dépouillé de tout. Alors m'en retourne sournois, tel un chat échaudé, auprès de mes compagnons chanoines, dégoûté du monde comme de la philosophie. Si, le jeudi saint, je crois que le seul objectif du philosophe est l'humiliation, la reddition totale devant la *réalité* – le vendredi saint, je ne vois là que péché, puisque chaque ligne de ma main et jusqu'au moindre repli de mon âme appartiennent, en dépit de tout, à la raison et à la métaphore ailée. Rejeter tout cela comme vils objets inanimés à seule fin de se consacrer aux femmes (ô Héloïse!), n'est-ce pas aussi blasphématoire que de renier Dieu?

» Ce rejet honteux de mon intellect – qu'engendra la douce Héloïse – je puis le qualifier de trois façons : héroïsme scientifique, péché gomorrhéen ou comédie risible. Oui, comment ne pas sourire en surprenant le faiseur de miracles accroupi devant l'actrice comme ces lions oniriques et maladroits couchés sur le socle des statues ornant les dômes – ou en

découvrant qu'un auteur tel que moi doit se renseigner auprès
de diaconesses bibliothécaires afin de savoir si le monde
d'avant Jésus était *réellement* aux mains des démons, quand
il ne cherche pas à obtenir mille réponses savantes à ses
interrogations théologiques? Car vous autres, vous n'avez
point vu Abélard *fuir* la raison – nul somnambule jamais
n'exécuta sa folle danse sur les toits, nulle licorne ne s'enfuit
aussi éperdument devant le chasseur errant, nulle hétaïre
enfin n'a maudit son amant d'une heure aux poches vides,
comme moi j'ai fui et maudit la raison!

» Mon désir de servir une réalité exempte de toute pensée
consciente me conduisit à combattre comme un illuminé ma
logique et ma beauté intérieures. Symbole envoûtant d'une
telle quête, Héloïse n'est pas mon semblable humain, mais
objet splendide *(splendens anhumanum et luminosum)* –
comment pourrais-je nouer dialogue avec elle? Jamais je n'ai
cru (et pareille idée me sera toujours étrangère) devoir tenir
compte de ses sentiments, ne serait-ce que pour nuancer les
idées fixes que je m'étais forgées à son sujet; jamais enfin ne
m'effleura l'idée de la méconnaître. Je suis l'existence absolue
– l'apparence surgit comme la clé du monde, et l'image que
je me fais d'elle est à moi seul! Comment saurait-elle se voir
comme moi je la perçois? En amour, la femme ne compte
pas...

» Hormis ces quelques détails, qu'est-ce qui s'oppose à l'éta-
blissement de rapports dits naturels entre nous? D'abord
l'attendrissement, que dis-je? l'attristement infini de mon
cœur devant la plaisante simplicité des choses, le vert de
l'herbe ou la langue de l'agneau – bref, tout ce qui proteste
contre ma vie pourrie de sophismes.

» Le sentiment; la gratitude envers le ciel; la rêverie qui
m'emporte jusqu'aux plus lointaines nébuleuses; la bonté d'un
Dieu qui me montra Héloïse et la griserie paralysante que
me vaut une telle compassion (le texte original emploie à
deux reprises l'expression *theologica bonitas*); le fait de percevoir en un seul regard la bienveillance de ma mère et celle

du Christ réunies – oui, tout cela communique à l'âme un vertige séraphique et la précipite en une méditation sanglotante! Celui qui a humé le pavot de pareils coquelicots ne connaîtra jamais le réveil *(papaver in somnio angelico permanet)* – ici, l'âme engloutie par le *stupor poeticus* atteindra à peine au dialogue et ne parviendra jamais à l'acte, au lit, au mariage...

Ce flux infini, cet émerveillement propice, cette transformation en morale du chatoiement du monde, bref tout ce que l'homme considère comme l'essence et la condition première de la passion, se métamorphose en racine diabolique privée d'éclosion, en assassin de l'amour, *diabolicus fons reconditus*, comme l'affirme Abélard, tout en achevant sa réflexion sur un aphorisme augustinien : « Amor amorem semper occidit, cor cordis vitam eripit. »

N'est-ce point cette pensée même qui me hantait lorsque j'associai Abélard à Casanova contemplant les odalisques au sortir du bain? Chez ce moderne vieux de mille ans apparaît pour la première fois – exprimée avec quelle clarté effrayante! – cette idée tragi-comique, à savoir que le ravissement sentimental rend impossible la vie amoureuse. La délectation esthétique, la candeur moralisante façon *Agnus dei*, la gratitude envers le destin qui nous fit rencontrer cette superbe créature – tout cela anéantit *(occidit)* la femme, et la propulse *loin (oc-)* de nous. Les mêmes sentiments, toutefois, conduisent Casanova – et c'est là son suprême secret – derrière les rideaux des lits à baldaquin.

Mais quelle est la seconde *inimica soror* de la possibilité amoureuse dans l'âme d'Abélard (cette âme que, soit dit en passant, il appelle avec son maniérisme habituel *arboris umbra arborior*) ?

« ... Que je me dirige vers elle ou que je marche à ses côtés, elle m'inspire toujours quelque pensée que je ne puis lui communiquer intégralement. Une loi implacable veut en effet que mon cerveau vaque à d'autres occupations, trois tout particulièrement : en premier lieu, surgissent les indescriptibles jardins orientaux des songes, métaphores, poèmes et autres musiques qu'inspire sa beauté. Mots comme statufiés, et par trop pesants pour la sobriété d'un dialogue – je n'apparaîtrais à ses yeux que comme un cabotin usant et abusant de la rhétorique, dussé-je lui réciter de divins discours. Ainsi dans la joie suprême que la femme nous procure, ces fleurs égyptiennes et persanes de l'imaginaire se fanent et s'anéantissent sur place. Lors même que des cygnes noirs susurrent parmi les joncs engourdissants de la mort *(cygni paludis mortis mihi susurrant)*, il me faut lui demander si elle n'a pas froid, lui répondre que les cloches sonneront bientôt les vêpres, et que le chemin qui part vers la droite emprunte un grand détour avant de nous ramener à la maison...

» Puis, aussi incommunicables que ces cygnes, viennent les multiples fantasmes qu'engendre le désir. Ce n'est pas que mon sang, si las depuis la naissance, les produise naturellement; non, ils prolifèrent logiquement, découlent les uns des autres, comme les colonnes de chiffres des mathématiciens – variantes abstraites de l'étreinte et postures obscènes qui me font rougir moi-même : comment pourrais-je lui en faire part? Bien qu'elles puissent se transmettre plus aisément que les métaphores, et qu'elles effraient sans doute moins les jeunes filles que les cygnes grecs *(hellenici cygni – Dieu sait pourquoi!)*, il me faut les sceller pour toujours.

» Enfin, après la poésie et la pornographie, apparaît le tissu infini des observations analytiques *(Abélard évoque ici un procédé de fabrication peu ou prou équivalent à la technique du petit point)*. Fussent-elles flatteuses et captivantes, ces dernières sembleront toujours, pour le flair féminin, profondément critiques. Que dire alors des remarques acerbes?

» Lorsque je me retrouve en compagnie d'une femme, ma pensée ne saurait échapper à ces trois pulsions. Donc, je me tais – et ce triple silence m'exclut à jamais du bonheur. Ainsi lui avouai-je que ma tendresse infinie (lorsque je vois par exemple surgir au milieu de ses ongles-flammes de cierge la statuette que je lui offris le jour du mercredi saint) aussi bien que cette incommunicable trinité m'interdisaient de connaître les joies de l'amour. Mais je lui promis encore autre chose — *Ecce : mors!*

» Quelque temps durant, je crus que l'idée de la mort ne relevait que de mon cerveau, question intellectuelle et morale à laquelle, avec ma facilité coutumière, j'apporterais quelque jour la *solutio prima, secunda et cetera Abaelardi...* Mais je compris bien vite toute la futilité de mon erreur : la mort emplissait mes sens, mon souffle et jusqu'au battement de mes artères. J'étais pur trépas! — *secunda primiorque identitas mortis Abælardus!* Certains composent des danses macabres; d'autres, atteints de maladies incurables, agonisent durant des années; d'autres encore, que terrorise la grande Faucheuse, finissent leurs jours au fond des asiles. Et Abélard? Il sourit, s'enivre, s'amuse aux côtés des princes — et les femmes trouvent parfois quelque plaisir en sa compagnie. Mais chacun de ses instants le plonge un peu plus dans la tombe et pèse sur lui plus que pluie ployant vers le lac les branches du saule pleureur! Car l'essentiel est là : je songe à la mort continûment! Découverte mille fois renouvelée, elle ne se contente point d'accompagner ma vie d'un doux bourdonnement mélancolique. Non, l'idée du dépérissement renaît à travers moi d'instant en instant *(renascit et renascit mors originalis in me).*

» Oui, j'entends et observe chaque pulsation de mon cœur, sa force ou sa faiblesse, je les épie comme le marin guette le vent qui doit gonfler ses voiles. Qui pourrait vivre — et avec ça, aimer! — dans cette perpétuelle hypocondrie? Un corps qui, loin de s'éprouver comme malade, est la maladie même — ce corps-là exclut le bonheur d'amour. Je m'évertue à fouiller les replis de ma mémoire : ai-je toujours ressenti avec autant de force l'impossibilité d'aimer? N'ai-je point dans ma jeunesse, avec une avidité toute dogmatique, donné une formulation excessive à certains désirs d'orientation fort différente — chose qui me paralyse à présent que je devrais aller vers Héloïse (car elle me plaît — *quia placet!*)

» Oui, je crois obéir encore à mes desseins adolescents — mais ils sont devenus si théoriques — ombres cérébrales *(cumuli cerebrales)* plutôt que volontés — que nul mouvement ne les accompagne plus. En ce temps-là, je voulais trois choses : d'abord, entretenir avec les femmes un rapport physique enjoué, fugitif et vibrant, mais bref comme le jaillissement d'une étincelle — frôlement des lèvres, courbe d'un coude, cambrure d'une taille! Le lit? Sans doute, mais avec la plus extrême ironie, comme si au lieu de composer nous-mêmes, nous eussions fait usage de citations — bals de minuit, fleurs dispersées au vent, étoiles filantes appartiennent d'évidence à ce registre.

» De telles relations réunissent à mes yeux le pathos le mieux enfoui et, quelquefois, un cynisme mélancolique, voire un humour quasi religieux. Car nous sommes constitués à la fois de biologie et de pensée — mais nous savons que le *bios*, étranger à toute raison, ne fréquente que la mort. Quant à la *pensée*, elle n'est que sécrétion ornementale, décor de la plus basse espèce. Que nous reste-t-il donc? Baisers furtifs, semi-amours éphémères : autant de gestes mondains *(scintillatio mundana)* à la place des infirmités de la « vie » et de la « pensée ». Toutefois, s'il existe une chose que les femmes refusent, ce sont bien ces chatteries serpentines! Elles croient dur comme fer à la noire impuissance de cette dualité — oui, elles exigent d'investir totalement notre corps comme nos pensées, évitant et méprisant comme pauvres malades ceux pour qui l'amour n'est que le plus doux des parfums, et non le plus savoureux des fruits.

» Que voulais-je donc par les moyens de ce rococo qui effleure sans saisir? Conquérir une femme décorative, exotiquement et royalement étrange — nourriture princière destinée à mon orgueil princier. Il fallait qu'elle fût belle, riche, unique et divine afin de satisfaire mon insatiable vanité. Victime d'une froide indifférence, j'ai délaissé les créatures les plus somptueuses — qui ne l'étaient jamais assez à mes yeux! Je n'ai perçu que gnomes bossus à la vue de nymphesermites dont la peau et les yeux avaient l'éclat du miroir – parce qu'elles ne ressemblaient point à mes chimères logiques, à ces formes aristocratiques, théâtrales et opulentissimes que je m'étais inventées! Eussé-je trouvé pareille femme – faut-il le dire? –, que j'aurais été incapable de la toucher, puisque de tels êtres échouent à aviver mes sens – si tant est que ceux-ci existent! Mais quel est le fou furieux qui, à propos d'amour, oserait parler de sexe quand se déploient les images obsessionnelles de la *vanité?*

Et quel fut le troisième souhait de cet Abælardus *semper pubens?* Une solution métaphysique qui pût passer par le corps *(ultima metaphysica in prima physica)*, l'anéantissement de l'individu, quelque rêve d'Extrême-Orient digne des contes que rapportèrent les Croisés!

Mais ces trois aspirations – carnaval mondain, mécanique solitaire de la beauté et rêverie orphique sur l'engloutissement dans un corps-poème – se révèlent étrangères les unes aux autres, s'excluent mutuellement comme si elles appartenaient à trois êtres humains nés à des époques différentes. Nulle d'entre elles, en tout cas, ne conduit à Héloïse...

*Sequitur imago Heloissæ :* « Trente-cinq ans, d'une féminité déclinante, mais sa fragilité évoque la minceur abstraite des fillettes. La qualifier d'adolescente, bien qu'elle surgisse comme une femme crépusculaire, relèverait toutefois de la plus affligeante banalité. Son être-de-femme s'avère indépendant de toute féminitude, et son être-de-jeune-fille étranger à tout virginalisme. Élémentairement, humoralement femme, elle n'a pourtant rien à voir avec le baroque mensonger de la pré-ménopause; plus infante que l'enfance, elle ne sait rien de l'acidité virginale d'avril ou de la grâce aride *(arida gratia)* propre aux adolescentes. Son être-de-femme semble maturité de la pensée comme du sentiment, composition résignée de l'âme qu'enveloppent les ors de l'automne – nul matronalisme triomphant ici, nul étalement graisseux, nulle fécondité sensuelle! Quant à son être-de-jeune-fille, il ne se constitue point de quelque fraîcheur vagabonde, mais d'une aptitude abstraite à la sérénité enfantine, que rehaussent la solitude, la poésie et l'intelligence célestes. Ce qui sourit au travers de sa jeunesse, ce n'est pas son corps, mais une vérité chérie de Dieu! J'entends avec la plus grande ardeur – puisque j'ai accepté la malédiction du visionnaire – dresser ici un portrait, et non succomber à une philosophie aventureuse ou à quelque psittacisme dicté par l'affection. En lieu et place d'une vague exubérance printanière, représente-toi une seule feuille de vigne vierge, un simple point parmi les nuages de mars gros d'orages, un unique scintillement vital – et tu connaîtras alors cette jeunesse que je nomme abstraite, *cacumen sensus,* selon le dire des sages. Et si tu veux te forger quelque idée, que dis-je! un soupçon d'intuition quant à la dimension féminine de ce corps-Janus, ne t'avise pas de fouiner parmi les haillons des grappes fournies, mais cherche plutôt à surprendre, dans la nuit du mont des Oliviers, le vif-argent des feuilles et des ombres, où l'âme ultra-logique du Seigneur met en scène la semaine sainte. La vieillesse consciente de la *raison!* – voilà ce que cachent ici les fards de la femme... Maigre encore et toujours, elle te rappelle les danses macabres, les squelettes, les joncs avortés et les figuiers stériles. Oui, inféconde, même si l'entoure une couronne d'enfants *(si pluraliter madonna, nunquam erit donna).* Éprises de cancans, les autres femmes s'interrogent : est-elle svelte ou décharnée, rêve de sylphide ou harpie tuberculeuse? Inutile de dire que ces approches, la mondaine comme la biologique, me laissent froid – *sum theologus!* A mes yeux, Héloïse incarne à merveille la plénitude gothique – à la fois ossuaire et fraîcheur de brin d'herbe, précision de la pensée et mannequin sensuel de l'ascèse!

» Et tout cela culmine triomphalement dans les longues ogives serpentantes de ses ongles – témoins de la stupide contradiction *(stupida contrarietas et insipiens)* entre abnégation et volupté, dont nul ne saurait faire usage avec toute la sincérité requise, et encore moins envisager jusqu'à ses ultimes conséquences... Tout ensemble renoncement et désir : *castratus et sodomitus fit in eodem tempore.*

» Ses chevilles – chose curieuse – manquent de finesse. La nature tient en effet à respecter jusqu'au bout les règles de son propre jeu : des baleines se dandinent ainsi sur des talons aiguilles et les bouleaux séraphins se voient dotés de racines volumineuses. Ses omoplates chevauchent de quasi-poumons comme les boucliers aux bords coupants de certains coléoptères recouvrent leurs minuscules voiles chromatiques. Si vous vouliez entourer de vos doigts son poignet fin comme une brindille, vous découvririez là un large bracelet – enfin quelque chose de naturel, un os nu et libre après tant d'autres dissimulés sous une peau de parchemin! Le cou épais s'est en quelque sorte aménagé une vieillesse indépendante, avec ses veines de vigne vierge tantôt saillantes comme des éclairs dilatés, tantôt s'éclipsant à la façon des cordons en X qui ornent les tambours. La couleur elle-même détonne – brun de feuilles mortes souillées par la boue! Coiffée de la *corona ambigua,* voici la tête-tonnelle, où fusionnent dessèchement des momies et chromatisme des peintures sur verre – rationalisme sadique rongé aux vers et infinie bonté! Au juste, que désirons-nous du monde, hormis ces deux choses? D'une part, une raison plus impitoyable encore que n'importe quel garde-chiourme, à même de pourchasser par la flèche empoisonnée de la pensée les moindres nuances d'une réalité toujours prête à nous échapper – et de l'autre, une bienveillance absolue, soit la douce et chaude bénédiction de ma mère, sa voix de flûte méridionale, murmure protecteur à mes oreilles! Il n'est rien d'autre sur terre!

» Les cheveux? Sobrement séparés par une raie médiane, comme si la coiffure n'était qu'un ornement minimaliste. Dans la région du cou, cette perruque de page (Dieu sait pourquoi toute chevelure m'apparaît comme postiche!) boucle vers l'intérieur. Sa couleur oscille entre le gris le plus sale, le plus fade, et les scintillements aurifiés les plus caméléonesques, comme si la belle s'était fait teindre les racines –

ce qui n'est guère pour me surprendre, puisque l'évêque Guillaume, depuis son retour de Byzance, avait fait adopter cette noble coutume. De gauche et de droite, quelques festons ornent le haut du front — mais si Héloïse se prépare à quelque solennité, elle laisse toutefois frissonner ses cheveux, bouffants comme des étendards, jusqu'aux tempes.

» Comment ne pas songer aussitôt à ces modèles rêvés par les peintres décadents de Pompéi — ou encore aux chignons pastellisés chers aux impressionnistes *(comae fumantes saeculi ad nolle volantis)* ? Ainsi m'apparut-elle le jour où elle m'apporta, réunies sur un seul morceau de papier, les questions que m'avaient adressées toutes les moniales : légèrement penchée vers l'avant comme une branche adolescente, vêtue d'une longue robe noire, maigrelette et pourtant imposante, comme drapée de deuil. Et ses épaules ! Omoplates-épines larges et pointues ! Les coudes ramenés en arrière, les bras menus, le balancement incertain du corps, le chatoiement byzantin du visage sous la coiffe noire — incompréhensible arc-en-ciel réunissant mémé bretonne endimanchée, ultime préciosité, rapace mortifère, jeune vamp et fleur crépitante ! S'il existe une sainte trinité — poésie, mort et aristocratie — c'est ici qu'elle a surgi pour la première et dernière fois !

» Le front est bas, où flottent des taches de rousseur palissantes, algues enfouies au plus profond des marécages de l'âme — d'où sans doute leur effacement continu... Sa peau, membrane translucide, laisse apparaître les moindres accidents du squelette. Héloïse est vivante certes — mais n'a plus qu'un crâne à la place de la tête, comme si elle se fardait à même les os ! Caprices du sacré : avant le voyage de Guillaume à Byzance, le maquillage était considéré comme un péché — aujourd'hui, ne pas rivaliser avec la polychromie des mosaïques tiendrait du blasphème ! L'os qui part de la tempe et court sous l'œil est coupant comme une arête ; les joues sont creuses comme des orbites : sur les bords supérieurs de ces fosses, le fond de teint se fait légèrement granuleux sous l'effet de la poudre. Le nez ? D'une longueur excessive. Glisserais-tu les doigts sous son menton que tu découvrirais un creux semblable à quelque cul de bouteille. Quant au fer à cheval de la mâchoire inférieure, il pourrait sans doute faire office de scie. La bouche est minuscule, où les lèvres, d'un parallélisme parfait, se découpent avec netteté. Pourquoi donc donnent-elles cette impression de dureté *(quomodo agitur?)* alors que la chair qui les entoure a la douceur d'un pétale? Autre paradoxe que cette longue rangée de fausses dents protubérantes – comment cette modeste bouche parvient-elle à recouvrir ces briques d'ivoire volumineuses?

» J'ai laissé pour la fin – peut-être pour toujours – ces yeux que la pensée, ou même son absence, ne saurait restituer dans toute leur complexité. Ils semblent d'une grandeur effrayante – mais je sens qu'en disant cela, vous comprenez déjà tout autre chose... Par grandeur, on entend généralement boursouflure, vastitude, ténèbre globuleuse, profondeur convexe et lassitude orientale – or, ces yeux-là sont différents. Ce qui frappe en eux, c'est l'horizontalité continue des paupières; celles-ci sont oblongues, comme si les sourcils et les cils inférieurs décrivaient non pas deux courbes, mais deux parallèles – laissant ainsi à découvert des zones entièrement blanches. Il suffit donc à Héloïse de déplacer légèrement les pupilles pour donner une impression momentanée, paradoxale et ludique de strabisme indéfini (les lilas neigeux de ses pommettes doivent sans doute en être tenus pour responsables!). Une telle plénitude vitale surgissant parmi cet enchevêtrement osseux de novembre n'est-elle pas des plus inattendues?

» Elle croît encore en beauté lorsque, assise à tes côtés, elle penche la tête jusqu'à toucher ton épaule, rassemblant ainsi sa vie, son dieu, sa matrice, son amour, sa compassion et son intelligence (ne voyez, je vous prie, nul effet sonore dans cette énumération, mais un inventaire précis de ses traits de caractère), dardant ses pupilles sur toi avec une ténacité inébranlable, à la fois précise et rêveuse, autoritaire et implorante. Que toute *vie*, non point métaphoriquement, mais au sens

rigoureusement clinique du terme, se concentre dans les yeux,
c'est ici que je l'appris définitivement − et non sans une
certaine consternation. Songez à ces plantes de la jungle dont
racines enchevêtrées, feuilles ébouriffées, branches dénudées
ne servent qu'à abriter dans un repli impossible une seule
fleur paradisiaque au parfum affolant! Là où les yeux savent
briller avec une incandescente obstination digne du Saint-
Esprit, miroirs-Janus de l'enfer et des champs élyséens (une
fois encore, ces deux extrêmes ne relèvent pas de l'ornementation − non, il s'agit de thèses rigoureuses formulées avec
un scrupule de logicien), faut-il s'étonner que le corps soit
macabresque, que les os affleurent comme gangrène calcinée
sur le bûcher famélique du regard! Oui, le regard! Sa façon
de hausser un seul sourcil afin qu'il forme triangle sur son
front et que la paupière coiffe l'ardeur louche et ironique de
la pupille tel le bonnet pointu des clowns! Ou ces milliers
de ridules parallèles qui tracent au-dessus des yeux l'expression d'une joie idyllique? Ajoutez-y l'éternel mouvement
inquiet du visage, soubresaut d'animalcules au fond des océans!
Ravissant contrepoint où se répondent la nervosité et une
stylisation quasi naturelle, parfait équilibre entre les convulsions d'un cocaïnomane hagard et le balancement d'une
poupée coquette! Si tu l'interpelles, elle vibre, se tord, se
tapit et s'enroule à la façon des fougères finement dentelées
qu'agitent vagues et vents vagabonds. Même dans les œuvres
tardives composées par les vieux chantres grégoriens, je n'ai
jamais rencontré énigme rythmique aussi impénétrable −
spasme de son corps-broussaille et sérénité-mer Morte de
ses yeux de Pan!

» Qu'est-ce? Qui est-ce? me demandé-je, confronté sans
doute à l'insoluble, tant la réalité se situe en dehors du terrain
de jeu universitaire des questions et des réponses. Oui, qui
est-ce? Tantôt élégance fantomatique, incarnation du chic
parisien, fleur dégénérée du luxe féodal − chacune de ses robes,
chacun de ses gants surgissent comme des métaphores sorties
de *Vogue* −, tantôt (l'instant suivant!) ermite en cavale, Nar-

cisse sentimental dont le fard provocant et les boutons de robe bleu ciel évoquent tout à la fois la plus haute solitude, quelque lyre noire crépusculaire et l'élégie d'un cœur sanglotant sur la passion de saint Matthieu. Comme si tous ces objets et gestes, marqués autrefois au sceau de l'aristocratie altière, étaient devenus les symptômes de la plus exquise nostalgie orphique *(symptomata orphica)*. Puis, de nouveau, savante, logicienne talmudique échouée parmi des religieuses vouées au Paraclet, calculatrice parcimonieuse dépourvue d'imagination et honnête jusqu'au masochisme – pour se fondre une seconde plus tard dans la tiédeur moussue d'un baiser immoral...

» Ses caresses dissimulent la même opalisation caractérielle. Jamais une telle femme ne s'abaissera à commenter les défauts ou les qualités d'une union – non, tout cela s'exprimera par sa présence même! Le regard n'est que laine et plume, mais les doigts rappellent le bec du fourmilier ou les branches d'un compas – l'intention est certes caressante, mais le toucher épineux comme une branche d'acacia giflant les yeux. Cependant que la belle, saisie d'un frissonnement craintif, fait l'expérience de sa propre audace; peut-être se divertit-elle aussi comme l'enfant à la découverte d'un nouvel objet... Le plaisir du jeu comme le don de soi se retrouvent dans telle caresse furtive qu'elle risque du bout des doigts. Telle est Héloïse.

» Lorsqu'on est à même de *voir* un être avec une telle intensité, on ferait mieux – si du moins l'amour nous importe... – de prendre nos cliques et nos claques et de ne plus jamais regarder les femmes *(si amorem quasi vitam putet...)!*

Au regard de l'unique réalité – Casanova! – un cœur-esprit aussi complexe que celui d'Abélard ne peut échapper à la caricature tragique. En effet, si ces deux valeurs prétendument absolues que sont le cœur et l'esprit se perçoivent comme radicalement indépendantes et fonctionnent en contrepoint au sein d'un même individu – mais comment pourrait-il en aller autrement? – elles dégénèrent naturellement en fan-

taisies burlesques ou en sophismes nerveux – miroir aux
alouettes baroques! Si le commentateur a longuement évoqué
la scolastique morbide d'Abélard, c'est en vue d'illustrer
l'éternel comique d'un amour (ou pseudo-tel) fondé sur la
vision, le sentiment et la pensée. Mais, parvenu à la fin, le
voilà qui hésite; le désir soudain le prend, non de défendre
(le moine parlerait ici d'*epilogus apologeticus*) mais tout au
moins de plaindre la catégorie des Abélardiens.

Est-ce donc fatalité? En ira-t-il ainsi jusqu'à la fin des
temps? A consumer sa vie sur les autels en pierre brute de
la réalité, on ne laisserait derrière soi qu'une sophistique
précieuse et baroque – telle la ballerine qui abandonne sa
houppette en loques devant le miroir de sa loge – lors même
que l'accomplissement du grand œuvre resterait l'apanage de
ceux qui ont su ménager leur cœur et leur cerveau? Il semble
que oui...

Quels sont donc ces bienheureux élus de Dieu qui, tout en
plongeant dans l'Achéron rouge de l'intellect et de la passion,
ne s'y engloutissent point comme Abélard – et découvrent
toujours, aussi bien dans le carnaval diabolique de leur vécu
que dans les œuvres qui en découlent, le juste milieu rédempteur entre chaos insatiable et bon sens parcimonieux? Un
jour, seul devant la garde-robe de l'évêque, Abélard caressa
de ses doigts avides (ainsi Héloïse effleurait-elle les lèvres du
moine) perles, broderies dorées des mitres, statuettes et cru-
cifix ornant de lourds colliers. Adolescent livré à la neurasthénie? Esthète mortifère? Narcisse ambitieux égaré par son
strabisme? Non! Abélard vécut à cet instant la parfaite tentation du pouvoir, éprouva le paradoxe barbare attaché à la
Sainte Église, connut ensemble les pôles énigmatiques du
Reich et du pécheur juif – bref, toute la force du beau et du
vrai! N'est-il pas épouvantable de voir tant d'intensité intellectuelle (intellectualité intensive?) aboutir à une rhétorique
éphémère et baroque – lors même que le périple casanovien
culmina dans un classicisme destiné à écraser le monde? Si
je dresse tout à la fois l'éloge de Casanova et le procès d'Abé-

lard, c'est bien malgré moi – car le style de ces notes marginales indique assez de quel côté penche mon cœur...

Ceux qui veulent la sanctification papale avec l'ardeur du petit Abélard échoué dans ce dépôt d'infules donnant sur un jardin, ceux-là ne l'obtiendront jamais! Oui, ce petit Abélard qui ne sut être heureux auprès d'Héloïse, bien qu'il la vît continûment au travers d'une joie sanglotante, extatique et enfantine! Pensée et sentiment ne conduiront jamais nulle part – deux galériens névrosés tout juste bons à jeter au rebut! Cet homme qui oscillait entre le siècle et le monastère, a-t-on jamais vécu avec autant de doux tourments, de force logique et de liberté sentimentale que lui la contradiction entre le ciel et la terre, lui qui, en ce jour de printemps à Soissons, versait à midi du vin aux princesses de Laon et la nuit récitait des psaumes aux côtés des prêtres? Et qu'est-il devenu? Ni roi séculier, ni prince ecclésiastique! Trop poète pour être savant, trop sophiste pour être poète – intellectuel somnambule devant les princes, chevalier errant abouché à la soldatesque lors des conciles : est-ce le sort inéluctable de ceux qui vivent la vie jusqu'au bout? L'aspiration à la totalité sera-t-elle toujours burlesque? Outlaw au cœur de la société, métèque parmi les arts et les sciences? En songeant à ces douloureuses incomplétudes, je me dis que l'au-delà est vraiment chose indispensable – oui, il faut que Dieu, là-haut, fasse d'Abélard un pape total, un poète complet, un théologien infini et un margrave absolu chassant avec les faucons! Lui-même ressentait si *parfaitement* l'essence et les moindres détails de tels rôles qu'il ne put s'y identifier ici-bas. Mais au ciel...

Oui, le ciel, l'existence d'outre-tombe n'ont pour seul objectif que de permettre au monstrueux classicisme instinctif et conscient – qui s'est accumulé (avorté?) chez ces psychopathes rococos – de donner enfin sa pleine mesure! Moi, j'ai bien regardé cet Abélard au fond des yeux – et je prétends le connaître! Égaré entre une vie confuse et un style échevelé, il a souffert mille morts. Certes, la vie terrestre se fiche

éperdument – et à juste titre – de ces crispations improduc-
tives, et ne voit là que carrière aberrante, fragments réduits
à la poussière – mais Dieu est précisément fait pour s'incarner
dans nos transes infécondes afin que notre neurasthénie se
transforme à travers lui en harmonie classique, intellectuelle
et sentimentale!

Et cet Abélard, qu'a-t-il reçu en échange de son amour
infini? Il a perdu Héloïse, enterré un enfant illégitime, subi
la castration et accessoirement quelques crachats conciliaires
jusqu'à s'abîmer dans une effrayante anarchie spirituelle –
provoquant ainsi le jugement de l'histoire qui le tient toujours
pour un charlatan psychotique. Qui se révélerait anachro-
niquement assez fou pour plaider en faveur de la névrose?
Personne! Mais moi j'entends exalter la santé, l'équilibre, la
rigueur et le sens du réel qui, en dépit (en raison?) de sa vie
chaotique, se sont accumulés dans un tel personnage – et ceci
malgré tout le dégoût qui me tient à distance du « Geist »,
cette horrible invention judéo-gréco-allemande! Car, bien
entendu, je mène là une plaidoierie *pro domo* – mais il me
faut impérativement y recourir! Au-dessus des *Sophismata
erotica* plane d'évidence un parfum de totalité plus décisif
que toute floraison fragmentaire, une saveur qui, loin de se
réduire au sophisme, chante l'heureuse simplicité du réel au
sein de cette œuvre-vie – bien supérieure, avouons-le, au
destin casanovien...

C'est une malédiction secrète que de fraterniser avec les
moineaux gazouillants et de communiquer ensuite pareil état
à un monde fictif en une langue propre à lui faire croire que
nous avons épousé des livres et non des volatiles de chair et
d'os. Je sais à quel point le sentiment amoureux simple,
naturel et plus printanier qu'un narcisse jaune d'avril est
assimilable à un fléau de Dieu – et qu'en le dévoilant à l'aimée,
celle-ci ne peut s'empêcher de croire que nous lui transmet-
tons de sèches démonstrations mathématiques. Au sommet
de votre virilité et de votre rigueur morale, vous vous effon-
drez un vendredi saint devant le tombeau du Christ – et le

premier acte qui s'ensuit apparaît incertain, sentimental, bavard, uniquement décoratif, comme si nous étions nés non point de la monumentalité tombale de Dieu, mais au fond de quelque boîte d'allumettes ouatée. Pourquoi cet Abélard, cette caricature – autrement dit mon frère! – a-t-il vécu dans un tel esclavage baroque? Lorsque dans notre cœur nous vivons l'absolu d'une réalité, et par notre cerveau toute la plénitude des questions, nous accédons effectivement à la vie, mais c'est pour nous détacher aussitôt de l'œuvre... Si en revanche nous laissons derrière nous quelque harmonie créatrice, nous serons certes apaisés et heureux – mais il nous manquera éternellement l'intensité du réel et l'acuité de son questionnement!

La coexistence de ces deux registres semble à jamais impossible. Oui, dès lors qu'on accomplit une œuvre rationnelle et cartésienne, impossible de mettre dans le même sac l'infini sensible et la réalité problématique d'un peuplier solitaire ou d'une Héloïse souriante... Abélard éprouve et proclame l'essence – ainsi reste-t-il clown! Casanova, au contraire, vit une existence splendide et écrit des chefs-d'œuvre – mais on n'y trouve point cette énergie à même d'aimanter notre esprit comme nos sens. Mon choix? Disons que pour respecter la tonalité majeure de mes commentaires, je demeure, par pure courtoisie, casanovien...

Par quoi je me dois aussi de réprimer mon second rêve – cet autre symbole du non-acte qu'est la *Suzanne* du Tintoret. Condamnation qui du même coup frappe mon adolescence, et vraisemblablement toute ma vie jusqu'à la tombe. La légende de Suzanne magnifiera à jamais l'impuissance en quête de visions et par là même, la couronne somptueuse de la poésie tout autant que la caricature la plus brutale de la vie. Quelques vieillards *regardent* une femme *nue :* or, le véritable amour (soyons un court instant suffisamment non relativistes pour oser prononcer le mot « véritable ») ne regarde point une nudité dont il se moque; il entre toujours en contact avec la femme, dont le corps et l'âme ne lui tiennent lieu que d'étin-

celle — excitation quasi abstraite, frémissement négligeable
qui permettent à un couple de se former *(behaviour!)*, c'est-
à-dire de fuir vers une nouvelle abstraction...

Unique objet de fantasmes adolescents, le nu n'est pas
femme — laquelle n'a pas de corps, et jamais ne fut dénudée.
Non, le nu n'est que parcelle anatomiquement objectivable
d'un cerveau de garçon malade. Peu importe que Narcisse se
mire dans les eaux d'un lac ou y surprenne une nudité féminine qui lui soit étrangère! Les deux visions s'équivalent et
participent d'un seul et même sens — l'éclat de la chair dévêtue
ne saurait aucunement transgresser le cercle de craie du
narcissisme.

L'image? Un festin de vieillards et d'adolescents contraints
au jeûne — ceux-là ne consomment que du cadavre! Moi, cette
folie de l'image, je l'ai vécue dès mon plus jeune âge avec
une précision désespérante et fatale. A considérer attentivement le parcours de ma conscience, j'y découvre avant même
le surgissement de la pensée une farandole de visions exu-
bérantes. L'image fut l'essence de ma jeunesse — et dès l'origine le signe de ma perdition! comme si j'en avais toujours
éprouvé l'impuissance morale et intellectuelle... Dans le même
temps, m'efforçant de traduire en termes logiques cette iden-
tification gouvernant toute mon existence, je rédigeai quelques
théories simples cherchant à la justifier (l'image recelait sans
doute à mes yeux une rationalité plus tranchante que celle
qui préside à la pensée). Peu importe de savoir si j'eus raison
ou tort — l'image a ruiné mon adolescence! Aujourd'hui encore,
je lui dois soumission, car elle me permet de trouver la
troisième voie entre les irréalités stériles de la « raison » et
celles de la « déraison ». La vie s'apparente-t-elle à l'ordre ou
au chaos? A cette question, la littérature échoue. Il faut de
l'*image*, du Tintoret pour que cette opposition devienne
caduque au regard d'une troisième réalité, à jamais indépendante des deux autres.

Ce qui nous attache le plus à certains phénomènes de la
vie, c'est que nous en gardons dans notre mémoire

LECTIO : SAINTE LECTURE

une fausse image et une impression réelle qui tend à corriger celle-ci. L'essence du Palais des doges ? Le fait que nous nous le soyons d'abord imaginé rose foncé, quasi rougeâtre – alors que la réalité nous révéla plus tard sa totale blancheur. La nature profonde de ce blanc énigmatique, c'est que se profile derrière lui, indestructible, l'illusion du rouge !

Telle est ma relation à *Suzanne :* sous l'influence de vagues impressions enfantines ou d'imparfaites reproductions, je me suis toujours représenté ce tableau comme un espace où régnaient l'or sombre et le vert ténèbre, tel le fond d'une forêt, parmi la trinité paradisiaque que recomposent infiniment l'ombre nocturne, le soleil pénétrant et les bourgeons jaune salade. Ne retrouvons-nous point ici ce chatoiement brun doré qui imprègne nos songes ? On peut aisément distinguer, au reste, les nuances du rêve de celles de la réalité – les premières ne sont pas, à proprement parler, des couleurs, mais plutôt des accessoires atmosphériques issus de mythologies privées et impuissantes. Quoi qu'il en soit, les véritables tableaux du Tintoret ne ressemblent guère à celui-là ; froids, libres et argentés, ils vibrent d'une grisaille aqueuse et comme embrumée. Leurs cadres même, loin de succomber sous une abondance de légumes vénitiens mordorés, se contentent de décors froidement ichtyologiques. D'où le véritable exploit que constitue *Suzanne* d'un point de vue moral : permettre à cette tapisserie narcissique d'accéder au monde extérieur en vaporisant, en aérant et en désérotisant sa charge onirique !

Pour sauver l'unité du style casanovien, il me faut donc condamner l'univers du Tintoret. Mais, en vérité, le procès de cette nervosité polychrome est loin d'être achevé... Et la même interrogation me poursuit : ces chimies chromatiques oscillant entre nuances réelles et teintes imaginaires sont-elles uniquement les herbes folles et empoisonnées d'une impuissance à vivre comme à comprendre, ou constituent-elles au contraire l'échine virile, la colonne vertébrale de la vie, le plus divin des dieux, l'intelligence des intelligences ?

Cette opposition entre « noir doré » et « argenté pluvieux » (qui, exprimée en mots, apparaît sans doute comme une désignation paresseuse, ensemble d'épithètes dignes de vieilles filles piquées d'esthétisme!), relève-t-elle d'une vaine approximation subjective ou fonde-t-elle au contraire l'aube positive de l'objectivisme, véritable découverte et connaissance du monde? Ou encore, à défaut, met-elle l'accent sur la neutralisation naturelle – et si nécessaire! – de l'infantile dualité sujet-objet?

*Suzanne* baigne dans un paysage ouvert aux contes et aux rêves : le seul espace que nous puissions désirer – ou, si vous préférez : ce à quoi nous aspirons ne saurait être que paysage (et rien d'autre!) – et ledit paysage apparaît précisément comme ce qui n'existe pas, « néant » par excellence ou vide ultime. Paysage et rigoureuse irréalité – ne plongeons-nous pas de nouveau en pleine adolescence? Voici posée, une fois encore, la question de l'Éros-Narcisse et du romantisme – à laquelle nul ne tenta même de répondre... Rien qu'à évoquer le puéril combat de coqs opposant les tenants du romantisme et leurs adversaires, le cœur nous vient au bord des lèvres...

Livré au radicalisme sans bornes de ma subjectivité, une seule chose me captivait : percevoir l'essence de ma vie comme indéfinissable! La pulsion régissant mes rêves, mon estomac et mon sang ne pouvait être que cette *Suzanne* – or, ce tableau irremplaçable n'existait pas, et jamais ne sera! Autant dire qu'à mes yeux « raison d'être » et « fiction » sont à jamais inséparables! La force vitale, soit l'instinct premier qui nourrit mon cœur, n'engendre point d'images pratiques, mais des fantasmes et des mythes sans objet! Le réel tout entier surgit alors comme un « Sturm und Drang nach Irrealität » – ou encore (ainsi qu'il en va de tant d'oppositions) réalité et non-réalité apparaissent telles qu'elles sont : pseudo-concepts étrangers à tout sens!

Je sais par ailleurs que le Tintoret a peint ce tableau aux alentours de la quarantaine – et que cette Suzanne, synthèse adolescente de ma jeunesse, est devenue par la suite un symbole magnifiant pêle-mêle la force de l'âge, l'harmonie créatrice, la poésie lyrique de la maturité, le métier affiné jusqu'à la pleine aimantation suggestive et la plus haute classicité. Admiré par un godelureau, peint par un homme dans la fleur de l'âge et représentant des vieillards − cette constante présence de la *totalité* de la vie relève à son tour du romantisme éternel. Ou je mourrai jeune (mais qui ne meurt jeune?), ou je demeurerai infantile, fussé-je quinquagénaire − quoi qu'il en soit, cette alternative m'interdit d'aspirer au classicisme. Ainsi les quarante-deux ans du Tintoret m'ont toujours évoqué un univers clos et féerique : les rondeurs de Suzanne, l'épais feuillage des arbres, l'obscurité du miroir et l'élégance aristocratique de ce parc perdu dans le lointain m'apparaissent comme la définition même de l'homme *settled*. Quoi de plus émouvant que le renoncement obstiné d'un adolescent − en proie à toute l'honnêteté de sa résignation! − aux possibilités créatrices de l'âge d'homme?

Cette dualité onirique, illusion dorée et désillusion argentée, s'est reproduite au sein même de la réalité : entre souvenirs viennois et retrouvailles vénitiennes. A Vienne, je choisissais toujours le matin pour contempler *Suzanne* − dans une grisaille pluvieuse, après le grand calme propre aux hôtels bourgeois, après le lait étranger, le café-lavasse, les petits pains pointus, les serviettes-parchemins et les lavabos d'une blancheur criarde : l'ensemble du tableau était alors comme noyé, figé dans une atmosphère matinale froide et dégrisante, une atmosphère de Carême.

Une fois franchi le seuil, il fallait effectuer un demi-tour pour l'apercevoir. L'éclairage de la salle faisait écho au matin hôtelier avec son goût de petit lait − une lumière d'atelier, *kunsthistorisch,* qu'on eût dit prévue et calculée par des séminaristes − *optimale Beleuchtung* ou, si l'on préfère, la mort même! A Venise, tout semblait différent − petit salon latéral du palais Pesaro, illuminé enfin par des figures humaines et non par quelque jour effrayant et naïf filtrant au travers des verrières, modeste rideau de velours aux plis naturels, après-midi d'été ou d'automne − mais toujours l'après-midi! − dans

la double tiédeur marécageuse du vert lagunaire de l'atmosphère et de l'or du soleil que réfractaient des voiles jau-
nâtres... Dans mes jambes? La douce trépidation du vaporetto
et les lourds trébuchements contre les seuils des balcons. Dans
ma bouche? Le goût d'un repas humain, une pleine saveur
de midi qui n'avait rien à voir avec tels petits déjeuners
opaques précédant les examens radioscopiques : poissons,
huiles, encombrement mi-mondain mi-forain cher au ris-
torante Cavaletto. Dans mes veines? Cette petite fièvre due à
la digestion, entre l'écœurement et l'euphorie... Alors que
Vienne m'apparaissait comme mon propre foyer, Venise me
propulsait dans la métaphysique meurtrière de l'étrangeté.
Ici, j'étais détaché de tout! Être Allemand? Jeu d'enfant! Être
Italien? Martyre confinant à la phobie! Ici encore, tout semblait si élémentairement singulier, si hostile et mortellement
fantastique que je m'étonnais de ne pas voir s'anéantir en
un instant jusqu'au dernier de mes souvenirs.

Venise se découvre toujours à l'heure de midi, après une
nuit d'insomnie, en fin d'une matinée aride et incolore – et
tout soudain l'après-midi baroque de Pesaro, délivré du jour
comme de la nuit, sis hors du temps, le plus après-midi de
tous les après-midi imaginables! Seul le soir est réel : l'aube
– surtout perçue à travers la fenêtre d'un train –, le matin,
le midi, l'après-midi et le crépuscule ne sont pas des moments
de la journée, mais des états d'âme cauchemardesques, des
tremblements incertains, des hypothèses neurasthéniques –
voyez la folle nuit serbo-croate, l'aurore de Miramara truffée
de fautes d'impressions, la matinée abrutissante sur le Piave,
couronnée du sonore midi vénitien (irréalité sommitale!).
Venise commence toujours l'après-midi, temps de la conti-
nuation et du déclinant bercement végétatif. Parmi les autres
Tintorets – compagnie d'invités plutôt que musée – quelle
Suzanne m'attendait après celle de Vienne?

Je compris alors que le tableau se refusait au voyeurisme
sournois – Suzanne et ses vieillards fraternisaient depuis
longtemps, confondus par le soleil d'été ou la lumière de

septembre dans une onirique communauté Renaissance. Du point de vue de la peinture, il est naturellement indifférent de savoir si ces barbons épient la belle – ou s'ils se livrent ensemble à une idylle des plus paisibles. Non, tout ceci ne joue qu'au regard de ma disposition d'esprit! L'humeur du moment relève-t-elle de Dieu ou de quelque caprice maladif? S'il me faut un jour décider de répondre, ce sera devant *Suzanne!*

Comment opèrent ici le « fond » et la « forme »? Si ce tableau met en scène une parfaite harmonie en lieu et place d'un espionnage perfide, alors le sujet n'est rien – et cette ornementation diaprée, tout à la fois abstraite et sensuelle, vierge de tout « fond », se révèle plus profonde encore que tout contenu. Et nous nous affrontons de nouveau à l'éternelle tentation romantique : le style d'un tableau, chose par excellence a-logique, nous offre une connaissance dont la logique ne le cède en rien à celle de son « sujet ».

Avais-je atteint, aux côtés de cette Ève, le fond du paradis? Car voilà bien le vortex : un seul et même personnage peut incarner à la fois Ève, Aphrodite, Suzanne et moi-même! Chaos interprétatif? Immoralité échue à toute métaphore? Règne du n'importe quoi? Soit je tiens convulsivement – et par souci pédagogique – à ce que ce tableau représente « des vieillards épiant Suzanne » – à savoir un contenu fixe et par là stérile –, soit je m'abandonne à sa polyphonie ambiante pour tomber aussitôt dans une autre forme d'impuissance : celle, précisément, du « n'importe quoi » ou de « l'intensité pour l'intensité ».

Suzanne, c'est captivant! jaillit d'un écrit apocryphe pour rejoindre le centre de l'art : elle en garde un caractère hérétique, secret et pervers, comme un relent de clandestinité maudite. Sans doute ne pourrais-je rester fidèle à ce tableau, s'il ne rendait à jamais insignifiante l'opposition entre structure Renaissance (géométriquement florentine) et schème baroque (doucereusement vénitien)!

Quel rapport la composition entretient-elle avec les jeux

que tissent la géométrie, la dynamique, l'harmonie et l'asymétrie? Elle surgit toujours comme le résultat d'un état d'esprit nouveau, momentané, inédit et non reproductible – « parfum indéfini » (et non point structure) qui peut naître du désordre vénitien ou s'égarer au contraire dans la rigueur florentine. Baroque? Renaissance? Concepts inutiles! Cette composition recèle autant de raffinement géométrique que de fluidité impressionniste, et ce qui m'émeut le plus en elle, c'est sans doute cette nonchalance par quoi elle réunit et anéantit tout à la fois Botticelli et Turner. Aucun autre tableau du maître n'a su accomplir pareille synthèse... Quel est donc ce paravent formé de feuillages? Une construction virtuose? Certes. Mais cette pose charabiesque apparaît bien plus naturelle ici que le paravent ornant la fresque Novella à Florence ou celui que mit en scène Ghirlandaio pour la rencontre de Marie et d'Élisabeth. « Géométrie florissante » ou « rose euclidienne » semblent peut-être de vils jeux contradictoires, mais qu'y pouvons-nous si la seule ambition promise à la nature et à l'art le plus sublime (fuyons la médiocrité!) consiste justement en l'exercice d'abominables divertissements stylistiques – ainsi cette paroi feuillue que déploie *Suzanne*...

De même qu'ascèse Renaissance et dissolution baroque ont su réaliser ici leur essentielle unité (le seul objectif de toute activité humaine digne de ce nom est précisément, ne l'oublions pas, l'accomplissement d'une telle fusion!) – de même les deux pôles extrêmes de la nature se confondent en ce parc-paysage : la lumière du printemps, les bourgeons, le premier chant d'un oiseau – la douleur suicidaire de l'accouchée, la mort, l'automne éternel et la ténèbre démoniaque issue des racines. Car, indiscutablement! l'étreinte amoureuse comme les vocalises aurorales des grives relèvent d'un seul et même registre – mais il n'en demeure pas moins vrai que ces deux natures s'opposent et s'annihilent comme le Christ et Satan, comme le Ciel et la Terre. Oui, l'amour n'apparaît-il pas mortifère et stérile au regard de la pureté vitale, justesse rédemptrice que magnifie le merle de l'aube?

Ce ne sont pas là épithètes, ambiances, mythes ou *Welt-wahrwerdung*, mais expériences naturelles parfaitement circonscrites. L'homme, en effet, demeurera toujours sensible aux antithèses chatoyantes que compose le monde. Et l'univers du Tintoret rassemble lucidement les pôles inconciliables du Thanatos végétatif et de la sérénité luxuriante. Ici s'unissent enfin le printemps et l'automne − l'écœurante agonie d'un érotisme exubérant et la santé champêtre de l'herbe fraîche!

Dieu, cette façon naïve, presque balourde, de réunir la femme et son miroir, ce cadre « moderne », quasi culinaire, au milieu de cet enchantement féerique! Je préfère assurément cette glace de bonniche à la splendeur des lacs − car ce prosaïsme de l'objet exprime autrement mieux la tragicomédie narcissique que le snobisme inconsistant propre aux fontaines, aux bassins et aux cygnes.

Oui, il fallait que cette nuance argentée vînt après l'or, et qu'après Vienne je me fondisse en Venise! Mais tout aussi essentielle fut ma jeune découverte de la technique pointilliste, laquelle provoqua dans mon âme enfantine une véritable révolution − comme si j'eusse appris tout à coup que la Bible était un inédit de Baudelaire!

A l'instar de tous les pères (qu'ils soient ici éternellement remerciés!), le mien m'enseigna − et ceci sans la moindre émotion − que quelques fous et autres scélérats avaient mis à mal « la grande peinture du passé ». Voilà pour ma première approche de l'histoire de l'art − que je n'ai guère modifiée depuis... Je croyais dur comme fer que seuls les « peintres de jadis » avaient su reproduire avec précision « tous les détails ». Mais sans cette foi naïve, eussé-je été sensible par la suite aux mille nuances que tisse la peinture? L'unique et indispensable condition de toute vie intellectuelle se fonde sur l'existence d'une superstition enfantine − erreur si intégrée en nous qu'elle en devient chair! − laquelle permet justement de percevoir tout ce qui s'en écarte, soit les plis les plus secrets de la réalité. C'est ainsi qu'à travers *Suzanne* j'ai éprouvé pour la première fois l'ivresse perverse de la réflexion, à savoir que l'essence des choses diffère prodigieusement de leur prime apparence... Si quelques « impressionnistes » ont pu sévir à la fin de la Renaissance, alors (conclusion enfantine, donc philosophique!) n'importe quoi peut advenir n'importe où! N'en trouve-t-on pas confirmation au sein même de la réalité? Il y a du libéralisme à Byzance, du cosmos hellène dans le gothique français, du juif en Dieu, du classicisme chez Freud, du bouddhisme au Portugal, etc. – l'Histoire reste et demeure le marché aux puces de toutes les perspectives! Depuis, ces jeux temporels se sont métamorphosés – cela va de soi – en routine indifférente ou technique ennuyeuse, mais ici, devant ce tableau, ils avivent encore le frémissement! Parmi ces feuilles et ces nuages barbouillés avec nonchalance, j'éprouve le sacrilège, le blasphème – soit le sodomisme fondateur de l'art!

De même que la découverte de cet « impressionnisme » m'a conduit à l'extase du rien parfait, le « primitivisme » lié à certaines techniques du pinceau fut pour moi révélation : voyez ce peigne, avec sa double rangée de dents! Il continue aujourd'hui de m'inspirer la plus sainte horreur! De par sa nature et sa position dans le tableau, il vibre d'une naïveté aussi brutale que ces compositions d'enfants chères aux écoles maternelles – et par quoi les psychologues à deux sous illustrent péniblement leurs thèses (fig. 1, fig. 2, etc.). Imaginons le bonheur vertigineux avec lequel un enfant – qui tout à la fois admire et déteste les « grandes personnes » – découvre précisément des traits enfantins – combien voyants! – dans un adulte perçu comme idéal absolu. A cause de ce simple peigne, l'art et la culture m'apparaissent aujourd'hui non comme des tours de passe-passe mystiques réservés aux snobs, mais comme un bricolage trivial – semblable au fait de se gratter ou de bâiller...

Mais le relativisme historique caricaturé à l'extrême (être à demi relatif est pire qu'être absolu!) et l'art vécu comme un « réflexe d'amibe » ne sont pas les seules leçons que j'aie tirées de ce tableau onirique et anti-casanovien. Ici, je compris enfin que les symboles les plus puissants de l'art — « sa chair et son sang » auxquels le bourgeois ne renoncera jamais (et il a mille fois raison!) —, ces représentations humanistes du vivant, ne proviennent point d'observations naturelles, mais de trucs stylistiques ou d'obsessions ornementales — autrement dit, d'un maniérisme parfaitement anti-humain.

On prétend que cette Suzanne est une femme « caractéristique », douée de raison et de sentiments — personnage « réel », différent en tout point des « motifs » humanoïdes stylisés propres aux arts (appliqués ou non...). Mais il en va tout autrement! En créant un pur décor, le Tintoret engendre du vivant, lors même que les modernes, si avides d'exprimer l'essence de l'homme, ne savent fabriquer que du papier peint pour salles de cinéma! Considérons les trois principaux traits « révélateurs » du visage de Suzanne : les grands yeux, le nez pointu et la lèvre supérieure proéminente (évoquant peu ou prou un bec d'oiseau). Le maniérisme de Jacopo s'exprime ici par des tics — tout comme certains contrôleurs de tram ont une façon bien particulière de tracer la barre du T (à trois mètres de distance de sa tige!), ou certaines femmes préfèrent enfiler leurs bas avant de revêtir leur combinaison... Mouvement réflexe ou astuce stylistique (voire les deux à la fois) — mais en aucun cas représentation psychologique, peinture de l'homme ou autres balivernes du même type. L'ombre noire des paupières forme une signature, le nez busqué une fatalité graphologique — et la bouche cornée relève de la routine ornementale. Seul l'excès de raffinement pictural peut engendrer du vrai! N'est-ce pas là une grande leçon pour un adolescent noyé dans l'image et dépourvu, voire ennemi de toute pensée?

A méditer sur un tel sujet, je compris — à mon corps défendant — qu'il n'était aucunement question ici du Tintoret, mais bien de moi-même! Depuis lors, deux périodes alternent dans ma vie : l'une, marquée au coin d'une étouffante subjectivité contre laquelle je lutte désespérément – et l'autre, où avec la même violence hagarde, quoique logique, je m'efforce de me convaincre honnêtement que cette mienne fatalité narcissique met au jour une objectivité bien supérieure à celle dont se réclament les êtres prétendument raisonnables, lesquels sont loin de posséder toutes mes dispositions hystéricolyriques... Aujourd'hui, par exemple (ne serait-ce que pour me dresser contre Casanova), j'aborde la variante apologisante – autrement dit, j'invoque des arguments de type religieux à seule fin de me persuader de la plus grande objectivité dévolue au lyrisme personnel.

Lorsque Dieu façonna les hommes, son objectif suprême fut l'existence spécifique d'âmes individuelles. Et de même que nous ne disposons que de trois sources pour connaître le Créateur (à savoir la Bible, la philosophie du Moyen Age et la tranquillité de notre âme), il nous semble que la « vérité » ou les « contenus objectifs » n'ont jamais excité l'attention de Dieu. Celui-ci n'a nullement enfanté des « idées » (encore que la chose ne soit pas entièrement inconcevable), mais des relativismes biologiques tels qu'Adam ou les fleurs. La création d'Ève s'oppose en fait – et fort tendancieusement – à l'aspiration symétrique de la pensée; le jaillissement de la belle n'est pas dû à un acte spécial – non, elle surgit comme une sorte de post-scriptum à Adam. En agissant de la sorte, Dieu a signalé qu'il ne voulait ni ordre ni cosmos, mais quelque chose de différent – et non point nécessairement le « chaos » (contraire par trop commode!). En vérité, Dieu est humaniste, sauvagement et a-théoriquement assoiffé de l'homme pur – et par là même, de l'individu pour l'individu, ou de la folie privée *anti*-objective échue à l'âme!

S'éprouve ici la romance animale, archaïque même, du christianisme : le monde apparaît toujours comme une seule âme qui danse devant Dieu – et le reste n'est que coulisses... L'amour d'autrui comme le travail au service d'une collectivité ne deviennent possibles que lorsque les hommes se retrouvent parfaitement conscients de l'infinie gratuité et de

la solitude inorganique qui les gouvernent : aimera et res-
pectera son prochain celui qui sait apprécier pleinement ce
secret trésor divin !

Le christianisme est, à l'instar de toutes les religions, une
manière de fureur individualiste. Pourquoi Dieu a-t-il créé
le Tintoret et non ces bibelots naïfs que sont les « vérités
éternelles » ou les « valeurs absolues » ? Afin que Jacopo voie
le monde – et Dieu ! – par le truchement d'un relativisme
extatique et multicolore (bariolé comme une perruche, oui !)
– et que moi, je perçoive son œuvre à Venise ou à Vienne,
après le café ou les sardines, aux côtés d'une femme ou d'un
garçon, par les moyens du rêve ou des rayons X – oui, que
je me contemple moi-même sous le masque ornemental du
Tintoret !

Dieu exige un irrespect élémentaire à l'égard des arts ou
de la vérité – ainsi, depuis la Création, les anges rient-ils à
gorge déployée devant les « tentations objectives de l'absolu » !
L'objectif élyséen est tout autre : relativité, variations individuelles et science incomparable des illusions optiques ! Je
vais mourir : moi seul, je fus réalité – c'est moi que Dieu a
voulu, et c'est mon corps qu'il va ressusciter, tant il le chérit
jusque dans ses parties les plus relatives ! Et lorsque j'obtien-
drai mon salut, il ne me conduira point dans une maison de
repos pour philologues ou dans quelque asile platonicien
affranchi de toute subjectivité – non, il me rendra mon corps
tel qu'en lui-même, à savoir mes difformités et mes mensonges à la Tintoret ! Assurément, lier foi en Dieu et abso-
lutisme philosophique fut barbarie puérile, mode, interlude
– chose que la théologie finira bien par comprendre, si ce
n'est déjà fait...

Car cette note sur le Tintoret n'est qu'un exemple illustrant
la signification visée par notre livre : la nature comme l'histoire ne sont que décors plantés par un seul individu. Dieu
se retrouve toujours confronté avec un homme unique – et
la réalité se constitue infiniment du dialogue de ces deux
âmes. Affreux et sublime « tea for two » que la métaphysique

– mais comment pourrions-nous le remplacer par quelque chose de plus sensé?

Voilà ce qu'exprime cette matinée à Venise où, cependant que mon ami se baignait au Lido, je me rendais par une chaleur torride à la Madonna dell'Orto afin de prier sur la tombe de Jacopo. Si, depuis ma plus tendre enfance, je conçois les arts non sous forme de tableaux ou de livres, mais bien de compagnons humains, je le dois uniquement à mon éducation religieuse – je savais que tous ces grands créateurs n'étaient plus (et qu'il fallait prier pour les morts!). Aussi égrenais-je de longs « Je vous salue Marie » devant le sabir de Verhaeren et les reproductions à la Rubens qui lui servaient d'écrin – prières de devoir qui me faisaient apparaître l'homme sous les dehors immondes et mensongers du « monument »!

Midi – mais il se trouve toujours quelque gentil voyou italien pour vous indiquer le chemin. Naturellement, l'église est close – et naturellement, il faut frapper à la porte voisine. Quand je pénètre enfin dans l'enceinte sacrée, je constate qu'elle est sens dessus dessous (en pleine restauration – comme toujours, lorsqu'on est en voyage...) : échafaudages, odeur de mortier et messes basses forcenées. Un gamin, dans sa tenue d'enfant de chœur, me conduit au tombeau (dans ma tête, l'autoportrait du septuagénaire – devant moi, le bambino trébuchant à chaque pas). Le voilà qui ouvre avec flegme la petite porte de l'autel tombal et, tout en me désignant la plaque de marbre, murmure d'une voix geignarde : « Ecco », avant que de me laisser à ma méditation. Heureux d'être le seul humain à côtoyer la dépouille de Jacopo – alors que le voisinage immédiat bruit des fastes de la Mostra. Je m'agenouille : un petit « Notre Père », deux ou trois « Je vous salue Marie » – ceci pour la rédemption; quelques bribes de jargon confus quant au destin des artistes; un bref coup d'œil sur la montre (n'est-ce point l'heure de rentrer à l'hôtel ou de prendre le train, ainsi qu'il en va toujours lorsqu'on se retrouve face aux merveilles de l'Occident?); un baiser adressé

à la pierre; une vaine tentative d'essuyer quelques larmes —
incapable de trouver la sortie, j'erre un quart d'heure durant
dans l'odeur de la chaux et la poussière des briques. Un
ouvrier finit par trouver la clé du portail — et me voilà
propulsé au-dehors, en plein soleil, courant vers l'embarca-
dère pourri du vaporetto. Tout en dogmatisant sur l'infinie
sensiblerie des adolescents, je songe à un fragment du Credo :
« Je crois en l'unité des saints » — et j'en profite au passage
pour maudire l'histoire de l'art, tant il est clair que ma
complicité tombale avec Jacopo, projet célestissime, ne relève
point de telles foutaises, mais se déploie au contraire comme
la plus ignoble des taches honteuses!

Enfantins, les sortilèges du Tintoret! Enfantin, le maniérisme qui préside à ses autoportraits! Ne fut-ce point un
enfant qui me montra sa tombe? Ne serai-je pas moi-même
soumis éternellement aux mystères de l'enfance? L'attrait
qu'exerçait le Tintoret sur mon ami ne participait-il pas
encore de la douceur enfantine? Oui, coagulée en ce début
d'après-midi, Venise adoptait les contours fugitifs d'un rêve
de galopin. Certes, Van Gogh et Rembrandt, Greco et Léonard
relèvent du maniérisme — mais, de ce style, c'est Jacopo qui
m'a révélé la chaleureuse, coquette et infantile naïveté!

Tout cela, j'en conviens, n'entretient pas le moindre rapport avec la « vérité », et n'ajoute rien de « concret » à l'œuvre
du maître. Mais qu'importe! Je vis pour moi — et donc pour
Dieu! Quant à l'éternité, elle se fiche complètement des
excroissances « concrètes ». Quel est donc son désir? Que je
perçoive et absorbe avec tout mon cœur une seule nuance
indéfinissable, superflue, futile et inconsistante — et que par
le truchement de ce « moment stérile » (pour paraphraser
Schubert), je louche reconnaissant vers le ciel!

Qui saurait dire le commerce intime que j'entretiens avec
Jacopo! Par quel miracle ce vieillard rêveur — considéré pêle-
mêle comme un rhéteur baroque et théâtral, un poseur jésuite
et un congrégationniste borné — a-t-il pu devenir mon frère
au royaume des poupons? Car, à considérer de près ma propre

enfance, je n'y vois que superstitions lutino-chrétiennes, spleen catholico-féodal et impressionnisme apostolique! Et pourtant j'aime Jacopo comme j'ai failli aimer certaines femmes le temps d'un unique instant. Oui, j'ai vu le feu étranger du miracle et la toute proximité de sa gentillesse d'agneau (ainsi, selon son propre dire, Abélard vibrait-il en même simplicité pour Héloïse). Je mène un dialogue amoureux avec chacun de ses personnages, chacune de ses ficelles techniques. Et la moindre de ses particularités m'apporte une joie douloureuse, comme en procure après un enterrement la trouvaille fortuite d'un objet depuis longtemps oublié.

Oui – chose formidablement étrange! –, Bacchus et Ariane, Pallas et les Grâces du Palais des doges constituaient l'œuvre d'un seul et même homme, qui sut accomplir – de façon inimitable – l'union de l'aérien classicisme aulique et du mythe amoureux, où se déploient ensemble radicalité impressionniste et fièvre expressionniste centrée sur l'ego flamboyant! A mes yeux, la duplicité de ce style, quoique d'une évidence parfaite, avait quelque chose de fantomatiquement familial, consanguin même – comme l'eussent été, par exemple, la résurrection de mon grand-père, les retrouvailles avec un frère perdu ou, pour Abélard, les pupilles d'Héloïse.

Telle est sans doute la situation banale de tout artiste à l'endroit de ses condisciples, mais l'égoïsme infini – aggravé de vernis dogmatique – avec lequel je m'arrête à cette relation hystérique, me saisit parfois d'horreur. Mon existence – je le compris enfin – ne comporte pas le moindre élément intellectuel! Je vis et demeure sous l'emprise tyrannique de l'humeur et de la sentimentalité, avec un débordement tel que tout romantisme programmé m'apparaît comme autoflagellation janséniste vouée au culte de la raison!

Devant le Tintoret, j'ai assumé et déclaré divine cette sensiblerie universelle – et me suis promis de l'élever au rang d'une sainte logique! Le jeu n'en vaut-il pas la chandelle?... Que devient en effet le « sentiment absolu » lorsqu'il échappe aux compromis dilettantes chers au bon vieux romantisme?

Pareille expérience – faut-il le préciser? – exige une ascèse hors pair.

Apologies vantardes (ou modestes?) d'états strictement anti-casanoviens, ces deux exemples témoignent d'un style qui suffit précisément à nous rendre pro-casanoviens. Admettons donc que l'épisode consacré aux odalisques ne constitue qu'une amusante exception et laissons repartir notre héros à la découverte de choses plus authentiques : banque de pharaon, trente et quarante, roulette et vingt-et-un.

96. L'argent et l'amour sont une seule et même chose – voilà l'éternel enseignement de Casanova! L'amour ne relève pas de l'humain, mais des circonstances – et la pierre philosophale capable de fonder celles-ci n'est autre que l'argent. Lequel n'accède à la « pureté » que s'il évite les souillures conjuguées du travail et de la morale!

On ne rappellera jamais assez – fatalité! – que les amours de Casanova se déroulent parmi roulettes, banques de pharaon, tricheurs et autres hyènes avides de loteries truquées. L'argent ainsi gagné apparaît comme la chose la plus abstraite au monde – libre, folle, transparente, futile et idéale! Celui qui ignore tout de cette relation constante entre passion et jeux de hasard ferait mieux de ne jamais risquer un regard sur les femmes – qu'il continue donc de se vautrer dans le marécage psychologique! Seul le non-sens interne de ces divertissements, mariage brutal entre matière et contingence hystérique, s'avère digne du non-sens interne de l'amour. Argent aérien, que dis-je! stratosphérique – pur témoin des métaphysiques virginales! L'argent acquis par les moyens du « travail sacré » se révèle immoral, car ce joug rituel est indigne du monde – tandis que celui gagné au jeu brille d'un cynisme sanctifié vis-à-vis de ce même monde. Seule cette incertitude futile répond logiquement – et moralement – à la matière, à cette *tiefste Weltlichkeit* (« mondanité profonde »). Ici, l'aventurier l'emporte – mystiquement! – sur le

religieux, car il entretient avec les choses une relation plus
aérienne que ce dernier. Par quoi le jeu devient un sport
promis aux anges!

La véritable étreinte ne se fonde pas sur la tension de tous
les muscles, non plus que sur l'adhésion de deux matières
charnelles (cette chose-là n'est, depuis la Création, que l'expression d'une impuissance empreinte de sensiblerie), mais
bien sur l'harmonie soudaine d'un seul regard et d'un seul
nerf! Les muscles du corps ne sont-ils pas inactifs – où seules
quelques fibres se tendent, mais indépendamment de toute
volonté ou de tout effort (que l'étreinte soit chose vitale, c'est
précisément cette absence totale de dynamisme qui le
démontre)? De même, l'essence de la rencontre avec l'argent
n'est pas force, travail ou morale, mais jeu, hasard, caprice
mathématique du sort!

L'analogie n'est-elle pas émerveillante? D'un côté, l'élan-
cement ailé de la bille sur la roulette et la saine étreinte
magique – de l'autre, « l'héroïsme » suant du banquier et la
copulation besogneuse. Ou, pour employer un couple d'oppositions emprunté au vocabulaire de l'alchimie casanovienne : d'une part, un traitement « philosophique » de la
matière – et de l'autre, une approche « mécanique » et impuissante du monde.


97. En vérité, classicisme et virtuosité sont deux concepts
équivalents – voyez donc Giacomo! Sa virtuosité? L'homme
manifeste la même aisance auprès des tables de jeux (que ce
soit à l'opéra ou chez une courtisane privée) que dans une
île de Dalmatie à jouer les Robinsons.

Jusqu'à sa mort, il saura conserver ce que la jeunesse a de
plus précieux : cet infantilisme profond et absolu qu'ignorent
ceux qui, n'ayant jamais lu Casanova, n'en connaissent que
le mythe – chose qui le distingue à jamais des aventuriers
vulgaires et fait de ce quadragénaire un parent d'Hamlet! Au
même titre que l'argent « vide » dû au hasard, les robinson-

nades apparaissent essentiellement comme de purs décors amoureux. Ce séjour dans son petit empire au milieu d'un îlot dalmate se présente comme un compromis tout à fait retors de l'instinct familial, voire ménager, et des récitatifs narcissiques à la Valéry. Mille fois, Casanova eût voulu se marier – à ses yeux, l'amour libre fut toujours un pis-aller! Lui qui voulut rester à vie avec toutes les femmes, tant il concevait le monde comme un jardin bourgeois et fort catholique d'épouses potentielles! Lorsqu'il esquive le mariage, il agit toujours à contrecœur, soit par honnêteté envers sa partenaire, soit contraint par les circonstances. Cet univers fondé sur la cuisine, le raccommodage et l'entretien des géraniums constitue le premier aspect de la robinsonnade. Le second? L'aventure, l'esprit d'entreprise propre aux adolescents et le romantisme des jeux d'Indiens. La femme, comme souvent chez Casanova, ne joue ici qu'un rôle accessoire. Au fond, ne s'agit-il pas d'amour?

98. Voici, à nouveau, une phrase d'une brutalité biblique sur le XVIIIᵉ siècle. Une belle demande à Giacomo de lui conter le récit de certaine aventure, mais à une seule condition : « Dites, mais ne nommez pas les choses par leur nom, c'est l'essentiel. » Les femmes de cette époque apparaissaient fort différentes de celles d'aujourd'hui – qui savaient marier leur arétinisme naturel et leur virginité bouddhico-mondaine. Jeune fille ou femme adulte? Vierge absurde respectueuse de l'étiquette ou omnibus de la volupté?

Ces deux rôles sciemment assumés ne se confondent point en un salmigondis « humain » et grisâtre de vierges aux allures de femmes mûres et de femmes mûres n'ayant jamais surmonté la défloration. « Dites! » – cette invitation provocante, presque virile, appartient à l'essence casanovienne de Giacomo – elle lui est intimement complémentaire! Ainsi Toscanini n'est-il qu'une moitié de la musique – l'autre se constituant de son superbe orchestre. Chez cette partenaire féminine, on entend la voix pure de l'*altera pars*, équivalente à celle de Casanova. « Les choses » – cela rappelle la volupté tout allemande avec laquelle Rilke prononce le mot *Dinge* : l'existence de la germanité dans l'Histoire tient à l'essence et à l'aura de cet unique vocable! C'est le réalisme sauvage, voire maléfique du rococo qui s'exprime pleinement ici : la femme demande l'essentiel, le Ding des Dinge – et elle l'obtient, d'abord de Casanova, et quelques instants plus tard, de Mozart. Et cette réalité qu'offre le baroque à cet ange provocateur de récits est élémentaire, brutale et précise, justement parce qu'elle ne désigne pas les choses par leur vrai nom. La nomination possède en effet un défaut immense : elle dissimule entièrement le monde, comme l'étui tient le violon prisonnier.

De deux choses l'une : ou je veux la réalité tout entière, et alors je l'affuble d'épithètes divertissantes (en langage mozartien : si j'entends répandre mon sang au milieu de la populace assistant à mon concert, je compose des menuets et non des « héroïques ») – ou bien je prononce les « vrais noms », mais alors adieu aux choses authentiques, au Ding des Dinge! Voici la seule alternative, que confirme amplement cette dame du XVIIIᵉ siècle par sa sentence : c'est « l'essentiel ».


99. A cette époque, le théâtre se constitue de trois éléments : virtuosité musicale (soit la dimension précisément orphique de l'orpheum), antre consacré aux cartes et enfin (ce que veut souligner la présente note) rangées de loges – soit des boudoirs volants à l'obscurité propice!

Casanova passe toutes ses soirées non pas au théâtre, mais bien dans des loges – synthèse typiquement dix-huitième de la grotte mythique vouée à Vénus et du salon moderne. Lieu tout aussi décisif que le bal ou même Venise!

Liberté d'arriver en retard ou de partir avant la fin – aristocratique désinvolture au regard de l'infériorité qui caractérise l'art et la scène; possibilité de déplacer les fauteuils selon son bon plaisir, que limite toutefois le nombre de personnes assises; quadruple optique que procurent l'éclairage du « foyer », l'obscurité des loges, la pénombre du parterre et l'éclat des feux de la rampe; regroupement général à chaque entracte; regard capté tout à la fois par le chef d'orchestre gesticulant et les partitions qui, sur leurs pupitres éclairés, rappellent des chemises de soirée; contact furtif de la cheville ou du mollet voisins; pochettes à bonbons ouvertes, goût liquoreux au fond de la bouche, jumelles, éventails, programmes froissés dont certaines pages ont échoué sur le plancher, et qu'il faut déchiffrer en les rapprochant de la lampe (« Vestri... c'est celui-là, là-bas? – Mais non, celui-là, c'est Campioni... à moins que je ne me trompe... ce peut être Vestri... mais je le croyais plus maigre... Jetons donc un œil sur le programme... ») – toute cette matière passionnelle constitue le corps d'assise de l'amour! Songez à la hiérarchie des sièges – devant, les fauteuils (avec ce luxe céleste : pouvoir s'accouder au rebord!); au milieu, les chaises, encore confortables quoique moins volumineuses, et derrière, près de la porte, les tabourets spartiates! Combien l'amour se déploie différemment selon qu'il naît sur tel ou tel siège!


100. Nul ne sut interrompre une étreinte avec autant de naïveté sereine! Chez Casanova, aucune plainte névrosée, aucun accès d'humeur – non, il exécute ce morceau avec la virtuosité du violoniste interprétant une étude de Paganini. C'est que, ici encore, l'essentiel réside dans deux éléments parfaitement étrangers à l'« interruption » – d'une part, l'amour, la folie lyrique, le *Liebeserguss* sanglotant à l'italienne – et de l'autre, le jeu subtil de l'étiquette devenue chair de sa chair et sang de son sang. En vérité, cette demi ou pseudo-satisfaction, variante amoureuse à part entière, équivaut encore à la plénitude...

101. Deux pages plus loin, bien entendu, nous avons droit à l'apologie, façon Sophocle, de la satisfaction complète. On le voit, dans ce discours, zigzaguer entre les pôles de la mort *(Tod)* et de la tendresse *(Zärtlichkeit)* – oscillation que seul l'apogée du XVIII<sup>e</sup> siècle rendit possible. Virilité puritaine, embrasements poétiques, mystique ornementale, rhétorique d'enfant suppliant – tous les moyens sont bons pour amener sa partenaire à la reddition totale – elle qui raffole précisément des badinages et plaisirs préliminaires, que Casanova, dans d'autres circonstances, maîtrise en virtuose. Quels discours d'un équilibre classique ne produit-il pas, cet Italien sentimental et sensuel, quel Sénèque florentin ne se révèle-t-il pas jusque dans l'instant du désir! Peu importe de savoir s'il a réellement prononcé ces phrases ailleurs que dans son roman intime : un tel *style* surgissant du chaos naturel de l'égoïsme signe le triomphe de l'éthique, et non celui de l'art! De tels dialogues mériteraient du reste un essai à part – si cette forme littéraire ne se transformait pas le plus souvent en châtiment expéditif...

Son discours rappelle infailliblement les magistrales symétries juridiques chères aux bavardages futiles ou aux correspondances diplomatiques. Casanova s'avère toujours « de bon ton » en ceci qu'il perçoit, avec la lucidité maniaque réservée à un Héraclite ou à un Paracelse, l'essence de la nature – et qu'il quête celle-ci par le truchement d'un esprit ouvert à tous les frémissements de l'enfance! Si cette apologie de l'étreinte apparaît marquée de la plus vive noblesse – et combien contraire à toutes les calomnies concupiscentes –, c'est parce qu'elle met en scène l'élément tragiquement humain qui fonde la vision mûre et goethéenne du monde. N'est-ce pas la plus belle phrase de l'humanité qu'il prête à l'un de ses personnages féminins : « Ne trahissez pas l'amour et la vérité. » Oui, l'amour est vérité!

102. La grande passion s'accompagne chez lui du plus vif dégoût à l'endroit des courtisanes – il rapporte son aventure avec Mellula de Zante comme un congrégationniste puceau relaterait son premier faux pas à son confesseur. Au regard du feu vénitien ou de la glace parisienne, cette Mellula magnifie à nouveau le folklore emperruché des Balkans – ou la catin en tant que phénomène ancestral. Mais, par-delà ce romantisme d'opéra, elle fournit à Casanova l'occasion d'éprouver du remords, de se torturer, et de laisser transparaître l'éternelle innocence de sa pureté d'enfant. Tout homme naît de deux coquilles : un idéal et une prostituée – voici bien le principal sujet de méditation des adolescents. Pourquoi Casanova constituerait-il une exception à cet égard ?

103. Si dans son apologie de l'étreinte absolue, il se révèle sombre comme un Sophocle, c'est avec une voix de ténor mêlée d'un humour délicieux qu'il évoque les douleurs occasionnées par ses premières maladies vénériennes. Il sent fermenter au plus profond de lui les sources empoisonnées de la vie et assume avec la gourmandise maudite d'un adolescent le rôle d'Antéchrist que lui impose Mellula sur la scène de la mort et du péché. Il guérit au début de l'automne, comme si – merveille des merveilles! – la torpeur mourante des septembres vénitiens coïncidait avec sa renaissance intérieure.

104. Dès qu'il regagne Venise, il erre à nouveau dans la forêt enchanteresse des symboles. Giacomo est engagé comme violoniste, minable interprète dépourvu de la moindre oreille, dans un opéra vénitien, le San-Samuele – remarquez que dans ce pays les églises dédiées à Marie portent le doux nom de *Venere* et que les théâtres ne rechignent point à s'appeler

San-Moïse. Mondain européen, parvenu monstre à l'âge de vingt ans, Casanova devient gratteur de crincrin! En vérité, il déteste la musique – qu'il trouve assommante – mais tout se passe comme si la pédanterie du destin ne permettait pas à un Italien (jusqu'au bout des ongles!) de s'enfermer dans un tombeau avant d'avoir tâté du violon. Qu'il fût obscur instrumentiste misérablement rétribué au lieu d'un second Mozart – voilà qui nous fait apparaître avec une tonalité tragiquement criarde l'omniprésence de la musique en Italie. La pauvreté, la dissolution, ce nihilisme de bistrot, l'orchestre en contrebas comme enfoui au fond d'une cave, l'anonymat qui est le lot de Giacomo à cette époque – tout cela exprime autrement mieux ses luttes et ses passions que la grandeur noire de la musique baroque vénitienne à la Marcello. N'oublions pas que kitsch et chef-d'œuvre, ascèse florentine et cabotinage de Capri se sont toujours incestueusement côtoyés en Italie. Nulle distance – chose ébouriffante – ne sépare un Casanova écorchant son violon du sublime Toscanini!

Jeux vides et absurdes chers à l'imagination? Perversion conceptuelle à bon marché? Toujours est-il qu'en cherchant à me représenter Giacomo miaulant au fond de son trou devant une partition écrite au crayon-encre, usée jusqu'à la corde et éclairée par une bougie à moitié consumée, deux noms me trottaient sans cesse dans la tête: Toscanini et Satan! Suis-je devenu fou pour associer ainsi la plus grande discipline musicale aux fausses notes d'un vagabond famélique étranger à tout talent? Peut-être. Mais je sens la profondeur naturalissime de la musique italienne jusque dans ce Casanova taquinant ses boyaux de porc! Jouer du violon, c'est vivre! Évoquer la « musique » ou l'« univers », c'est exactement la même chose! Et symétriquement, je perçois jusque dans le florentinisme aigu des interprétations toscaniniennes les racines de toute vulgarité, l'orgue de Barbarie, le dérisoire crincrin en peau de courge d'un violoneux de bas étage, bohème au petit pied!

Et Satan? Dans la misère casanovienne (c'est ici que pour

la première et dernière fois, Giacomo se retrouve profondément démuni), il y a quelque chose de diabolique. Au cours
de ses orgies nocturnes, il accède à une débauche rituelle,
quasi russifiée! Non qu'il se soumette toutefois aux noires
prescriptions du dandysme baudelairien, mais bien parce que
la folie disciplinaire de la Renaissance italienne puise infiniment à la source logico-sanglante d'une démence anti-dis-
ciplinaire! Brunelleschi est issu de bourreaux – les Médicis
– Toscanini descend en droite ligne de l'Antéchrist, et Casanova sourd des harmonies propres aux violons des faubourgs.
Mais il ne se contente pas de jouer dans un opéra; lors des
bals masqués que donnent les grands seigneurs, il devient
tapeur en habit. Il aime à vivre la nuit – existe-t-il du reste
nuit plus nocturne que la vénitienne où l'eau sombre vibre
comme une seconde ténèbre concentrée, où les maisons pour-
rissantes sont plus sinistres encore que nuages accrochés à
la lune? Voilà le décor parfait qui convient aux sonates de
Marcello. Les masques prolifèrent : crânes de polichinelle
chevauchant les têtes de mort de Scaramouche... L'accident
dans la gondole n'est-il pas la conclusion appropriée – pour
imaginations strictement hypocondriaques! – de cette période
vouée au violon maudit? Parmi lanternes et luths, sur l'eau
dansante, entouré de masques indifférents, un sénateur suc-
combe à une attaque. Agonie au fond d'une gondole, par une
nuit de Carnaval – accord final, que dis-je! ultime et grinçant
pizzicato de toutes les malédictions!


105. « Approche de la belle saison. » – Il faut s'arrêter à
ce fragment universel! Parmi tous les poètes du monde, seul
Thomson sut donner à un sonnet titre digne de ce nom :
*Seasons.* A vingt-neuf ans, le commentateur ne sait encore
rien du vrai printemps. Pour lui, avril ne signifie que neige
aqueuse, et mai se disloque en haillons de fleurs noircies par
le gel ou calcinées par la chaleur – ni pleine lune ni plein
soleil, seulement le froid, la grisaille, le vert timide de feuilles

comiquement recroquevillées sous un ciel en forme d'orage
et quelques cris d'oiseaux grand-guignolesques dans la gelée
du matin! Jamais le moindre prélassement sous le soleil des
lézards! Pourtant, l'homme n'a que faire de l'histoire ou des
dieux, des femmes ou de la richesse – il veut le soleil sur sa
peau, l'herbe, le blanc cyclamen des blancs nuages dans un
néant bourdonnant d'insectes!

L'amour comme les sensations (quelle sécheresse dans ce
mot, seul à même pourtant de restituer la poésie pure!) surgissent autrement quand on peut compter sur l'approche de
la belle saison, quand le printemps avance par gammes régu-
lières au lieu de se noyer dans les frimas boueux du vide!
Casanova, lui, attend ce printemps comme une partenaire
idéale qui, s'élançant sur ses talons légers, va se jeter dans
ses bras.


106. A la superstition, Casanova voue un culte ancestral,
indestructible – ce qui ne l'empêche pas, en escroc parfait,
de tromper les gens à tire-larigot, avec ses fausses cabales,
ses pyramides de chiffres censées prédire l'avenir et ses abra-
cadabras fétichistes. En vérité, sans cette crédulité naïve à
l'italienne, les génies ne pourraient avancer : pensons au songe
de Descartes, à la franc-maçonnerie, ce concentré dix-huitième mariant un humanisme abstrait fade et inodore à une
métaphysique osirienne délibérément kitschoïde, et enfin à
la triche pure et simple, aux mensonges des maîtres chanteurs
qui acculèrent à la mort une marquise d'Urfé! En cette seconde
moitié du XVIIIᵉ siècle – alors que la roulure qui, sous le nom
de Déesse Raison, allait bientôt occuper les autels des dômes,
peaufinait déjà son rôle en appliquant du fard sur son visage
– ne laisse pas d'intriguer cette force de la croyance en l'alchimie, en l'évocation des esprits et autres maléfices absurdes.

Nous ne saurions dire toutefois que le Moyen Age survivait
intégralement autour des châteaux de Ferney et de Sans-Souci
– pour la simple et bonne raison que cette haute période

ignorait les inepties dont nous venons de faire état. Non, la religion était là pour capter les aspirations mythiques, et cet instinct n'avait nul besoin d'emprunter des voies obscures ou détournées – alors que pour donner sa pleine mesure, l'alchimie du XVIIIᵉ siècle dut puiser aux géométries rigoureuses de Versailles. Assurément, Casanova échouerait à incarner l'époque, s'il ne se jetait à corps perdu et avec le cynisme le plus candide dans cette gigantesque entreprise brassant des millions. Sa fantastique tricherie touche au grandiose : en parodiant cyniquement les mythes, il suscite chez le lecteur un frisson bien plus authentique que la plus sublime des allégories! L'ange Paralis, la correspondance lunaire auprès de la fontaine, l'élévation jusqu'à l'Olympe du jeune d'Aranda, les étreintes liturgiques avec la marquise septuagénaire, la grossesse par voie d'hypnose et enfin la mort de la folle qui avait accueilli à grand renfort de guirlandes et d'encens la dernière des putains italiennes comme une vierge sortie de l'Élysée – tout cela s'accomplit dans un vertige de *grand* style, sur les cimes du classicisme et de la magie!


107. Les trois vieillards qui prennent le jeune Giacomo sous leur aile protectrice témoignent eux aussi du siècle, dans la mesure où ils réunissent la complétude des Lumières et la perfection obscurantiste. Voilà l'harmonie que chantent les *Mémoires* – et qui imprègne tout! Mozart, Casanova, la franc-maçonnerie, l'économie politique des banquiers londoniens et jusqu'aux stratégies diplomatiques des rois de France!

Ce rapport éternel autant que tragique entre raison et mystification, entre Voltaire et Isis, entre anticléricalisme et folie liturgique – il faut assurément en faire une thèse, car ce chromatisme porteur de toutes les vies possibles façonne la complétude de l'homme total! Rejetons une fois pour toutes l'illusion qui consisterait à séparer ces deux registres – le frémissement maçonnique qui parcourt *la Flûte enchantée* suffit assez à montrer l'impossibilité désopilante de la chose!

Même réunies, toutefois, logique et superstition n'échappent pas au comique – mais il s'agit là d'un comique indispensable qui fonde l'essence humaine!

Franc-maçon, Casanova lance une formule qu'il aurait pu prendre dans la bouche du créateur d'Adam : « C'étaient des gens d'esprit, mais superstitieux. » Chimères, sciences occultes, *Universalmedizin,* esprits ancestraux, âmes infernales, oracles delphiques, cabale, augures, pères apocryphes, le diable lui-même et quelques anges – voilà l'univers que combat ce siècle croyant tout en lui faisant aveuglément confiance!

108.  Face à une époque moderne que l'on imagine toujours plus tragique ou plus « sale », il existe des situations qui ne représentent pas tel ou tel siècle, mais tout simplement le « bon vieux temps ». On retrouve là la soif d'idylle du bourgeois fatigué, cette nostalgie dévolue à la cheminée et au bonnet de nuit – chose dont il convient naturellement de se moquer selon les critères de l'héroïsme à la mode.

Le triangle que forment le marchand juif converti, le duc de Modane et le roi de Pologne constitue assurément une telle situation. Le premier achète au prix fort – cent mille sequins! – la galerie d'art du second pour le troisième. Ah! l'époque où les ducs s'occupaient encore de tableaux et de juifs! Appréciez à sa juste valeur ce comique de porcelaine – aristocratie, judaïsme, arts, que de contorsions expressionnistes, que d'agonies arides n'ont-ils pas connues! Percevez-vous bien la singularité d'un tel climat? Nulle sociologie de papier aux couleurs criardes, nulle vindicte collective à l'encontre des ducs – quant au juif, loin de constituer un « problème » hypertrophié jusqu'à des dimensions baroques, il apparaissait encore comme une charmante caricature rococo. L'art? Un accessoire destiné aux salons, un complément idoine de l'esprit seigneurial – et non le combat infini de l'âme avec des dieux au goût amer! Juifs, princes, natures mortes – tout ici semble esquissé au pastel...

109. En vue de définir le caractère casanovien, n'est-il pas décisif de savoir ce qui l'émerveille dans un nouveau visage? Précisons qu'à ses yeux, le visage est tout! Et que la notion de « bien faite » ou de « bien roulée », seul contenu tangible de l'érotisme contemporain, lui échappe totalement. Où – en dehors des traits évidents de la beauté – va donc son enthousiasme? Voici un exemple entre mille : « La noblesse, la douceur et cette candeur de la vertu... »

Oui, voici le Casanova livresque – que j'adapte, quitte à lui faire violence, à mon image d'Orphée –, ce prolétaire, ce violoneux de bas étage qui – non toutefois par snobisme de parvenu, mais parce qu'il a intégré toute la culture du XVIIIᵉ siècle – recherche pêle-mêle la noblesse, l'élégance, l'enchantement rédempteur des formalismes maniérés, le nirvâna-Watteau de l'ascèse! Voilà le coureur cynique, le tricheur convaincu occupé à scruter la douleur, le poids de l'âme, l'immatérialité infinie du poème, le sentimentalisme mortel échu aux vierges! Le pécheur futile, le gigolo, le libre penseur en quête de vertu, non point par perversion, mais sous l'emprise d'un amour frais, naïf et stylé!

Nul n'a jamais senti avec pareille évidence que l'étiquette, la poésie et la pureté sont choses essentielles dans la beauté extérieure du visage. Nul ne s'est jamais détourné avec autant de dégoût des femmes dépourvues d'innocence, ce trait de style décisif! Casanova est le dernier apologiste conséquent de la pureté féminine.

110. Dans ces exercices spirituels chers au siècle, il n'est pas étonnant de le voir consacrer au piano, cet autre foyer de la musique, un chapitre à part. C'est cet instrument même qu'il offre à l'un de ses amours, tout en lui apportant – chose caractéristique – quelques partitions au sein d'une *corbeille*. Le piano recèle déjà, à l'état latent, la musique romantique

– Wagner va bientôt remplacer la Venise marcellienne, et l'univers des taches harmoniques se substituer à la science du contrepoint. Parmi la linéarité du violon, les sonorités que cisèle le piano apparaissent comme un feu follet lointain – à côté des staccatos propres aux étreintes de salon, surgit le romanesque cher aux odalisques du sérail! Véritable boîte de Pandore : rococo au-dehors, mais chaos sournois au-dedans! Quelle drôle d'idée pour un cadeau!

111. Barbaro, seigneur de Venise, conduit dans son cabinet une jeune comtesse pour un entretien intime. Au XVIII$^e$ siècle, le « cabinet » ne le cède en rien au salon. Vie privée? Vie publique? Jargon vide de tout contenu! Salon et cabinet – un point c'est tout!

En visitant des palais italiens ou français, on débusque toujours, à côté de vastes salles et de chambres spacieuses, quelques trous ridicules protégés d'une porte tapissée ou entièrement recouverts de boiseries – singuliers mélanges de toilettes, d'arrière-cours et de reliquaires byzantins qui suggèrent mystérieusement un espace ouvert tout ensemble au confort, à la prière et au péché. C'est ici, en ces sanctuaires privés, que se jouaient les crises modernes des âmes de l'époque. Est-il lieu plus digne de l'esprit que ces réduits étouffants de quelques centimètres carrés? Tout corps humain ne se métamorphose-t-il pas aussitôt en pur aveu s'il vient à se trouver enfermé auprès d'un autre corps dans ces nids pervers de familiarité? Cette spontanéité irrésistible par quoi l'on devient immédiatement et sans transition, sous l'emprise d'une manière de mutation chimique, soi-même! c'est-à-dire âme, franchise totale et confession larmoyante – voilà le secret de ces abris opiacés! L'esprit est un milieu – ce qui advient au sein de tels cabinets, ce n'est point l'éclosion d'âmes depuis longtemps existantes, mais la naissance en quelques instants d'âmes inexistantes une seconde plus tôt, et qui le redeviennent une fois qu'elles quittent ce lieu magique. Le cabinet suscite l'âme comme le vin appelle le vertige, et l'humidité la moisissure. Du temps où l'on connaissait encore les techniques nécessaires à son engendrement, l'âme aimait à se révéler dans toute sa splendeur – vaste, fertile et victorieuse de la matière! Le visage de l'Europe serait sans doute différent si nous avions su conserver le « cabinet »; nous aurions pu, entre autres, nous épargner l'interlude honteux de la « psychologie »...

112. Parfait mélomane, il participe en compagnie de quelques musiciens nullissimes à diverses orgies nocturnes. Et ces joyeux drilles d'écouter les cloches sonner minuit, quand ils ne décrochent pas celles-ci des campaniles pour les jeter – splendides sonorités! – sur les pavés des placettes! Le tintement des cloches vénitiennes évoque toujours les cathédrales englouties chères à Debussy – contraste ô combien porteur! Comme ces cloches martèlent et sonnent, le temps se métamorphose en conciliabule orgiaque d'oiseaux ivres. Ce frémissement émane certes d'un lieu saint, mais il est le fait de mécréants; il s'élève à minuit comme un canular échevelé de carnaval. Ce n'est point la voix du XVIIIe siècle, mais celle, éraillée, du Moyen Age. Deux extrêmes : la lourde respiration cuivrée du dôme de Byzance – comme si les coupoles elles-mêmes résonnaient sous les coups de la lune – et ces clochettes accrochées aux minuscules campaniles, ainsi qu'on suspend le lard à fumer, qui se balancent en tirant leurs languettes bavardes.

113. Casanova prend langue avec un jeune comte beau comme un dieu, plein d'esprit et de grâce. Au milieu des condamnations à mort, des carillons vénitiens et des meurtres nocturnes, cet éphèbe ne représente pas l'harmonie du siècle, mais la flétrissure allemande de l'ultramondanité qu'incarne un Frédéric II : autrement dit, le charme gibelin. Il recèle

encore quelque chose de la ténèbre jaune noire particulière aux Habsbourg. Giacomo, qui préfère pourtant les femmes, se sent saisi ici par une démonologie masculine où se lient intimement la nuit, la pâleur des cierges, Loyola et toute la Renaissance – un mélange de force diabolique et de décadence nobiliaire, soit le contraire même de Casanova.

Au contact de cet hermaphrodite létal et hispanisant, le Vénitien – chose passionnante – apparaît étranger à son propre sexe. Casanova n'a rien à voir avec la masculinité, au sens biologique, social ou pratique; il est pensée, siècle, livre, complément abstrait de la femme – tout, sauf masculin!

114. On comprend que lorsqu'il présente un tel personnage – uniquement consommable sur le plan du mythe! –, il s'adonne tout naturellement à la cueillette allégorique – jusqu'à évoquer les pommes des Hespérides lors d'une de ses méditations en gondole. De même que l'ombre des époques à venir le frôle dans les scènes consacrées aux odalisques ou au piano, de même ce portrait de jeune garçon selon les vues de Vélasquez laisse prévoir le pillage romantique des mythes, qui se substituera bientôt aux légendes ludiques du XVIIIᵉ siècle.

Certes, nous ne saurions concevoir ici les Hespérides comme un décor de *giardinetto* – qui se métamorphosent bien vite en épaisseur poétique due à quelque Bachofen barbu. Crépuscule et fruit, Tarsis et Élise, enfer et paradis, nirvâna et fécondité – quel rapport entretient donc Giacomo avec cet opiumesque galimatias? Toutefois, pour un instant...

115. « Ô combien l'art sera toujours distant de la nature! » Cette rupture décisive, il faut la souligner d'un trait vigoureux autant qu'excessif – face à la vie, l'art n'est rien! Non point en vertu d'un culte existentiel naïf – ce serait déjà souillure dont l'art a précisément le secret... Non, il s'agit simplement de ceci : Casanova s'éveille par un matin de mai glauque que

le soleil peine à réchauffer – il repense à sa soirée de la veille
séparée de l'aube par un sommeil bref, inquiet, « mauvais »
(mais toutefois plus reposant que n'importe quel assoupis-
sement béat). Ô ce cheveu roux qu'arracha par hasard l'un
de ses ongles à la tempe de sa voisine, alors qu'il remettait
en place sa propre perruque; cette nuance mauve pâle de
crocus jaillie d'un vernis à ongles dont il risqua, contre son
voisin de loge, l'apologie – chevaleresque en apparence, mais
sous l'emprise d'une parfaite inspiration; cette aura odorante
mêlant baignoire et feu de paille qu'exhalait la poudre de la
belle; ce contraste historico-biologique entre le blason concave
d'une chevalière et les vibrations en pinces d'écrevisse d'un
doigt osseux (blason : souvenir d'une culture à jamais engloutie – doigt aqueusement fluide : gage amer d'un corps également disparu qui moque la résurrection); ce minuscule
renflement au-dessus du genou que l'on devine sous la robe
de soirée, lequel signale simplement que cette femme ne porte
pas de jarretières, mais se contente de rouler l'extrémité de
ses filets à chenilles (ainsi font les lycéens avec des rubans
de papier lorsqu'ils jouent à la secrétaire); cet effroi quelque
peu disproportionné qui le saisit lorsqu'il se rendit compte
qu'il avait involontairement heurté de la pointe de son soulier
la cheville de la femme du consul vénitien, assise devant lui
(ladite pointe lui apparut soudain plus longue que celle d'un
clown bourguignon ou de quelque croisé français participant,
lors d'un *Herbst* fameux, à un défilé de mode devant Andri-
nople); ces coups d'œil complices composés de sortilèges, de
chambres d'enfant, de sensiblerie et d'un défi plus amer que
la quinine, qu'elle adressait à Giacomo – cependant que sur
la scène une cantatrice parmesane (mezzo-soprano) interprétait l'errance d'Orphée; cette soie désespérée que tisse la chair
d'une femme durant la demi-seconde où l'on glisse la main
sous sa jupe – geste on ne peut moins égrillard (Casanova
ignore ce genre de coquineries), qui cherche à cerner, de la
beauté comme de la mort, le secret mécréant et in-théori-
sable; ce mouvement primitif par quoi elle repousse la neige

fondue qui coule sur sa nuque en abaissant son col avec une
avidité de femme d'intérieur; ce lamento au moyen duquel
elle s'évertue à récupérer Giacomo un instant vexé pour mieux
l'attirer dans les rets fleuris et volatiles de son idylle mentale;
cette exquise douleur qui le prend lorsqu'il songe aux tortures
que lui inflige cette femme, destinées à exaspérer l'amour
(souffrance que partagent Giacomo et la belle comme pour
mieux faire écrin au *lilac* du lilas!) – oui, tout cela! minuscules bouillons de culture, particules infinitésimales d'objets
et d'âmes, voilà la réalité même – et le sens profond de notre
vie! Ce ne sont pas là subtilités proustiennes (âneries que
d'évoquer ici les nuances chères aux sensibilités névrotiques!),
mais pains et vins, pluies et grands oiseaux, sauvage et cyclopéenne *natura naturans!* Le musicien reste seul sur scène –
et Orphée revu par l'opéra n'est plus qu'une folie à usage
privé. Nous ne vivons pas pour l'art – jamais de la vie! –,
mais pour quelques grains de poudre abandonnés sur nos
cravates!

Autrefois, il s'agissait effectivement de « subtilités » – et
l'intelligence répugnait (non sans raison!) à s'en déclarer
solidaire. Aujourd'hui, nous savons que surgissent là les maté-
riaux d'assise du vivant, dont la pesanteur brute n'a rien à
voir avec la brume paresseuse des « ambiances » et autres
« états d'esprit » – ce sont au contraire « substances », « exis-
tences », *Sachen*, pour employer une dernière fois ce langage
d'adolescent.

Incarnation de son époque, Casanova atteint presque à la
grandeur du renégat. Il quitte le siècle, abandonnant pêle-
mêle son italianité, l'Histoire, le catholicisme et Voltaire. Il
redevient lui-même par infinité rédemptrice – au sein d'un
égoïsme tragique où tout dépend d'un seul cheveu accroché
par un ongle trop long, où le grincement d'un escarpin devient
religion, où la petite monnaie nonchalamment étalée sur la
paume d'une femme se métamorphose en syllogisme, où enfin
quelques bribes de phrases surgies à l'esprit durant le bain
du matin équivalent à l'ultime beauté! Ici le Tintoret doit

mourir, oublier toutes les charognes, et jusqu'à son Arioste
– soit sa seule raison de vivre!

116. L'engouement de Casanova à l'endroit de la vertu
comporte deux traits contradictoires, aussi essentiels l'un que
l'autre : d'une part, la dimension « païenne » (sans doute trou-
verai-je un jour quelque adjectif plus approprié que cet à-
peine-quelque chose) où la vertu n'apparaît pas comme un
concept moral, mais tient à la fois du sport, de l'intellect et
de l'esthétique – en somme, l'harmonie fatale et hautement
privée qui caractérise telle ou telle personnalité; et d'autre
part, la dimension chrétienne, caritative, où le sujet se sacri-
fie, s'anéantit à seule fin de servir son prochain – chose
d'autant plus méritoire que ledit prochain se comporte rarement avec la même volonté d'autodestruction...
Ce qu'il goûte dans la beauté féminine, c'est toujours le
physique devenu style. « Sa vertu aimait à la peindre » – ladite
vertu ne relève pas de l'éthique, mais magnifie l'arôme racé
d'une femme de race, l'harmonie des reins ou de l'appendice,
la pure tonalité musicale de l'individu!
Sacrifiant son dernier sou pour autrui – jusqu'à offrir des
millions aux pires gibiers de potence –, victime de tricheurs,
d'escrocs ou de maîtres chanteurs, Casanova se montre toujours secourable, indulgent même – tant son imagination lui
représente avec un excès tout italien la douleur de ceux qui
souffrent. Oui, le Vénitien est une « poire », au sens le plus
tragico-chrétien du mot – dément franciscain que sa niaiserie
égare au milieu de charlatans!

117. Comment saurais-je abandonner certaine phrase où
figurent si proches ces deux mots : *pantoufle* et *mort?* Encore
un symbole majeur du siècle : chambre à coucher aux chu-
chotis étouffés et conscience automnale, seule et unique source

de damnation. Cothurne et trépas? Vétilles! Pantoufle et mort?
Voici la seule dimension de l'humanisme promise au dogme!

118. Un tel siècle sait toujours pertinemment ce qu'il faut
savoir, sans pour autant courir chez Jérémie, Eschyle ou
Calvin afin d'y chercher du tragique – comme les cultures
paresseuses envoient leurs bonnes à tout faire chez l'épicier
en quête de condiments. A propos d'une de ses conquêtes,
Giacomo note : « Le dernier amant que cette singulière femme
fit mourir par excès de plaisir... » Ne l'oublions jamais : il
s'en fallut d'un cheveu pour qu'un tel sort – qui n'épargna
point Mozart – fût le lot de Casanova.

L'essence du rococo se constitue d'un loup et d'un domino
noirs – « the masque of the black death », eût pu s'écrier Poe.
Les lettres des souverains espagnols débordent d'avertisse-
ments paternels évoquant à l'intention d'infantes égarées ces
morts par excès de volupté – et la jeunesse d'un Charles, d'un
Philippe ou d'un Don Carlos est comme emplie de ces mystérieux défunts. A l'apogée d'un siècle précieux, Casanova se
représente – avec quelle vigueur! – les mêmes images trou-
blantes. Devant toutes ses femmes, il apparaît comme un
cadavre en puissance – non point mort métaphorique, mais
dépouille jaune verdâtre!

119. Giacomo est l'incarnation définitive, ou la première
possibilité de « l'être-ici-bas » – variante que l'humanité chrétienne a coutume d'identifier à Satan, en tant que parfaite
absence métaphysique ou pure logique de la matière. Une
nuit, Casanova lui-même apparaît dans ce rôle; il exhume
un cadavre d'un cimetière – qu'il ampute dûment d'un bras
– et dissimule celui-ci à des fins vengeresses dans le lit d'un
ennemi. Au contact de ce corps glacé, l'homme, saisi de
convulsions, glisse à jamais dans la folie. Ce satanisme du

Vénitien – à peine sorti de l'adolescence – ne saurait nous
étonner...

Le succès mondain qui devait accompagner Casanova toute
sa vie n'est-il pas précisément « diabolique », en ceci qu'il
outrepasse la mesure et la justice humaines ? Aussi le tribunal
de Venise ne manque-t-il pas de l'inculper pour blasphème.
C'est que sa vie tout entière, féerique arc-en-ciel rococo, relevait du sacrilège – affranchie de Dionysos comme de toute
bestialité, elle fut, pour cette même raison, strictement luciférienne. Bien plus tard, Giacomo débarque en Espagne où
se déchaînent orgies de fandango et fantasmes démoniaques,
ascèse royale et festin d'Aranjuez, où chacun se débat au
milieu des contradictions les plus vulgaires, que dis-je ?, les
plus criardes – c'est l'univers du Greco, de la mort en torsades
d'iris où la damnation fait partie intégrante de la politique
comme de l'étiquette. Agé alors de quarante ans, Casanova
se gausse de ces stupides superstitions – quoique au plus
profond de son corps (sans parler même de sa « carrière »),
il se révèle comme un Satan autrement plus rigoureux que
tous ces névrosés arabo-judéo-vandalo-gothiques ! Aux yeux
de Casanova, être absolu, la mort comme le péché ne pouvaient se réduire à de simples jeux – il fallait impérativement
qu'il se sublimât en profanateur de sépultures afin que ce
monde d'« ici-bas » reçût son fard le plus authentique.


120.  Plutôt qu'en espèces – chose caractéristique pour cette
« laïcité » portée à l'incandescence – Casanova préfère trans-
porter sa fortune sous forme de bijoux et de titres. C'est ainsi
qu'il parcourt le monde en calèches tintinnabulantes.

Voici bien les deux pôles extrêmes de la richesse : la pierre
précieuse, monde brut et archaïque voué au *Rheingold* – et
les valeurs boursières, règne de l'argent abstrait et des trésors
fictifs. « Après avoir remis dans ma malle mes bijoux et mes
papiers... » – Casanova n'a pas de chez-soi, lui qui trimbale
sa fortune d'un pays à l'autre, paie ses additions en bagues

ou en montres, contemple avec l'avidité d'un chef de caravane les diadèmes, les joyaux et même les boutons de chemise de tous ceux qu'il croise − il y a dans cette convoitise toute la maladresse nerveuse du parvenu...

Pour Giacomo, la « valeur » n'entretient aucun rapport avec l'argent, symbole d'un monde « solide ». Propriétés terriennes? Richesses tangibles? L'homme se plaît à souligner son incompétence dans ces domaines. Non, la valeur surgit soit d'un objet fabuleux − rareté naïve ou « solitaire » − soit du mensonge! Au même titre que la mutilation des cadavres, la pierre précieuse constitue un symptôme satanique.


121. Stoïcisme romain, Némésis grecque, folie chrétienne expiatoire ou fantasme de fakir − peu importe! Pour apprécier l'essence d'une grande vie, il faut la rapporter à une éthique − car l'existence a tôt fait d'user notre sens logique, auquel elle substitue dans un premier temps un cynisme vigoureux à l'égard de la beauté avant que de nous imposer définitivement les rigueurs de la morale.

C'est encore la morale qui prononcera l'ultime jugement quant à Casanova − non point celle, tristement scolaire, qui divise l'humanité en « bons » et en « méchants » (bricolage fantaisiste!), mais celle qui se voue au questionnement : dans quelle mesure une personnalité d'une richesse aussi fatale at-elle pu accomplir au cours de son existence les desseins les plus archaïques et les plus paradoxaux de la nature? A-t-elle réussi à faire surgir une harmonie tragique du chaos des forces vitales qui se bousculent en nous tous en s'excluant mutuellement − ou, au contraire, ne s'agit-il là que d'une pseudo-harmonie, simili-classicisme qui, du point de vue combien magmatique des vies vertueuses, apparaîtra toujours comme un mensonge immoral?

A la fin du premier volume, Casanova met en scène Fragoletta, une vioque peinturlurée (ambre, encre de chine et rouge à lèvres étalé d'un seul doigt), comme s'il entendait restituer l'essence automnale de ses amours sur le mode de la danse macabre – comme si, pour un unique instant, il se montrait infidèle à son destin doré en pressentant dans la noblesse, la grâce et le velouté rococo des femmes cette infernale asymétrie, cette pure ignominie qui constitue malgré tout une trahison au regard de l'essence profonde de la nature.

Comme si tout à coup les accords fusionnels du XVIII<sup>e</sup> siècle redevenaient cacophonie et charabia papivore – comme si, enfin, les superstitions espagnoles quant à l'au-delà et leurs brigandages somnambulesques recelaient une haute morale intérieure, à savoir une relation intime avec les racines mêmes de la nature, perçue comme exubérance complexe. En cette fin de volume, le miracle harmonique et l'absurdité mondaine cherchent à se compromettre; ils se voient relayés par des cadavres exhumés ou des rombières chenues affreusement bariolées, réveillant en nous avec une acuité inattendue la question depuis longtemps méprisée : le seul « classique » ne serait-il point gothique? (Les mamelles de Fragoletta n'évoquent-elles pas de minuscules pyramides en liège peintes de mauve carminé?)


122. Approché sous cet angle tolédesque inopiné, le « cabinet d'histoire naturelle » de Mantoue n'apparaît plus comme synthèse élégante ou collection de curiosités humoristiques, mais renvoie au burlesque ordurier de l'esprit humain.

Tout y est – reliques, codex occultes, monnaies antédiluviennes, modèle réduit de l'arche de Noé, médailles de Sémiramis ou de Sésostris, papillons, poux et argenterie maçonnique au grand complet. Si Casanova n'avait trahi sa bestialité devant cette tombe nocturne, s'il n'avait succombé à cette horrible vision de la Fragoletta, ce cabinet eût pu être une idylle muséographique où la dévoration de Dieu que pratique la religion et la chasse à la nature que revendique la science se fussent respectivement adoucies en gourmandise de vitrine et en passion seigneuriale de fleurs séchées entre les feuillets

d'épais volumes. Allons! Les dieux sont trop immenses pour
être engloutis dans notre bouche et l'essence démoniaque (ou
si gauche!) de la nature échappera toujours à l'horizon nickelé
de nos lunettes à vingt dioptries! N'hésitons donc point à
célébrer dans la joie ces charmants petits musées qui représentent au fond le maximum de ce que l'homme peut encore
offrir...

Cependant les dieux inaccessibles et la nature occupée à
exhiber son masque sont encore susceptibles de se venger à
la dernière minute : les mains mortes et les seins flétris (haillons écrasés sous le poids des crèmes) de la Fragoletta semblent
indiquer qu'au regard d'une certaine vérité indéfinissable, le
XVIII<sup>e</sup> siècle n'apparaît après tout que comme un mensonge
ou un intermède immoral.

Encore que Casanova n'aurait pas tort de lever sa tête
perruquée parmi les tombes, les lunes et les cyprès vénitiens
pour nous interroger : à quoi bon condamner ce siècle, qui
créa son contre-siècle? Fragoletta et diamants sodomitiques?
N'aperçoit-on pas toute la lumière noire de cette époque dans
le défi cruel par quoi elle évoque pour elle-même — et déjà
de son vivant — sa propre fragilité spirituelle, sa propre
condamnation à mort?


123. Le premier tome s'achève avec l'anéantissement d'un
pseudo-Mozart ou d'un simili-Don Juan — autant de simulacres — chose curieuse — qui ne gênaient nullement le Vénitien. Il les considérait en effet comme pleinement authentiques et, pour cette raison même, plus vrais que nature.
Voici la situation : Giacomo dupe une famille de paysans : il
leur fait croire qu'en prononçant à la belle étoile toutes sortes
de formules magiques, il fera surgir de terre d'immenses
trésors, l'or et les diamants des croisés, du roi des Aulnes ou
même de comtesses-panthères. Dès qu'il se met à l'œuvre,
c'est une véritable tempête qui se déchaîne, avec tornade,
averses, éclairs et tonnerre — et le superstitieux Casanova se

voit soudain envahi d'une frayeur mortelle, car il croit que Dieu, las de son charlatanisme blasphématoire, l'a voué à la damnation éternelle. Ici, Voltaire et le libertinage adolescent ne servent plus de rien. Giacomo mourra septuagénaire, mais dès l'âge de vingt-trois ans, il est promis aux tourments de l'enfer. La vraie damnation, certes, peut se voir annulée par les confessions répétées, voire l'extrême-onction – qu'il ne manque jamais de demander chaque fois qu'il se trouve à l'agonie –, mais rien ne saurait vaincre ce châtiment *symbolique*. « Les dieux eux-mêmes combattent les symboles esthétiquement conditionnés... »

En lisant cette dernière phrase, le commentateur s'interrogea un court instant : quelle pouvait être l'interprétation la plus exacte de la damnation casanovienne – oui, que fallait-il entendre « scientifiquement » par cet *enfer*, qui engloutit le XVIIIᵉ siècle tout entier? En vérité, ce ne peut être qu'une seule chose : *l'état d'âme du commentateur*. La malédiction casanovienne consiste en ceci : son époque s'est égarée dans un miroir maculé du XXᵉ siècle, ses amours se sont noyées dans la moisissure d'une âme à venir – et le déshonneur de la méditation a succédé à sa logique appliquée!

Andrew Marvell, poète du XVIIᵉ siècle, a écrit un sonnet intitulé *Definition of Love* dont j'extrais ces deux vers : « It was begotten by Despair / Upon Impossibility. » Oui, quel était ton père, amour bâtard, sinon le Doute aux yeux qui louchent, et ta mère, furtivement étreinte, sinon la pâle Impossibilité? Et la suite contient quelque chose d'encore plus consternant, criminel même, pour Casanova : « Magnanimous Despair alone / Could show so divine a thing. » Oui, seul le Désespoir est à même de répandre sur cette terre la beauté divine, seule la mort conjugue la polychromie, seul l'enfer apporte le salut, seule la folie accède à l'intelligence, seule la maladie brille de mille éléments, seul le non-sens est méritoire – seul, enfin, le Mal radical peut fournir les contours d'un sujet!

Ces deux citations de Marvell s'inscrivent en lettres de feu sur les portes de l'enfer casanovien. Pareil homme dont la vie ne fut qu'une suite d'accomplissements bienheureux se retrouve enfermé dans la prison diabolique d'un commentateur dont chaque atome s'imprègne de la conception marvellienne : l'essence de l'amour relève toujours du désespoir et de la pure impossibilité. Qu'il me soit permis ici de compléter ces vers par quelques notes imaginaires dues au même poète – comme si, écrites avec un crayon d'une autre couleur, elles couraient sur les marges de ses manuscrits en attendant d'être publiées par les élèves de l'École Normale.

« ... Quel rapport mystérieux, quelle fatale contradiction entre l'intériorité d'une femme et son apparence ! Entre la couche supérieure de fard que l'extrémité de ses doigts vient d'étaler sur ses pommettes et le mouvement théologique par quoi Dieu a tiré du néant son destin éternellement chrétien ! » Une telle interrogation n'apparaît-elle pas infernalement comique aux yeux de Casanova ? Tant chez cet homme, la grâce, la noblesse et les manières réduisent à de stupides étiquettes ces concepts archi-usés que sont « maquillage de bordel » ou « âme céleste ».

Marvell, naturellement, perçoit un abîme entre ces deux registres. En son intrigante beauté démoniaque, en sa pure féminité à la Richard III, le visage de la femme apparaît comme un ensemble de détails isolés et ultra-particuliers – et bien qu'il s'agisse là des seules choses accessibles à nos mains positivistes (amour et positivisme ne sont-ils pas apparentés ?), l'extrême spécificité de ces hapax fortuits interdit justement qu'on y croie ! Que l'amour soit un fantasme engendré par la vision d'un visage, voilà qui tombe sous le sens – mais impossible de croire à cette image, tant elle pue (Ô Abélard !) et puera l'accidentel jusqu'au tombeau ! Qu'en est-il alors de l'âme qui se dissimule derrière ?

Ladite âme est invisible, or celui qui aime ne saurait croire à l'invisible, fût-il un saint chrétien. La femme qui hante la vie de Marvell – c'est du moins ce qui ressort de ses notes marginales – devait paraître sournoise, vindicative, cruelle même, chatte sauvage enduite de fards mélancoliques, alors que dans son for intérieur vibraient agnus dei, bonté, sacrifice de soi et souplesse enfantine. A l'instar de tout poète ou amoureux digne de ce nom, Marvell ne pouvait croire qu'à l'apparence, tant l'éblouissait cette splendeur dont il endurait le maléfice – et il avait beau savoir que l'âme de la belle se révélait tout autre, cette connaissance ne lui était d'aucun secours.

L'âme est fiction définitive! Quant au visage, il apparaît comme une particularité absurde, éternellement contingente. Voilà pourquoi on ne saurait croire les femmes... Toutefois, aux yeux de Casanova, la beauté extérieure ne constitue point un hasard physiologique (soit une caricature) – et l'âme se montre fort différente d'une quelconque hypothèse invisible (tant elle équivaut à un parfait mensonge!)

Trouverait-on chez Giacomo semblable notule : « La grande souffrance, ce n'est pas de ne point être aimé par la femme, c'est de ne pouvoir l'aimer selon ma volonté – comment saurais-je m'enthousiasmer quand ma chair se couvre des épines de la critique et des feuilles mortes de l'indifférence! » Non! Il sait pertinemment que l'amour n'a et ne peut avoir de cause intellectuelle, physique ou morale!

Marvell – comme du reste tout le XXᵉ siècle – adopte le point de vue le plus malheureux que l'on puisse concevoir, puisqu'il se situe très exactement entre la pure intellectualité et l'absolue sensualité – ce qui ne peut engendrer que les pires satires burlesques! Lorsqu'on obéit soit au rationalisme extrême soit à la bestialité absurde, on peut à la rigueur s'accommoder du fait brut qu'est la femme – mais le mélange de ces deux registres constitue (règle qui ne souffre aucune exception) un vaudeville immonde! « L'amour est en lui-même question » – pareille phrase exerce sur Casanova l'effet qu'exercèrent sur Don Juan, lors d'une nuit de damnation, les pas terribles du convive de pierre.

« Dois-je décider en moi-même si la femme est mon semblable, ou moins qu'animal, *pictus masculus*, simple rareté esthétique. Ce qui me tue en elle, ce n'est point sa méchanceté ou sa stupidité (puisqu'une image inhumaine ne saurait avoir ni intelligence ni morale) mais bien la concrétude archi-objective du clou, de l'écharde, de la moisissure ou du nœud! Sans doute le mal vient-il du fait que nous traitons la femelle tantôt en " homme ", tantôt en masse végétative ou symptôme sub-cristallin − et passons, avec la plus folle inconséquence, d'une conception à l'autre. Lorsqu'une femme prétendument intelligente l'emporte en raison sur un homme, n'avons-nous pas affaire à la plus grotesque des arlequinades? La vérité objective est là, suspendue en l'air, mais nous rechignons à y croire. Et ce n'est point notre vanité d'homme qui nous en empêche − non, la vérité jaillie d'une bouche féminine appa-raît toujours comme plaisanterie, plagiat, chant du cygne, chose décadente et scandaleusement anti-chic! Lorsqu'une femme me jette à la figure une évidence un tantinet compro-mettante, il me faut aussitôt rompre avec une impatience bestiale − non que je me sente dévoilé (cela m'attriste, certes), mais bien parce que l'ordre de la nature vient de subir un affront inepte et − accessoirement − gravé au sceau d'un tragique dilettante! Qu'est-ce qui déclenche ici mon animo-sité? La vérité? La femme? Ou les deux à la fois? » De telles pensées pourraient-elles jamais venir à l'esprit d'un Casa-nova? S'appesantirait-il ainsi sur la contradiction insoluble entre la femme-*cristal* et la femme-*être humain?*

Un jour, sans doute, l'agnus-démon de Marvell s'est-il donné quelque peine pour apparaître devant le poète qui, dans une esquisse marginale, écrit :

« Cette femme est chose primitive. Son âme atteint à la structure transparente de l'amibe ou de la croix. Une ligne que traverse une autre ligne − voilà toute la complexité de sa vie psychique. Son aspect extérieur? Sauvagerie, scéléra-tesse fantasques! Je les contemple avec la même stupeur qui me saisit à l'écoute d'un conte de fantômes! Si son âme est simplicité, et son corps pure plaisanterie, comment pourrait-elle avoir raison? Car " elle a raison "! Mais de quelle partie de son être émane pareille logique ? J'ai depuis longtemps réglé mes comptes avec toutes les certitudes – foutaises dignes d'Aristophane ! – et pourtant, au regard de ce visage chimérique et de cette vie psychique réduite à la géométrie du signe plus, la vérité m'apparaît comme une chose des plus nobles et, par là même, inconciliable avec la féminité. Dois-je donc accepter les " évidences " que la femme formule à mon sujet – alors que celle-ci dans sa totalité psycho-physiologique se révèle par excellence fiction pure ? L'essence de mon être, elle, tient entièrement de la vérité – quand son parfum vibratoire relève de la fable. Blague sinistre que de m'incliner devant la vérité *fortuite* issue d'un mensonge nommé femme ! » Giacomo n'étoufferait-il pas dans pareil pétrin ? De même que Metternich, pris un jour de démence, saisit à minuit une bougie à seule fin de montrer au duc de Reischstadt les portraits de tous ceux qui attendaient la mort de l'Aiglon, le commentateur exhibe devant le visage pur et rococo de Casanova son autoportrait sous le masque de Marvell – croquemitaine, épouvantail et enfer. Telle est sa vengeance !

« Auprès de mon " amour ", me partagent deux impressions d'intensité semblable. Voici la première : j'éprouve chacune de mes paroles comme forcée et mensongère – et le moindre de mes gestes m'apparaît comme une pose de comédien étrangère à toute spontanéité. Je vis l'amour sur le mode du " comme si " ! Pourquoi donc me vois-je obligé d'agir de la sorte ? c'est que derrière cette apparence se dissimulent une contrainte ancestrale, un vrai motif, une authentique réalité : le fait même que je *doive* mentir, que je *veuille* à tout prix jouer la comédie suffit à montrer que je ne me contente point de simulacres ! La seconde variante ? Je me trouve auprès d'elle, j'entends sa voix, je suis l'ombre de sa chevelure sur la manche de ma veste, je guette l'éclat de brique sur le rouge de ses lèvres, je jouis de la mélodie huileuse de mes propres aveux, je lève mon verre à sa santé, j'ajuste ma cravate, je hume la pluie, et je nappe tout cela d'un élégant bavardage... Je sais alors que seuls ces détails atteignent à l'absolu – qui fondent l'unique réalité amoureuse. Ici, contrairement à la première variante, l'essence n'est rien (non plus que l'amour, du reste) : ne subsistent que les millions d'éventualités de l'être-ensemble! Existe-t-il entre nous quelque fatalité majeure au-dessus de quoi se déploie la végétation luxuriante et combien hypocrite de la psychologie et des circonstances — ou, au contraire, n'est-il là aucune attraction décisive — pas la moindre racine vitale! — et restons-nous simplement émerveillés par ces myriades de minuscules réalités concentrées planant sur un abîme de néant? » Casanova ne sait nulle différence entre les « nuances » du réel et son « essence ». Il a depuis longtemps dépassé le Moyen Age : substances, causes premières et autres babioles du même type ne le concernent plus — mais il est encore trop éloigné du XXe siècle pour subir le charme ensorcelant de la nuance. Il pourrait donc, à juste titre, se poser la question fort marvellienne du commentateur : est-ce le détail qui contient la vérité — ou celle-ci réside-t-elle dans l'essence?

Comme tout poète authentique, c'est sur l'arbre de la philosophie morale que Marvell va cueillir les fruits aux queues sanglantes de la beauté. Ainsi l'aveu suivant : « A considérer l'ensemble de mes expériences amoureuses, je n'y vois que nihilisme et culte du moi. » Le moraliste, typiquement, relève toujours de la « cérébralité » : il remarque en lui quelque élément, en général infime, le désigne, se grise de cette nomination critique, s'emploie à hypertrophier sa trouvaille jusqu'à la crier sur tous les toits — quand il n'exécute pas en son honneur toutes sortes de contorsions autodestructrices! La morale? Pure orgie intellectuelle!

Seuls les *humbles* pécheurs, suffisamment cruels dans leur auto-analyse, deviennent de parfaits moralistes. Les grands péchés, on le sait, n'engendrent dans le meilleur des cas que de grands regrets. Les Marvell, toutefois, ne se repentent point de leurs péchés mignons — ils s'en font tout au plus quelques montagnes, mais pour mieux les fustiger avec toute la théâtralité dévolue à l'analyse sur une scène purement rationnelle.

La confession citée plus haut indique, ne serait-ce que par son style prétentieux, que Marvell était sans doute un homme empli de bonté crédule. S'il y eut en lui quelque chose de grand, ce ne furent certes point ses fautes, mais une manière de *moral insanity*. Les splendides auto-flagellateurs et autres maîtres de l'éthique mélangent à plaisir sentimentalisme, hypocondrie, soif de raison et *furor analyticus*. Nul trait moral en eux, ne fût-ce que fortuit! Il s'agit en vérité d'une « hypertrophie éthique réservée aux pseudo-moralistes » – chose des plus étrangères au Vénitien. Celui-ci entretient d'authentiques péchés là où Marvell se vautre au sein d'états d'âme géométrisés – et se risque à la confession là où le poète met en scène sa torture sur un plan strictement intellectuel!

Existe-t-il pour une femme partenaire plus maudit qu'un être « moral » de type marvellien? Au fond, l'homme sait pertinemment que ses réactions (purs réflexes physiologiques!) n'entretiennent pas le moindre rapport avec le véritable intellect ou la plus haute morale. Sur l'un de ses bouts de papier griffonnés, nous pouvons lire :

« Quand je fais de la morale ou quand je viens à loucher sur la vérité, cela ne prouve qu'une seule et unique chose : je n'ai pu étreindre encore la femme que j'aime!

» Qu'exprime la poésie lyrique – sans parler même de Shakespeare – avec son cortège de rimes? Ni la beauté ni la nature, mais uniquement l'absence d'étreinte! Qu'est-ce que la psychologie? Un corps qui manque! La vie psychique ne tient ni en elle-même ni par elle-même : quand le corps devient oisif, il crée de la moisissure – ainsi les fruits exposés au soleil ou les murs stupides des caves. L'âme (nous entendons ici la " psychologie moderne " et rien d'autre) n'est que fonction mathématique fondée sur l'absence du corps – soit une maladie du plus haut comique! Mais le plus drôle est à venir... En vérité, étreindre une femme m'ennuie à mourir – et une fois la chose accomplie, je n'éprouve plus le moindre désir. Au fond, je ne trouve dans cette union – dussé-je les chercher au moyen d'une torche – ni mythologie, ni possibilité d'assouvir ma gourmandise, ni plaisir intellectuel ou esthétique. Toutefois – fait piquant – si ladite chose ne s'accomplit pas, il me faut assister impuissant à la naissance de la " vie psychique ", ce luxe inutile marqué au sceau de la pourriture. A tout prendre, mieux vaut la femme! »

Ailleurs, il écrit à la craie verte : « *corpus nolens* », qu'il accompagne aussitôt de la remarque suivante :

« Comment me suis-je fourvoyé dans une si méchante affaire – quelle fut donc la cause de tout cela? En premier lieu, ma vanité! Il va de soi que si un motif aussi mesquin et maladroit me pousse vers la femme, je ne manquerai pas d'être condamné aux galères de la psychologie... C'est sans doute son corps qu'il me faut désirer – et ceci quelle que soit ma répugnance principielle ou fort tangible à l'endroit d'une telle matière. Ne point commencer par le commencement, toutefois, ce serait comme émettre de confuses bulles d'air dans la nuit... Mais est-ce bien là le destin d'Andrew? Je dois évoquer encore ma propension au sentimentalisme exacerbé – toutes ces larmes répugnantes issues, idylle après idylle, de la sublimation d'une vitalité diffuse et qui stagnent aujourd'hui entre la chair et l'Évangile, moquant à la fois Aphrodite et Jésus! Comment fonder l'amour sur un tel magma? Comment y entraîner la pleine santé et la douce intelligence qui constituent la femme? Et le troisième motif? Relèverait-il de la pure esthétique? Beauté nichée au fond des yeux, fascination suscitée par quelque déformation osseuse ou les vagues d'une chevelure? A trop fixer le regard sur de telles choses, on ne peut plus s'en dépêtrer – on s'y englue! –, de même que la contemplation détaillée d'un chef-d'œuvre n'incite nullement à en tirer une conclusion susceptible de mener à des actes. La badauderie n'aboutit pas à l'accouplement – or, il faut que celui-ci prenne place, car – si vide soit-il! – son absence conduit à un néant plus vaste encore : l'*âme*, au sens moderne du terme. Vanité, épanchement, jouissance de la beauté – tels sont les anges exterminateurs de l'amour!

» Serai-je en mesure de décider avant la tombe si je fus

homme futilement volage ou, au contraire, tragiquement fidèle? Tantôt j'ai le sentiment d'être un parfait tricheur (au petit pied, toutefois, vu l'abondance de mes sanglots!) – comme si je passais le plus clair de mon temps à débiter force mensonges, gros ou petits. Mais ne suis-je pas mensonge moi-même, entouré d'une multitude de femmes papillonnantes (les grands génies de l'amour sain rechignent souvent aux liaisons parallèles quand de lâches amateurs n'hésitent pas à entretenir quatre maîtresses à la fois)? De telles choses ne tiennent-elles pas de la plus extrême bassesse? Mais... mais! Aux images-souvenirs, aux rêves, aux associations que les femmes suscitent en moi, je voue une fidélité religieuse autant qu'exaltée – n'est-ce pas là l'essentiel? La fidélité relève-t-elle de la morale ou constitue-t-elle plus simplement une adaptation courtoise à l'égoïsme bestial du partenaire? Cette alternative n'est-elle pas elle-même chimère, artifice, contingence morbide?... Pourquoi sommes-nous réduits au corps et à l'âme? N'existerait-il pas un troisième (voire un quatrième) élément, l'emportant sur ces deux-là et susceptible de mettre un point final à cette comédie? Je fréquente une autre femme – donc je trompe la première... Toutefois, c'est à celle-ci que s'attachent mes songes – et sa beauté fonde le noyau réel de ma vie! Comment pourrais-je l'avoir trompée? Ce serait alors l'autre que j'aurais dupée, tout en éprouvant de la nostalgie pour la première cependant que... Mais non, mon corps, porté par sa foi en la matière, s'occupait d'une autre chair et non de vagues mélancolies! Ainsi retombons-nous dans nos éternelles clowneries... Inconsistance frivole ou fidélité aveugle – comment saurions-nous choisir quand nous ne disposons même pas d'un commencement de critère? » Casanova, lui, sait que de tels critères – simplissimes! – existent, et il sourit devant tous ces sophismes stériles...

Mais comment échapperait-il à la glose, celui qui, à propos du sexe, écrit :

« L'étreinte, d'évidence, se révèle étrangère à toute dimension pathétique. Or, ma femme vibre de passion, elle que secouent des nerfs minuscules et autant de dieux humides dès que je l'effleure, ne fût-ce que d'un doigt ou des lèvres!

» Naturellement, la chose semble par trop insignifiante pour qu'on puisse risquer la question : s'agit-il d'hystérie ou, au contraire, de poésie lyrique ouverte au divin? Quoi qu'il en soit, la gêne aussitôt m'envahit – je voudrais m'enfuir, ou du moins rire aux éclats. Il me faut donc éviter ma compagne, comme le chat tourne autour d'une pâtée bouillante – tout en m'accommodant mal de ce quakérisme gomorrhéen. Car qu'est-ce que l'étreinte? Un mélange d'humour et de technique. Et si la chose se révèle cocasse, c'est précisément qu'elle relève d'une méthode. Faire ceci ou cela – éteindre, allumer, déboutonner, essuyer, couvrir, chercher, fermer, soulever... Impossible ici de jouer de la harpe avec les nerfs ou de « mingle with the universe »! Tout au plus se risquera-t-on à faire la noce, à l'imitation d'un apprenti-menuisier souabe... »

Au regard de Casanova, cette déclaration venue du XVIIᵉ siècle (ou du XXᵉ?) fait l'effet d'un blasphème. Voilà ce qu'est devenu son classicisme! Voilà les ruines auxquelles ont abouti nature, étiquette, poésie, religion, harmonie rococo faite de quiétude et d'obscurité – chaque parole marvellienne brise les glaces de Versailles sur un tas d'ordures! Mais c'est précisément ce que vise le dernier commentaire : montrer que Casanova était voué à la damnation, Polycrate à l'instant fugitif, et le XVIIIᵉ siècle à l'amour!

Poussons donc plus loin le sacrilège :

« A mes yeux, l'accouplement et l'amour sont choses étrangères l'une à l'autre. Chacun de ces registres, réservoir de néant et d'éphémère, rappelle les pantalons des Paillasses d'autrefois : une jambe blanche, et l'autre noire. D'évidence, l'amour, signe d'une étreinte non encore accomplie, est un fait négatif. Quant à l'accouplement, lié étroitement aux couches les plus bestiales de la bête qui nous constitue, il s'apparente au mouvement biologique des amibes primitives. Ni gloire mythique, ni faute démoniaque... Attacher une valeur quelconque à pareille chose outragerait le bon sens! »

Le corps échappe au bien comme au mal, à la valeur comme au néant, au sublime comme au méprisable – c'est une donnée anonyme située en dehors des fantasmes humains de la vérité et de la morale. Du reste, ce n'est pas cette dimension-là qui m'attire ici. Non, ce que je veux dire à propos du corps, c'est qu'il est impossible d'y croire (sans parler même de lui faire confiance) – et que ce serait folie de bâtir sur son assise une quelconque forme de vie. L'étreinte est une fonction vierge de toute conclusion pratique – ou, si l'on préfère, la résolution d'une crispation nerveuse à l'intérieur de limites précises : celles d'une fin en soi aveugle! Or, pour son bien ou pour son malheur (débat digne d'une pouponnière!) l'homme se montre infiniment supérieur ou à tout le moins – soyons précis – fort différent d'une amibe ou d'un simple réflexe nerveux. Ainsi l'étreinte en tant que telle ne saurait le satisfaire, qui manque des fondements nécessaires à la construction d'une entreprise pleinement humaine. Elle s'apparente à un intermède incolore – mini-mystère bureaucratisé et accepté bon gré mal gré. Elle *est*, un point c'est tout.

Qu'est-ce qui se substitue donc à ce moins que rien? L'amour, avec la puanteur de sa poésie, les mensonges de ses variantes psychologiques et la maladie de sa morale! La sporulation anarchique de l'âme? Sophisme incarné, fioriture vouée à son auto-reproduction, ornement létal étranger à tout sens, chose mécréante, simulacre chaotique! Si le corps ne vaut pas tripette (son anonymat plasmatique semble si éloigné de l'humain que cette indépassable irrationnalité est plus ennuyeuse encore que l'ennui) – son succédané, l'« âme » apparaît comme un humus vain et néantisé, tant sa « raison » n'est que mécanique tournant à vide ou automatisme compulsif. Qu'elle tienne du syllogisme thomiste ou du carnaval surréaliste des associations, toute pensée équivaut à une prolifération pathologique située à égale et pittoresque distance du pus et du cancer! Or, l'amour c'est précisément cela : une accumulation de nuances – à la rigueur supportable lorsqu'un

Proust s'efforce de la canaliser, mais qui finit toujours par anéantir la partenaire...

Il semble loisible d'établir une distinction entre « femme idéale » et « femme-femme ». (Réunies en une seule et même personne, les deux apparaîtraient naturellement des plus incongrues.) La femme au profil et au corps typiquement féminins avive mieux notre sensualité – mais comme l'amour est affaire de vanité et non de biologie, notre désir nous poussera éternellement vers la femme idéale (plus décorative que l'autre, quoique souvent plus froide au lit). Or, ce n'est point par plaisir que l'on garde une compagne, mais à seule fin de s'en vanter auprès des autres. C'est dire que du point de vue érotique – inconvénient majeur! – la femme idéale n'entre pas en ligne de compte.

Domaine où se déploient au contraire les talents de la femme-femme – mais l'accoutumance fait que ses traits marquants se déforment en caricature et finissent, après quelques étreintes, par sembler répugnants. En quelques secondes, la belle se mue en horreur, par les signes mêmes qui avaient captivé nos sens! Choisissez donc, si vous le pouvez, entre ces deux joies élyséennes!

Il n'est qu'une seule forme d'amour à la fois réelle et empreinte de beauté : la remémoration nostalgique d'un être depuis longtemps abandonné. Ici, rêve, absence et réalité se confondent en une superbe mélodie. Le mystère du temps et de la vision envahit tout – c'est cela, l'amour! La souvenance est le seul domaine où la conscience me prend d'un univers lyrique. La femme présente, elle, n'est que question, colère, ennui, sensualité, tergiversation – toutes choses qui, pour moi, ne furent jamais sentiments. Notre affection, notre admiration même, va aux compagnes du passé. A dire vrai, nous n'aimons qu'elles! Seules réelles, seules capables de nous influencer, voire de nous affiner – au contraire des femmes présentes qui transpirent la gêne, le désordre brut et grossier! Celle qui affirme péremptoirement que les anciennes maîtresses de son compagnon ne l'intéressent pas fait sans doute

preuve de magnanimité et de sens pratique – mais autant
dire que l'essence amoureuse réelle de l'homme ne la concerne
en rien! Car, au regard des flamboyantes plumes de paon qui
ornèrent l'amante abandonnée, la maîtresse actuelle n'est
qu'un vil pou!

Peu importe que ce soient les hommes de ce type – ceux
qui considèrent avec le plus grand pessimisme les relations
entre les deux sexes – que ce soient ces hommes-là, dis-je,
qui, contrairement aux amoureux dotés d'un regard de poisson frit, perçoivent l'amour comme le miracle poétique
absolu et la source la plus cristalline de la raison – offrant
ainsi à la femme – pour un instant ou pour une semaine
– le plus grand *bonheur* qui soit. Seul cet insondable néant
est à même de faire jaillir la beauté au sein de l'amour,
seuls ce cynisme mensonger, cette noire tromperie peuvent
rendre les femmes éperdument heureuses! Les hommes qui
*croient* en l'amour provoquent à longueur de jour non seulement l'ennui mais encore d'innombrables tragédies mes-
quines. En moins de quelques semaines, leur idéalisme, leur
fidélité, leur morale et leur confiance transforment les
femmes en loques! C'est qu'à leurs yeux, prendre l'amour
au sérieux ne signifie rien d'autre que d'en privilégier les
aspects les plus périphériques, les plus accidentels – matières
étrangères que la relation homme-femme, comme égarée
dans la société, ne charrie que fortuitement. L'amour ne
saurait être vécu, ni dogmatisé : c'est un pur moment, un
staccato, suivi d'un autre, indépendant du premier, puis
d'un troisième tout aussi isolé – vouloir les relier entre
eux afin d'en composer un legato juridique, c'est faire preuve
d'un esprit borné. L'amour est l'instantané de l'instant, une
saveur, une constellation stratosphérique vierge de tout
antécédent et soustraite à tout avenir! L'anéantissement de
cet atome créateur signifie la fin de l'amour – et il n'est
plus qu'à tout recommencer...

La rencontre, par essence isolée, dépend de circonstances
extérieures. Entre deux rendez-vous amoureux, il n'existe

aucun lien, aucune circulation naturelle. Comment les gens ne s'en rendent-ils pas compte ?

Les larmes, la foi naïve qui accompagnent nos déclarations « pour la vie » découlent directement du fait que, par exemple, une chenille vert clair s'est introduite dans le sac de notre compagne et que celle-ci, la tête penchée en avant et le visage enfoui dans la chevelure, s'est mise prudemment à la chercher de ses doigts osseux : c'est cette chasse muette autant qu'enfantine qui nous émeut et nous incite à parler mariage, fidélité, rédemption − sans même nous douter que ces feux follets ne sont que symboles ludiques, métaphores fugitives pour chenille, sac à main et visage enfoui au fond d'une chevelure !

Il suffit que la chenille réintègre l'herbe, que le sac se referme d'un bruit sec et insolent et que la belle ramène ses cheveux en arrière pour que nous éprouvions l'infinie vacuité, la comique invalidité de tous nos bavardages parasitaires sur le mariage et la fidélité éternelle.

En amour, tout est affaire d'une fraction de seconde : l'infinitésimal l'emporte toujours sur les valeurs constantes. Le pessimiste le sait, qui braque ses phares sur ce qui, dans l'instant, l'excite chez sa compagne − son corps, sa robe, son odeur, son ombre, la pensée qui traverse son esprit (dont il fait l'éloge et qu'il cerne aussitôt des plus rigoureuses définitions) − toutes choses qui la rendent heureuse, car au lieu d'y voir l'inspiration du moment, elle les reçoit comme autant de preuves d'amour. Le seul critère d'une grande passion, c'est qu'elle ne peut durer qu'un instant !

Quelle tragique volupté, quel sadisme sacré se dissimulent derrière cette absolue tricherie ? Oui, absolue, car si naïf qu'un tel mot puisse paraître, certaines de nos infidélités nous communiquent un sentiment de plénitude mathématique − quand d'autres nous semblent inconsistantes et dépourvues de tout satanisme...

La première de ces joies noires, c'est que nos propres tromperies nous révèlent l'anéantissement total de l'amour. L'existence même de cette parfaite imposture montre assez le formidable non-sens qui préside aux relations entre l'homme et la femme – et l'indestructible ascète qui vit en moi ne peut que s'en réjouir! Dans le même temps, je m'attends à ce que mon infidélité criarde – à la sanglante géométrie! – attire sur moi les foudres du ciel (par exemple, lorsque l'une de mes amies, tombée malade, compte sur mes soins, et que je choisis précisément ce jour-là pour me rendre auprès d'une autre chez qui je ne suis encore jamais allé – et de demeurer plus longtemps à son chevet qu'à celui de la malade...). J'ai le sentiment que ma perfidie se voit comme le nez au milieu de la figure – le regard de celle que je leurre va-t-il me réduire en cendres? En quelque manière, ma moralité maniaque réclame que le tohu-bohu de l'enfer vienne relayer la latence de la damnation – oui, que l'enfer me prenne enfin et qu'il m'engloutisse!

Je savoure avec une sensiblerie gourmande la douleur que pourrait éprouver cette femme trompée si elle savait par quelle symétrie planifiée et blasphématoire je la dupe! Si je ne la bernais avec tant d'ignominie, je ne pourrais la plaindre avec tant de compassion; or cette compassion apparaît bien plus durable que les étincelles provoquées par l'impression du moment – qui, elles, s'avèrent stériles du point de vue de la femme. Celle-ci a donc intérêt à se voir trompée, puisque je la chéris et la protège d'autant mieux... contre ma propre scélératesse. En outre, animé par une curiosité toute scientifique, je me demande comment une mystification aussi traditionnelle peut s'accomplir dans une telle simplicité, voire un tel confort. On dirait que les yeux ne voient pas plus loin que le mur et qu'au-delà de la sonnerie de l'entrée, les oreilles n'entendent plus rien. Comment parvient-on à tromper quand on est spatialement si près de l'autre – étant entendu que, temporellement parlant, la duplicité est parfaite?

Le lendemain, j'apprends de la bouche de ma compagne alitée tous les détails de son attente – lors même que je sais avec précision la nature de mes occupations au même moment. Il aurait suffi qu'un tiers grimpât en haut d'une tour de cent mètres pour qu'il vît immédiatement la simultanéité de ma double tromperie! Et si celle-ci ne fut point révélée, c'est en raison de ce simple hasard physique — de l'inexistence de cette tour! Comment une chose aussi épouvantable est-elle *possible?* Alors qu'elle quittait son lit afin de me téléphoner, je m'entretenais avec l'autre qui, pour la première fois, m'accueillait dans son intimité. Oui, comment Dieu, la nature, la morale et même le téléphone peuvent-ils tolérer pareil écart! Qu'est-ce que cela veut dire?

Mais pourquoi discourir sur l'impossibilité de l'amour? De telles absurdités seraient-elles absentes de la simple affection entre amis, parents ou enfants? Qu'est-ce au juste qu'une affection? L'attrait sentimental qu'éprouve un être humain pour l'un de ses semblables? Si la question se pose avec autant de naturel, c'est que ce rapport particulier à notre prochain n'est — d'évidence — ni nécessaire ni essentiel — et, si commun et inévitable soit-il, il apparaîtra toujours comme quelque accident singulier (au choix, maladie, suggestion diabolique ou plaisanterie).

Oui, pourquoi ai-je tant besoin de l'autre, alors que je ne sais en lui rien d'attrayant? Tout simplement parce que Dieu exagère sa propre invisibilité — autrement dit, parce que nous remplaçons ladite invisibilité par la concrétude apparente et salutaire d'autrui. Toute affection humaine est peu ou prou variante blasphématoire, tragique idolâtrie — puisque l'on s'accroche à son prochain au lieu de se cramponner à Dieu! Et une fois ce prochain choisi, nous tenons à lui avec l'avidité du drogué comme pour mieux faire taire la soif naturelle qui nous pousse vers Dieu. Ainsi deux êtres humains s'habituent-ils l'un à l'autre, s'ennuient ensemble ou s'étonnent réciproquement. Si le prochain existe, c'est faute de mieux — nous avions besoin de Dieu et nous trouvons à sa place un épouvantail biologique : ami fidèle, femme parfaite, mère exemplaire ou vieux précepteur. Et une fois accoutumés à cette drogue paresseuse, comment pourrions-nous en décrocher?

Dès que nous prisons quelque chose chez ce polichinelle

appelé « l'autre », nous cherchons aussitôt à nous en emparer
– et comme il s'agit d'une qualité spirituelle, nous nous
inventons cette histoire d'affection, laquelle n'est autre qu'une
technique d'appropriation tirée par les cheveux...

L'hypocondrie joue également son rôle ici. Nous vivons
l'existence d'autrui par le prisme d'une imagination nerveuse
– et, dans le même temps, l'amour que nous entretenons à
l'égard de nous-mêmes se trouve être trop débordant. Il lui
faut donc un mannequin pour l'empêcher de se répandre sur
l'asphalte! Pas d'affection sans désespoir! Le reste? Accessoire, sécrétion fortuite de moments dépourvue de toute pureté
archaïque – bref, décadence! On imagine aisément ce que
celle-ci devient si nous l'emmenons brouter sur les prés de
la sexualité!

N'est-il pas comique, Andrew, que tu souhaites encore d'être
aimé? Te transformeras-tu donc en mendiant? Que pourrait
bien chérir une femme en toi? Puisque, qu'elle soit l'une ou
l'autre, son corps t'ennuie, et que tu le désires une fois l'an
sous l'emprise de quelque distraction? Ou bien espères-tu
gagner ses faveurs en renvoyant toute vie psychique dans la
catégorie de la grippe virale, en considérant la morale comme
une maladie et la fidélité comme un leurre – sans parler
même de l'affection que tu tiens à la fois pour un défaut
originel et une névrose collective? Crois-tu réellement que
de telles attitudes facilitent le contact? – Mais, après tout,
n'est-ce pas de tels êtres qu'il faut aimer? Ces solitaires
tenaillés par la méfiance? Lorsqu'un tel négateur d'amour
découvre précisément celui-ci chez autrui, il s'anéantit de
gratitude et de bonheur nostalgique! Ainsi, aimer Andrew
Marvell n'est sans doute pas une proposition complètement
grotesque... Et il se donne lapidairement la réponse à lui-
même : « Impossible d'aimer un écrivain, puisque celui-ci ne
peut aimer! »

A côté de ces plaintes d'un caractère fort général, on trouve
aussi quelques lamentations spécifiques :

« Les souhaits et les exigences des femmes à l'endroit des

hommes sont assurément contradictoires. La mienne goûte particulièrement deux choses : d'une part, le somnambulisme poétique, les jeux évanescents chers à Ariel – et de l'autre, l'argent, le succès, la carrière politique et (pourquoi pas?) une chaire à l'université d'Oxford. Peu lui chaut que ces deux registres s'excluent mutuellement! Le beau sexe, reconnaissons-le, mêle à plaisir la soif romantique et l'ambition dévorante. En outre, mon épouse a la chance insolente de connaître un professeur à Oxford – que j'aime à qualifier d'Excellence lunatique, puisqu'il tient à la fois de la poésie extravagante et de l'arrivisme desséché. Brave homme qu'elle me cite toujours en exemple – à moi! qui ne suis ni bohème ni recteur d'université... Qu'est-ce qui conduit les gens à distinguer « flirt éphémère » et « passion fatale »? Voilà pour moi une énigme éternelle. Dans les deux cas, en effet, le point de départ est le même. Et je ne sache pas qu'il puisse y avoir progrès au sein d'une relation amoureuse – puzzle artificiel fondé précisément sur des points de départs autonomes et infiniment renouvelés. Qu'une femme devienne partenaire fugitive ou épouse sacrée, liaison sans lendemain ou Iseut mortifère – voilà qui dépend de circonstances extérieures parfaitement insignifiantes. Toutefois, en renvoyant après usage une femme dite « facile », et en percevant par la suite, dans quelque endroit inopiné, le parfum de son eau de Cologne, on comprend comme sous le coup d'une illumination que cette pimbêche d'un instant – objet d'une fidélité exaltée et signe d'une fatalité poétique! incarnait le mythe même de l'amour! Et, *a contrario*, chaque fois que nous partageons *fatalement* notre corps, notre morale et surtout notre temps avec une femme « sérieuse », nous sentons confusément que sa grandeur définitive ne provient nullement d'elle-même, mais de quelque détail infime : un jour de pluie, la rencontre inattendue d'une jeune fille agréable que l'on se propose de raccompagner (afin d'en fuir une autre, fort désagréable celle-ci...), etc. La fatalité n'est qu'une vaste fumisterie, quand tout flirt porte en lui d'innombrables possibilités fatales. »

Casanova, la chose est piquante, connaît par hasard cette
théorie marvellienne, à ceci près, qui fait une différence
énorme, que pour lui flirt et passion sont aussi distincts que
l'or et le fer-blanc, et qu'il ne conçoit nulle chimie suffisamment destructrice pour les réunir !

« Il apparaît que les écrivains demeurent éternellement ce
qu'ils sont. N'est-il pas comique de constater que tout en
griffonnant ces notes marginales fort pessimistes, je jette sur
la pendule quelques coups d'œil impatients, car je guette le
moment de revoir mon amour ? On ne saurait se douter de
l'abîme qui bée entre la vie et le libre cours de nos pensées.
Sans quoi je ne pourrais être – aussi souvent ! – un amoureux
comblé ! Et le plus comblé du monde au moment même où
je parviens, juste avant un rendez-vous, à décrire avec la plus
extrême précision la parfaite inutilité de tout rendez-vous !
Ainsi ai-je pu affirmer à l'instant que les écrivains restent
fidèles à leur essence : le fait naïf d'avoir su cerner leur
malheur l'oblitère aussitôt – et ils se précipitent en gazouil-
lant dans les bras de leur maîtresse afin d'y retrouver beauté,
quiétude et bonheur printanier. Au fond, la femme « intelligente » n'est-elle pas stupide ? Il suffirait en effet qu'elle
retrouve ces notules nihilistes pour m'abandonner prestissimo comme le rapide laisse derrière lui les bornes kilo-
métriques... Or, ce pessimisme *formulé* constitue mon unique
aphrodisiaque : en jetant sur le papier mon anathème, je me
métamorphose en galant passionné, tendre et pragmatique –
en ce mythe parfait auquel rêvent les femmes dans leurs
songeries les plus optimistes !

» En amour, l'occasion apparaît comme la chose la plus
stupide qui soit. Tel est pourtant mon lot. Ma vie durant, je
n'ai jamais rencontré femmes ou désirs, mais uniquement
des occasions dont il me fallait impérativement profiter –
sous peine de me voir traiter (par moi-même) de mathématicien maladroit pour avoir laissé échapper la solution de
problèmes aussi peu ardus. Laisser passer telle ou telle occasion unique est un crime contre Dieu, se dit-on généralement,

exprimant ainsi – quoique involontairement – la plus redou-
table vérité. Car la femme n'est ici qu'un accessoire sans
importance, voire un facteur gênant qui ne fait que souiller
la pureté idéale de l'occasion! Depuis que je suis sur terre,
les femmes n'ont fait que gâcher les plus superbes rendez-
vous... en y venant! Et pourtant, obstination stupide, chaque
fois que j'entends parler de villas isolées dont on voudrait
me confier la garde, de rivaux partis en voyages ou de projets
de croisière, mon cœur bondit de joie – mais, au moment
décisif, je comprends enfin ce qu'il en est, à savoir que par
sa seule présence, la femme piétinera immanquablement l'occasion, cette douce et heureuse abstraction!

» Il arrive parfois aux amoureux de pratiquer le pseudo-
genre inutile de la conversation. Inutile, car ce dont on s'entretient est soit futile, soit importantissime – et dans un cas
comme dans l'autre, « seul le silence est grand ». Mais les
amants sont des fous au second degré – le premier degré de
leur démence n'étant autre que leur qualité d'être humain...
Où va donc mon discours lorsque j'ai le loisir d'accrocher
mes paradoxes de routine à un porte-manteau féminin?

» Il se constitue d'abord de tout ce que l'impressionnisme
sensible fournit au cerveau : ceintures vertes d'une largeur
infinie entourant des tailles d'une infinie minceur, rayures
blanches striant une robe bleue – mille détails infimes qui
ont généralement le don d'agacer notre partenaire. En effet,
celle-ci est prête à accepter, voilà qui est étrange, les compli-
ments les mieux rebattus (puisqu'elle croit qu'ils s'adressent
à elle seule), mais vient-on à décortiquer ses traits les plus
personnels, elle devine aussitôt que l'accent n'est pas mis sur
sa personne, mais sur la virtuosité de l'analyse. Ce qui ne
m'empêche point, en parfait idiot, de poursuivre celle-ci infiniment...

» L'autre source de mes conversations? Appelons-la « stra-
tégie diplomatique »... Hypocrisies, pièges, affûts et hameçons
– chaque rendez-vous amoureux se tisse comme un énorme
ouvrage de dentelles mensongères. Source d'énervement et de

lassitude, que dis-je?, moteur de tous les maux imaginables
– sans lequel toutefois la relation homme-femme apparaîtrait
tout bonnement impossible...

» Un troisième objet de discours, opposé au précédent, se
fonde sur le désir – quelquefois désespéré – par quoi les
amoureux aspirent à découvrir ensemble quelque vérité psychologique définitive, d'un archaïsme moral à toute épreuve
– mais comment parvenir à un résultat quelconque là où
âme et vérité s'emploient à brouiller les cartes?... Voilà donc
les sources rafraîchissantes de la conversation amoureuse! Je
vous souhaite bien du plaisir, Mr Marvell!

» Si j'ai frayé (bricolé?) avec tant de femmes, ce fut surtout
par une manière de cynisme ascétique. Je croyais que les
femmes, à parcourir ainsi en tous sens mon corps et mon
cerveau, finiraient par anéantir en moi toute vélléité érotique
– et ceci autrement plus vite que si je me réfugiais dans la
seule abnégation! La farce et la souillure, les scandales grotesques seraient-ils de plus fidèles Antéros que le jeûne et la
pénitence? Mais à quoi ont abouti de telles pratiques auto-
torturantes? Par le truchement de ces techniques spirituelles,
j'ai certes exterminé les femmes, mais non point l'amour!
Autour (et en raison) de moi, mes compagnes vivantes ago-
nisaient, tandis que moi, auto-flagellant sanctifié, je barbotais
dans mon égoïsme d'esthète – oui, j'observais, j'analysais et
j'écrivais des poèmes! Ah, pareille moralité – ne faudrait-il
point la faire breveter!

» Aux jeunes et aux vieux qui recherchent dans la femme
une compréhension avide, un lyrisme susceptible de leur faire
entrevoir les secrets végétatifs de la nature, je ne puis que
délivrer ce conseil d'importance : fuyez les regards profonds,
les silences ardents, les évanouissements chthoniens et autres
transes du même genre – car la belle qui se livre à de tels
excès se verra toujours guettée par l'apathie subite, la léthar-
gie inopinée et la grisaille insolente de l'indifférence! Toute
chose profondément vitale est stérile, tout geste typiquement
végétatif frôle l'impuissance ignorante et le non-vouloir idiot.

Grands sentiments et lyrisme forment une exaltation relevant d'un ordre différent, ce qu'ignoreront toujours les abonnés au pathos biologique.

» Il existe deux mystifications au monde : la stérilité comique de la mystique et l'impuissance grotesque du rationalisme – ou, si l'on préfère, la vantardise chthonienne et le bluff voltairien. La profondeur du sentiment et la clairvoyance affranchie de tout préjugé, voilà les deux parodies classiques de l'homme – prière de ne pas l'oublier durant la ronde sexuelle ! J'ai évoqué tout à l'heure l'éternelle inutilité de la femme aux battements de paupières lourds et alanguis – mais celle-ci, remarquons-le, se révèle en même temps une logicienne acharnée, qui entend contrebalancer (sans le moindre succès, bien entendu) l'infécondité d'un pôle par celle d'un autre pôle. Au fond, le rationalisme est seul en mesure de rivaliser avec l'innocence des bébés et la fraîcheur à la fois tangible et apaisante des violettes : aussi, ne faut-il point trop lui en vouloir... « Laissez venir à moi les êtres raisonnables », conseillait déjà Jésus à toutes les mamans juives. En quoi consiste donc l'incomparable fleurbleuisme de la femme logique (toujours identique, ceci posé, à celle qui se livre cycliquement aux pires accès démoniaques) ? Il existe quelque part un ouvrage en vers ou en prose intitulé *les Quinze Joies du mariage,* mais les femmes appartenant à la catégorie que je viens d'indiquer sont justiciables d'un tout autre opus, imaginaire celui-là, qui pourrait porter pour titre *les Deux Joies du rationalisme.* De telles femmes, chaque fois qu'elles se retrouvent affrontées à un acte donné, lui découvrent toujours une motivation surprenante capable de le contredire à peu de frais. A leurs yeux, un acte A se voit toujours déterminé par une raison B : sous quelque geste charitable, elles débusquent de l'égoïsme, de même qu'elles traquent l'orgueil derrière l'humilité, la lâcheté derrière l'impertinence, la neurasthénie derrière l'héroïsme, le désir de paraître derrière le puritanisme, la sensiblerie derrière le cynisme, le sens des affaires derrière l'ascèse, le raffinement derrière la simplicité, l'impuissance derrière la sensualité, etc. – ce jeu que l'on pourrait poursuivre à l'infini n'est-il pas des plus lassants ? Mais les filles de la raison, elles, ne s'en lassent pas, qui prient tous les matins le Bon Dieu afin qu'il leur accorde leur ration quotidienne de mystères à dévoiler. Or Dieu, on le sait, s'avère toujours miséricordieux...

» Lorsqu'elles sont fatiguées d'égrener ainsi le chapelet des *causes*, elles s'acharnent à démonter les rouages, la structure intime d'un acte ou d'un caractère masculins. Et une fois qu'elles tiennent entre leurs mains ce squelette des squelettes, leur satisfaction augmente d'autant. Peu leur importe qu'au regard de la totalité d'un homme, la structure en question ne soit même pas comparable à un cintre jeté aux ordures! Ce que veut la raison, en effet, ce n'est pas l'essentiel (et encore moins le vrai!), mais l'évidence, et une évidence rapidement accessible – car telle est sa nourriture vitale. Or, les choses raisonnables et sensibles de la vie se situent précisément entre ces deux pôles – et se révèlent aussi éloignées du pathos végétatif que de la pâle logique narcissique de la raison.

» De quoi se constitue donc la femme « intelligente », genre particulièrement à la mode depuis la Renaissance? Précisément du schéma que nous venons d'esquisser, où s'opposent pathos biologique aveugle et rationalisme tenace. Si nous entendons dépasser un tel schéma, il nous faut partir de ces dispositions narcissiques – de cet égoïsme tragique qui, comme ému de lui-même, cherche à élever le Moi au rang de la sainteté, jusqu'à rendre esthétiques et morales sa propre déréliction et son insensibilité à l'égard d'autrui. Une autre composante de la femme intelligente? Une certaine élégance, proche de la mondanité, dont elle s'écarte pourtant à la dernière minute par la dureté de l'intellect – ses ceintures et ses chapeaux sont décidément trop rigides et témoignent d'un défi trop violent pour figurer dans un numéro de *Vogue*.

» De telles femmes au goût « sûr » et parfait – chose intéressante – échappent toujours à la mondanité. Ce sont plutôt

des humanistes irréductibles dont les ceintures manifestent
assez la propre solitude narcissique – qu'elles aggravent jusqu'à la rendre définitive par un mélange savant d'insolence
et de désespoir. Les authentiques mondaines, dotées d'un goût
plus souple, plus instable, se tournent précisément vers le
monde et se préoccupent moins de fixer leur propre personnalité. Mais qui voudrait être mondaine? demande alors, non
sans fanfaronnade, cette quasi-mondaine animée par le plus
vif ressentiment. Son élégance, sa morale et jusqu'à son
ménage sont fatalement imprégnés de puritanisme : la belle
n'aime pas tourner autour du pot, et tient en horreur les
contrefaçons ou les simulacres chers au baroque. Tout ce qui
ne relève pas de l'évidence ou du dévoilement pur et simple
est pour elle maladie ou mensonge. Il s'agit là, naturellement,
d'une conséquence de sa solitude et, accessoirement, d'une
variante naïve autant qu'innocente de sa paranoïa. Dans sa
peur d'être dupe, dans sa volonté exacerbée de se protéger
contre un tel danger, elle cherche à dénigrer toute complexité
– jusqu'à la ramener aux pires schémas réductionnistes.

» Qu'elles le cachent, qu'elles l'exhibent, ou qu'elles se
montrent indifférentes à cet égard, ces filles porteront jusqu'à
leur mort l'empreinte d'Oxford et de Cambridge – ou, si l'on
préfère, le sceau de cette reine Elizabeth, capable de s'entretenir en grec avec de grands professeurs et de réciter quantité
d'épopées hispanisantes à seule fin de flatter les crédules gigo-
los d'Asturie. Au vrai, l'ombre de l'Université se projette sur
ces femmes de façon singulière, imparfaite même – il s'agit
d'une quasi-ombre, comme leur mondanité n'est qu'une
presque mondanité. Mais sans cette empreinte, Andrew Marvell n'eût certes pu les approcher. Chez elles, la faculté gothico-
parisienne chère à un saint Thomas se dégrade en un parfum
intellectuel hautement féminin – ces dames se parent de
thèses comme d'autres s'ornent de fleurs... Le niveau de leurs
lectures paraît toutefois indépendant de cette fausse grossesse
universitaire : les livres qu'elles parcourent, en effet, se situent
– avec quelle précision géométrique! – à égale distance du

vulgaire et du sublime. Elles ne sauraient donc comprendre les écrits de mon ami, que dis-je! de mon frère John Donne – ce qui suffit assez à dessiner leur exact contour. Elles cultivent naturellement des manières de bébé stylisé, sortes de *baby-fying Goliath* – selon la définition d'un ami théologien – qui ne s'expriment qu'à l'imitation des gestes, mimiques et intonations réservés aux jeunes enfants. C'est que leurs pensées comme leurs sentiments portent trop la marque du cynisme ou de la passion pour être formulés d'une façon socialement accessible. En outre, elles se révèlent incapables de mentir – non toutefois par scrupule moral, mais en raison de leur attachement quasi morbide à la réalité.

» Leur vie tout entière se modèle selon des clichés « raisonnables » – après tout, le cerveau comme le cœur ne suivent-ils pas les sentiers les mieux rebattus – et les plus utilitaires? Et l'on sait à quel point la femme cultive l'esprit pratique! Si elle ignore quelque chose, c'est bien le luxe de la pensée!

» La description du rose en tant que rose, fût-elle d'une richesse exubérante, laisse pareille femme froide et indifférente – jusqu'à définir de telles analyses minutieuses (elle!) comme relevant d'une neurasthénie élémentaire! En revanche, si un auteur de troisième ordre vient à lui affirmer – bluff insipide! – que le rose, à proprement parler, n'est pas rose, mais blanc, mauve ou n'importe quoi, la voilà qui se jette avidement sur cette « révélation » dans laquelle elle flaire je ne sais quel esprit pratique ou réaliste. Si elle s'en prend avec tant de fureur mécanique aux illusions, c'est en général parce qu'elle fut victime d'une grave déception dont elle entretient tendrement le souvenir. Abandonnée par l'homme qu'elle aimait, elle faillit succomber des suites d'un avortement; ou elle contracta mariage pour satisfaire sa pauvre mère; ou encore sa meilleure amie devint une vedette de cinéma après avoir couché avec un salaud notoire – jamais, au grand jamais, elle n'eût été capable d'une telle forfaiture! Forte de telles expériences, elle décide d'en sortir « brisée », de voir désormais le monde en noir, de s'endurcir et d'afficher un sadisme de bon ton.

Si Giacomo est damné, ces femmes magnifiques sans lesquelles il n'eût jamais été Casanova, le sont également. L'être dont Marvell a tracé le portrait ne constitue-t-il pas un pur enfer au regard des vraies femmes du XVIIIe siècle ? Comme Marvell l'est sans doute lui-même au regard de Casanova...

« Pourquoi ne puis-je ajouter foi aux actes de la femme ? Je l'ai surprise ce matin à caresser ses lapins et à appeler tendrement ses poussins – quand cet après-midi elle soignait de pauvres hères. Pourquoi tout cela me soulève-t-il le cœur ? Qu'y a-t-il donc de si répugnant dans le fait de respirer le parfum d'une fleur, de se délecter du spectacle de la forêt ou de songer à l'océan ? Sans doute la nature n'appartient-elle qu'à deux catégories d'êtres humains : les très grands poètes et les ermites-paysans ! Et ceux-là ne s'en " délectent " pas – ils la vivent ou comprennent en frissonnant à quel point cette horreur secrète nous est profondément étrangère !

» Celui qui chérit la nature compose, sans trop savoir à quoi il joue, un cocktail fallacieux de thérapie et d'esthétique. Femme et fleur, femme et oiseau, femme et forêt s'excluent et se repoussent mutuellement; s'ils viennent à se retrouver, ce ne peut être que pour une souillure réciproque ! Et ceci même si la femme se montre généreuse et charitable ! Pareille symbiose, en effet, présente toujours un aspect contraint, grossièrement artificiel – comme une parodie prétentieuse de la morale authentique ! La bonté elle-même serait d'emblée dépourvue de tout style ? Pourquoi Dieu ne m'accorde-t-il pas la joie simplissime de jouir du spectacle de jeunes filles occupées à humer les fleurs ou à tripoter les malades ? Est-il vrai que seule notre mère apparaît comme digne de foi – quand les autres femmes ne sont que décors faubouriens ?

» Toute opposition entre l'homme et la femme n'est que la variante d'un antagonisme fondamental : la femme veut investir la réalité par le double truchement de l'amour et de l'homme, perçu comme une ancre qui lui permet de mouiller

au port. Au contraire, lui cherche par l'amour et par la femme
– son tremplin d'évasion ! – à esquiver ladite réalité (nous
entendons ici ce mot dans son sens le plus pragmatique) –
ou mieux, à s'en échapper éternellement ! Comment voulez-
vous qu'ils s'entendent dans de telles conditions ?

» L'alternative la plus bigarrée qui soit est donc la suivante : s'enliser dans la prose ou divaguer au sein du rêve,
exalter le bon sens ou domestiquer le luxe. Pour la femme,
l'homme est un but – pour l'homme, la femme est un moyen.
Telles les parois gorgonesques de Tivoli surgissant parmi les
cyprès, la façade du non-être apparaît enfin devant mes yeux
ébahis : il faut laisser l'amour tranquille ! »

Oui, laisser l'amour tranquille ! Voilà la phrase que devait
entendre Casanova, lui qui fut un jour contraint de tracer
ces mots : « Mon système que je croyais à toute épreuve s'était
évanoui. Je reconnaissais un Dieu vengeur qui m'avait attendu
là pour me punir d'un seul coup de toutes mes scélératesses
et pour mettre fin à mon incrédulité en m'*anéantissant.* »

# TABLE D'ORIENTATION

*Cet ouvrage
réalisé pour le compte des Éditions Phébus
a été composé et achevé d'imprimer
par l'Imprimerie Floch à Mayenne
le 4 janvier 1991
(30111)*

*Dépôt légal : janvier 1991
I.S.B.N. 2-85940-201-2
I.S.S.N. 0150-4134*